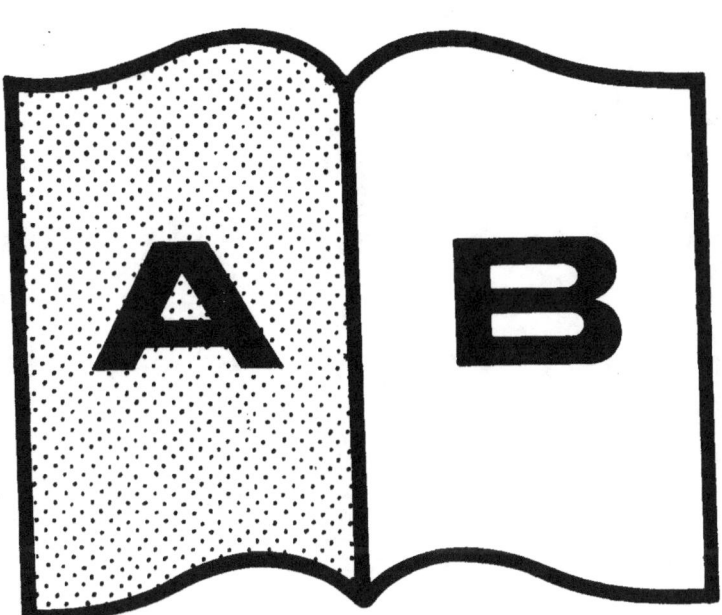

Contraste insuffisant

NF Z 43-120-14

Y 6462
D+a.17

YR 334

SHAKESPEARE.

TOME DIX-SEPTIÈME.

SHAKESPEARE
TRADUIT
DE L'ANGLOIS,
DÉDIÉ
AU ROI.
Par M. LE TOURNEUR.

TOME DIX-SEPTIÈME.

PARIS,
Chez l'AUTEUR, cul-de-sac Saint-Dominique, près le Luxembourg;
Et MÉRIGOT jeune, Libraire, quai des Augustins.

M. DCC. LXXXII.
Avec Approbation & Privilége du Roi.

TROÏLE ET CRESSIDE,

TRAGÉDIE.

REMARQUES
DE M. ESCHEMBURG,
SUR LA TRAGÉDIE
DE
TROÏLE ET CRESSIDE.

Les Poésies d'Homère, pendant la décadence totale de la Littérature en Europe, depuis le quatrième siècle, jusqu'au quatorzième, n'étoient presque pas lues, ou du moins on ne les entendoit pas, faute de connoître sa langue. Malgré cette ignorance, l'Histoire de la Guerre de Troye se conserva toujours dans les deux récits qu'on attribuoit à Dyctis de Crète & à Darès le Phrygien. On sait qu'ils sont tous les deux apocryphes. Il faut cependant qu'ils aient été une des lectures favorites du moyen âge ; car ils servirent de base à une Histoire d'une Guerre de Troye que *Guido Dalla Collone*, originaire de Messine, écrivit en Latin vers la fin du treizième siècle (§), & dans laquelle il mêla plusieurs fictions de son invention. Il composa cette Histoire à la sollicitation de l'Archevêque de Falerne, Matteo Della Porta ; il n'acheva

---

(§) Cet Ouvrage dans la plupart des Manuscrits est intitulé : *Historia de Bello Trajano* ; la première édition parut à Cologne en 1477. Cet Ouvrage fut traduit en 1481, *in-fol.* en Italien par *Teffi.*

pendant la vie de ce Prélat que le premier Livre, & laissa l'Ouvrage imparfait ; il le reprit quinze ans après, & y ajouta dans l'espace de trois mois les trente-quatre autres Livres, qui, avec le premier, complettent l'Ouvrage. C'est à lui, comme l'observe Warton, que dès ce tems-là, Achille, Jason & Hercule dûrent l'honneur de devenir des Héros de Roman, & furent aussi invoqués, que Lancelot, Roland, Gauvain, Olivier & d'autres Chevaliers Chrétiens, auxquels ils ressembloient si fort par le merveilleux de leurs aventures. On trouve dans l'Ouvrage de Guido beaucoup d'images Orientales, & quelques traces de la doctrine des Arabes. Le Cheval de Troye, par exemple, est un cheval de bronze, & Hercule est instruit dans l'Astronomie & dans les sept Arts libéraux.

Comme Guido est devenu le chef & la source de tous ceux qui ont écrit après lui sur la Guerre de Troye, & que son Livre rare est dans les mains de peu de personnes, on ne sera peut-être pas fâché de connoître l'endroit (†) qui traite de l'amour de Troïle & de Cresside ; on le trouvera à la fin des notes de cette Pièce (§).

Quelque-tems après la première copie de l'original, on fit une traduction Allemande de Guido. Elle est inti-

---

(†) C'est dans le paragraphe intitulé *De Sexto Bello*.
(§) Le nom de cette fille Grecque a éprouvé beaucoup d'altérations. Peut-être l'a-t-on pris dans l'Iliade où, comme on sait, l'Amante d'Achille s'appelle *Briséis*. De l'Accusatif de ce nom on faisoit le Nominatif *Briseida* ; ou, comme on l'appella ensuite dans la traduction Allemande & l'imitation Françoise, *Bripaida*. Un autre changea peut-être *Briséis* & *Cryséis*, fille d'Agamemnon, l'une pour l'autre, & l'appella *Chryseida* : delà dans Boccace *Gryseida*, dans Chaucer *Creseide*, & dans Shakespéare elle a fini par être nommée *Cressida*.

tulée : *Jolie Histoire de la Ville Royale de Troye, comme quoi elle a été détruite :* on lit à la fin : *ici finit le livre & l'Histoire, comment la riche, la somptueuse & puissante Ville de Troye fut détruite par la permission de Dieu, pour servir d'exemple à toute la terre. Sur quoi on peut remarquer que personne ne doit trop s'enorgueillir de sa noblesse, de sa richesse ou de sa puissance;* imprimé & achevé par *Martin Schott*, dans la loüable Ville de Strasbourg, près St-Grégoire, 1474, in-folio, avec des gravures en bois. L'Editeur anonyme de ce Livre ne dit, à la vérité, pas un mot dans la Préface, d'où ni de qui il a été traduit ; aussi selon la coutume des Traducteurs de ce tems-là, y a-t-il mis beaucoup du sien.

Lydgate, ancien Poëte Anglois (§), dont on a encore beaucoup de Poëmes manuscrits, composa de l'Histoire de Troye rassemblée par *Guido* en 1420, par ordre du Roi Henri V, un très-long Poëme Anglois, connu sous le nom de *The Boke of Troye*, ou *The Troye Boke*, qui fut imprimé à Londres en 1513, *in-fol*. Vers le commencement du dix-septième siècle, il fut refait en style plus moderne, sous le titre de, *The Life and Death of Hector*, &c. Sans doute que Shakespéare s'est servi de ce Livre pour composer son *Troilus & Cressida*, comme on le voit par la comparaison de quelques passages que *Steevens* a insérés dans les notes de la dernière édition de notre Poëte.

(§) Voici le jugement que Warton porte de *Lydgate*: » c'est un Ecrivain sans ame: cependant il corrigea beaucoup la mauvaise versification Angloise, & il est peut-être le premier des Poëtes Anglois que le commun des Lecteurs puisse lire sans beaucoup de dégoût & de difficulté «. *Obss. on Spenser's fairy queen*, Tom. II. p. 104.

Une autre compilation Profaïque de cette espèce, suivant ce qu'en dit Guido dans son Introduction, fut faite en François par *Raoul le Fevre*, Chapelain du Duc de Bourgogne, & de l'ordre de ce Prince.

Cette compilation Françoise fut traduite en 1471, en Anglois par Caxton, & ne fut imprimée qu'en 1503 pour la première fois, sous le titre : *Recuyel of the Hiſtoiryes of Troy*, &c. Shakeſpéare a vraiſemblablement auſſi lu ce Livre.

Le grand Poëme, *The Boke of Troilus and Creſeide* de Chaucer, étoit ſans doute auſſi connu de lui.

Le Poëme de Chaucer eſt écrit en ſtances de ſept vers ; il conſiſte en cinq Livres, dont chacun contient plus de deux cent cinquante ſtances. L'invocation du Poëte, à cauſe de la triſteſſe du ſujet, eſt adreſſée à la Déeſſe des Tourmens, Tiſiphone, & accompagnée d'une priere aux Amans, de ne pas oublier, au ſein de leurs plaiſirs préſens, leurs anciens tourmens, de prier pour le meilleur ſort des Amans malheureux, de demander aux Dieux leur appui pour leur Poëte dans un ſi pénible ouvrage, de demander la mort des Amans perſécutés & abandonnés pour les délivrer de leurs peines, & la continuation du bonheur des Amans fortunés. Alors il commence ſon récit ; en voici en peu de mots le contenu :

» Calchas avoit reçu d'Apollon des révélations ſecrètes ſur la ruine qui menaçoit la Ville de Troye ſa patrie. Il paſſa furtivement chez les Grecs, où ſon talent dans l'art de prophétiſer le fit bien accueillir. Les Troyens indignés de cette trahiſon, firent tomber leur rage ſur ſa famille ; Creſſide ſa fille unique, d'une beauté ſinguliere, ſe jetta aux pieds d'Hector en fondant en larmes, & implora fon affiftance. Il lui accorda fa priere. Elle vécut en fûreté à Troye, mais dans la plus grande retraite. Dans une fête de Pallas, Troïle la vit pour la première fois, & fut charmé de fa beauté. Son image le fuivoit par-tout, & redoubla fon courage dans la bataille. Cependant il n'avoit encore ouvert fon cœur à perfonne; & l'inquiétude de fon amour n'en devint que plus violente.

Pandare, oncle de Creffide, & ami intime de Troïle, avoit depuis long-tems remarqué le trouble de fon ami, & fut peu-à-peu lui arracher l'aveu de fa paffion. Pandare lui offrit fon fecours, & lui jura que Creffide feroit à lui. Il alla trouver fa nièce, & tâcha par toutes fortes de repréfentations de lui faire quitter fa trop grande folitude, & parvint à obtenir d'elle la permiffion de lui amener le jeune Prince. Tandis qu'ils parloient encore de lui, ils le virent paffer revenant du combat, couvert de gloire & de dépouilles; & cette vue inattendue du jeune Héros dans tout l'éclat de fa beauté guerriere, fut pour Creffide, plus perfuafive que tous les éloges de fon oncle: fon cœur fut vaincu. Pandare courut chez Troïle, lui peignit les regards de Creffide, fes foupirs, fa rougeur, fon trouble charmant. Troïle fe hafarda à lui écrire, pour lui déclarer fa tendreffe. L'oncle s'offrit à porter fa lettre, à laquelle Creffide répondit favorablement: ce commerce de lettres continua; ils fe firent des préfens réciproques, & enfin ils finirent par fe lier dans la plus grande intimité. Troïle continua de cueillir des lauriers dans les combats, & Creffide fe réjouiffoit en fecret de fa gloire. Cependant les Troyens furent très-malheureux dans une bataille, & Priam fe vit contraint de demander aux Grecs un armiftice & l'échange des prifonniers. Calchas à cette occasion parvint à faire échanger Antenor, prisonnier Grec, contre sa fille Cresside. Troïle ne put empêcher ce fatal échange. Cresside en fut accablée. Elle promit enfin à son Amant d'engager son pere à la renvoyer à Troye avant l'expiration de l'armistice, & de ne plus se séparer de lui. En partant, ils se jurerent une fidélité éternelle. Cresside fut conduite par Diomède dans le camp des Grecs Elle avoit promis de retourner dans dix jours; Troïle l'attendoit avec la plus vive impatience, & voyant qu'elle n'arrivoit pas, il tomba dans une inquiétude mortelle & conçut le soupçon le plus dévorant. Il attendit encore quelques jours après elle, mais en vain. Cresside avoit trouvé trop de difficultés à tenir sa promesse & commençoit à écouter les tendres offres de Diomède. Fier de sa conquête, ce jeune Héros vola au combat, & portoit sur son armure une pierre précieuse que Troïle avoit donnée à Cresside, qui en avoit fait présent à Diomède. Deiphobe, frere de Troïle, revint un jour victorieux de la bataille, où il avoit gagné cette armure qu'il faisoit porter devant lui. Troïle y vit la pierre précieuse, & apprit qu'elle avoit appartenu à Diomède. Furieux & impatient de se venger, il vole au combat, cherche partout Diomède, immole à sa rage des Hécatombes entières d'ennemis; mais les Dieux ne permettent pas qu'il rencontre Diomède. Le sort lui préparoit une mort plus glorieuse, & il n'y avoit que le bras invincible d'Achille qui pût écraser Troïle «.

Il semble qu'on ne puisse nier que Shakespéare, en faisant sa Tragédie, n'ait eu sous les yeux la narration de *Chaucer*, & qu'il n'en ait emprunté différentes circonstances que l'on cherche envain dans *Lydgate*, *Caxton* & leurs prédécesseurs. De ce genre, est tout le cours de l'intrigue

entre

entre Troïle & Creffide ; le caractère de Troïle a les mêmes traits, mais celui de la Creffide de Shakefpéare eft plus uniforme & peint dès le commencement d'une manière analogue à la fuite de fa conduite ; le rôle de Pandare eft peint par le Poëte Dramatique, avec plus de vérité & avec les traits originaux d'un jafeur fans mérite & d'un fot & vil intriguant. Le difcours de Calchas aux Héros Grecs, Acte III ; & une partie de l'entretien de Pandare avec Creffide, Acte IV, font encore femblables.

Notre Poëte a emprunté d'autres traits de Caxton. En général on peut dire la même chofe des aventures de cette Pièce qui concernent la Guerre de Troye, de même que de l'amour d'Achille & de Polixène, qui engage ce Héros à ne plus s'intéreffer à la guerre, & enfin de la manière dont Hector fut tué par Achille, &c.

Mais il y a plufieurs autres traits hiftoriques dans la Fable de cette Tragédie, que l'on ne trouve ni dans cet ancien Livre, ni dans le Poëme de Chaucer, & qui par conféquent doivent avoir été puifés dans une troifième fource ; tel eft le caractère des Héros Grecs, Achille, Diomède, Ulyffe & Neftor ; les traits fi frappans du lâche, de l'artificieux, du fatyrique & du méchant Therfite ; l'amitié d'Achille avec Patrocle, & le chagrin de fa mort qui le fit revoler au combat. La conjecture la plus naturelle qu'on puiffe former, c'eft que Shakefpéare connoiffoit l'Iliade d'Homère. En effet, il y avoit déjà, avant la fin du fixième fiècle, quelques Livres de l'Iliade traduits de l'Anglois ; & Dr. Johnfon conclut, de ce que cette Pièce renferme affez de beautés, pour paffer fur de légères imperfections, & les pardonner. Il feroit même injufte de les remarquer avec une critique trop févère ; & il eft impardonnable de vouloir les exagérer.

Tome XVII. Premiere Partie.   **B**

10 *Remarques sur la Tragédie, &c.*

Dryden a refait cette Tragédie avec des changemens, elle n'a été imprimée qu'en 1679, sous le titre : *Troilus and Cressida, or truth found too late.* Voici les changemens les plus considérables ; Dryden a donné au fonds une nouvelle forme, omis quelques personnages moins nécessaires ; il a cherché à donner à quelques caractères plus d'exécution, plus d'effet, & y a ajouté le caractère d'Andromaque. En général, il y a plus d'ordre & plus de liaison dans les scènes. Parmi ces dernières, dans le premier Acte, la scène entre Pandare & Cressibe, & dans le second, celle entre Andromaque & Hector, celle entre Nestor & Ulysse avec Thersite, & entre Thersite avec Ajax & Achille, sont tout-à-fait neuves. Dans le troisième Acte, il a pareillement ajouté plusieurs scènes neuves, sur-tout une très-longue entre Troïle & Hector, qui occupe presque la moitié de l'Acte. C'est une des plus belles scènes, elle ressemble beaucoup à la fameuse scène de réconciliation de Brutus & de Cassius dans le Jules-César de Shakespéare, & à celle d'Agamemnon, & de Ménélas dans l'Iphigénie d'Euripide. Le commencement du quatrième Acte est aussi changé comme tout le cinquième. Dans le dénouement, *Dryden* a tâché aussi de mieux observer la justice Poëtique. Cressibe se poignarde elle-même ; Diomède est tué par Troïle, & Troïle l'est par Achille.

PROLOGUE.

TROYE est le lieu de la Scène. Des Isles de la Grèce, une foule de Princes enflammés d'orgueil & de courroux, ont envoyé au port d'Athènes leurs vaisseaux chargés de combattans & des apprêts d'une guerre cruelle. Soixante-neuf Chefs, Rois couronnés d'autant de petits Empires, sont sortis de la baye Athénienne, & ont vogué vers la Phrygie; tous conjurés, tous liés par un vœu solemnel de saccager & de raser Troye. Dans la triple enceinte de ses fortes murailles, Hélène, la Reine & l'épouse de Ménélas, dort en paix dans les bras de son ravisseur Pâris; & voilà la cause de cette grande querelle. Les Grecs abordent à Ténédos: & là leurs vaisseaux vomissent de leurs larges flancs sur le rivage tout l'appareil de la guerre. Déjà les Grecs dans l'orgueil de toute leur force & dans la première ardeur du courage, plantent leurs tentes guerrières sur les plaines de Dardanie. Les six ports de la Cité de Priam, la porte Dardanienne, la Thymbrienne, l'Ilias, la Chétas, la Troyenne & l'Anténoride, traversées d'énormes & inflexibles masses de fer, enferment & défendent les enfans de Troye. — Maintenant l'attente agite les esprits émus dans l'un & l'autre parti ; Grecs & Troyens, sont disposés à livrer tout aux hasards de la fortune : — Et moi, Personnage du Prologue, je viens ici revêtu d'une armure ; mais non pas pour faire un défi présomptueux à l'Auditoire sur la plume de l'Auteur, ou la voix des Acteurs, mais simplement pour offrir le Costume assorti au sujet; & pour vous dire, gracieux Spectateurs, que notre Pièce, franchissant tout l'espace antérieur & les premiers germes de cette querelle, court se placer au milieu même des évènemens, pour se replier ensuite sur tout le passé, qui peut entrer & s'arranger dans un plan. Approuvez, ou blâmez : faites à votre gré : maintenant, bonne ou mauvaise fortune, c'est la chance de la Guerre.

PERSONNAGES.

PRIAM.
HECTOR.
TROILE.
PARIS.
DEIPHOBE.
HÉLÉNUS. } *Troyens.*
ÉNÉE.
PANDARE.
CALCHAS.
ANTENOR.

MARGARELON, *fils naturel de Priam.*

AGAMEMNON.
ACHILLE.
AJAX.
MÉNÉLAS.
ULYSSE. } *Grecs.*
NESTOR.
DIOMÈDE.
PATROCLE.
THERSITE.

HÉLENE, *femme de Ménélas.*
ANDROMAQUE, *femme d'Hector.*

CASSANDRE, *fille de Priam*, *Prophétesse*.
CRESSIDE, *fille de Calchas*.
ALEXANDRE, *domestique de Cresside*.
UN JEUNE PAGE *de Troïle*.
VALET *de Diomède*.
SOLDATS GRECS & TROYENS, &c.

La Scène est tantôt dans Troye, & tantôt dans le Camp des Grecs.

TROÏLE ET CRESSIDE,
TRAGÉDIE.

ACTE PREMIER.

SCÈNE PREMIERE.

Le Théâtre repréſente le Palais de Priam.

PANDARE & TROILE.

TROILE.

Appellez mon Ecuyer (†). Je veux me déſarmer encore. Hé pourquoi dois-je faire la guerre hors des murs de Troye, lorſque j'ai à ſoutenir de ſi

___

(†) *Mon Varlet.* Ce mot ſignifioit anciennement le ſervi-

cruels combats ici dans mon sein ? Que le Troyen, qui est maître de son cœur, aille au champ de bataille : le cœur de Troïle, hélas ! n'est plus à lui.

PANDARE.

Vous-entendrai-je toujours vous plaindre sur ce ton ?

TROILE.

Les Grecs sont forts & vaillans : ils unissent l'habileté au courage. Mais moi, je suis plus foible que les pleurs d'une femme, plus paisible que le sommeil, plus enfant que l'ignorance. Je suis moins brave, qu'une jeune fille seule dans la nuit, & plus novice que l'enfance sans expérience.

PANDARE.

Allons ; je vous en ai assez dit là-dessus : quant à moi, je ne m'en mêlerai plus davantage (†).

---

teur ou domestique d'un Chevalier, ou d'un Guerrier. Dans l'Eglise de Saint - Nicaise d'Arras, on lit cette Epitaphe :

Cy gist Hakin & son Varlet
Tout-di armé, & tout-di prêt
Avec son espé & salloche.

(†) *Pand*. Celui qui veut avoir un gâteau de son bled, doit attendre le moulage.

TROILE.

N'ai-je pas attendu ?

TROILE.

TROILE.

La Patience elle-même, toute Déesse qu'elle est, supporte la souffrance paisiblement que moi. Je m'assieds à la table royale de Priam, & lorsque la belle Cresside vient s'offrir à ma pensée, — que dis-tu, traître, *vient s'offrir à ta pensée?* Hé quand en sort-elle jamais?

PANDARE

Oui : elle paroissoit plus belle hier au soir, que je ne l'ai jamais vue; ni elle, ni aucune autre femme.

PANDARE.

Oui, le moulage : mais il faut que vous attendiez aussi le blutage.

TROILE.

N'ai-je pas assez attendu?

PANDARE.

Oui, le blutage : mais il faut attendre encore la levure.

TROILE.

Je l'ai attendue aussi.

PANDARE.

Oui, la levure : mais il y a encore plus que cela ; il faut le tems de paîtrir, la façon du gâteau, le tems de chauffer le four, & de cuire : bon ; il faut bien attendre encore que le gâteau refroidisse, ou vous risquez de vous brûler les lèvres.

TROILE.

J'en étois à vous dire — Quand mon cœur, comme ouvert par un violent soupir, étoit prêt à se fendre en deux; dans la crainte qu'Hector, ou mon pere, ne me surprîssent dans ce trouble, j'ai enseveli ce soupir sous les apparences d'un sourire; ainsi sourit le soleil, lorsqu'il éclaire un orage : mais le chagrin que voile une gaieté apparente, est comme une joie que le destin change en soudaine tristesse.

PANDARE.

Si ses cheveux n'étoient pas d'une nuance plus noirs que ceux d'Hélène, allons, il n'y auroit pas plus de comparaison à faire entre ces deux femmes... mais, quant à moi, elle est ma parente : je ne voudrois pas, comme on dit, trop la vanter — Mais je voudrois que quelqu'un l'eût entendu discourir hier, comme je l'ai entendu, moi. . . . Je ne veux pas dépriser l'esprit de votre sœur Cassandre — mais. . . .

TROILE.

O Pandare ! je vous le déclare, Pandare — quand je vous dis, que là sont ensevelies toutes mes espérances, ne me repliquez pas, pour me demander à quelle immense profondeur elles sont plongées. Je vous dis, que je suis fou, furieux d'amour pour Cresside. Vous me répondez, qu'elle est belle, vous versez dans la plaie ouverte de mon cœur tout le charme de ses yeux, de sa chevelure, de ses joues vermeilles, de son port majestueux. Vous parlez de sa voix... ô sa belle main! auprès de laquelle toutes les blancheurs ne sont qu'une ombre noire (†): auprès de la douceur de son toucher, le duvet du cygne même est rude & dur; & la sensation la plus exquise, est grossière comme la main calleuse & endurcie du laboureur.— Voilà ce que vous me dites. Et tout ce que vous me dites est la vérité, comme lorsque je dis que je l'aime. — Mais en me parlant ainsi, au lieu de baume qui me guérisse, vous replongez dans chaque blessure que m'a faite l'amour, le couteau même qui les a ouvertes.

PANDARE.

Je ne dis rien de plus, que la vérité.

TROILE.

Non, vous n'en dites pas assez encore: la vérité est au-dessus.

PANDARE.

Je vous jure, que je ne veux plus m'en mêler: qu'elle soit ce qu'elle est; si elle est belle, tant mieux pour elle; si elle ne l'est pas, qu'elle emploie toutes les ressources de l'art pour le paroître.

(†) Qu'une encre qui écrit leur propre honte.

TROILE.

Bon Pandare! hé bien, Pandare?...

PANDARE.

J'en fuis pour mes peines : ma récompenfe eft d'être mal dans fon efprit, mal dans le vôtre : je me fuis mêlé de négocier entre vous deux, mais on me fait fort peu de gré de mes foins.

TROILE.

Quoi, feriez-vous fâché, Pandare? Le feriez-vous contre moi?

PANDARE.

Parce qu'elle eft ma parente, elle n'eft pas auffi belle qu'Hélène. Si elle n'étoit pas ma parente, elle feroit auffi belle à fes jours ouvrables, qu'Hélène peut l'être à fes jours de fête. Mais qu'eft-ce que cela me fait à moi? Fût-elle une noire & laide Ethiopienne, cela me feroit fort indifférent : cela m'eft abfolument égal.

TROILE.

Eft-ce que je dis qu'elle n'eft pas belle?

PANDARE.

Peu m'importe que vous le difiez, ou que vous ne le difiez pas : c'eft une fotte de fuivre toujours l'ombre

TRAGÉDIE. 21

de son pere : qu'elle aille trouver les Grecs : & je le lui dirai, oui ; & dès la première fois que je la verrai: pour ce qui est de moi, c'en est fait je ne m'en mêlerai plus ; je ne ferai pas un pas de plus dans cette intrigue.

TROILE.

Pandare......

PANDARE.

Non, jamais.

TROILE.

Mon cher Pandare....

PANDARE.

Je vous en prie, ne m'en parlez plus: je veux laisser tout là, comme je l'ai trouvé ; & tout finit là.

(*Pandare sort.*)

SCÈNE II.

TROILE *seul : on entend une allarme.*

TROILE.

SILENCE, odieuſes clameurs! Silence, ſons fâcheux & que j'abhorre! Des inſenſés des deux parts! Il faut bien qu'Hélène ſoit belle, puiſque vous verſez tous les jours votre ſang, pour donner tous les jours un nouvel éclat à ſa beauté. Moi je ne puis me réſoudre à combattre pour un pareil ſujet : il eſt trop mince & trop chétif, pour mon épée. Mais Pandare.... O Dieux, comme vous me tourmentez! Je ne puis arriver à Creſſide, que par Pandare ; & il eſt auſſi difficile de l'engager à lui faire ſa cour pour moi, que la vertu de ſa nièce eſt rebelle & inacceſſible à toute ſollicitation. Au nom de ton amour pour ta Daphné, dis-moi, Apollon, ce qu'eſt Creſſide, ce qu'eſt Pandare, & ce que je ſuis, moi, dans cette affaire. Le lit de cette belle eſt l'Inde : elle eſt la perle qui y repoſe : je vois l'errant & vaſte Océan, dans l'eſpace qui eſt entre Ilion, & le lieu de ſa demeure : moi, je ſuis le Marchand, & ce Pandare, qui vogue de l'un à l'autre bord, eſt ma douteuſe eſpérance, mon convoi, & mon vaiſſeau.

SCÈNE III.

Une allarme. TROILE, ÉNÉE.

ÉNÉE.

Quoi donc, Prince Troïle; pourquoi n'êtes-vous pas en plaine?

TROILE.

Parce que je n'y suis pas : cette réponse digne d'une femme, est faite pour moi : car c'est être femme, que d'en être absent. Quelles nouvelles, aujourd'hui, Énée, du champ de bataille ?

ÉNÉE.

Que Pâris est rentré dans la Ville, & blessé.

TROILE.

Que le sang de Pâris coule : c'est une blessure à dédaigner. Pâris a été percé par la corne de Ménélas.
(*Autre allarme.*)

ÉNÉE.

Ecoutons! Quelle noble chasse se donne aujourd'hui hors de la Ville!

TROILE.

Il y en a une qui me plairoit mieux dans la Ville même ; fi le *fouhaiter* étoit le *pouvoir*. — Mais allons aux jeux de la plaine ! — Etes - vous forti dans ce deffein ?

ÉNÉE.

J'y cours à grands pas.

TROILE.

Venez, allons-y enfemble. (*Ils fortent.*)

SCÈNE IV.

Une Rue de Troye.

CRESSIDE *fuivie d'***ALEXANDRE** *fon domeftique.*

CRESSIDE.

Qui étoient ces femmes qui viennent de paffer près de nous ?

ALEXANDRE.

La Reine Hécube, & Hélène.

CRESSIDE.

CRESSIDE.

Et où vont-elles?

ALEXANDRE.

A la tour de l'Orient, dont la hauteur commande en souveraine toute la vallée d'alentour ; pour voir delà le spectacle de la bataille. Hector, dont la patience est inébranlable, comme la vertu même, a été ému aujourd'hui. Il a grondé Andromaque, & frappé son Ecuyer; & comme s'il étoit question d'économie de ménage dans la guerre, il s'est levé avant le soleil ; s'est armé à la légère (1), & il va se rendre à la plaine, dont chaque fleur, comme si elle pressentoit les ravages que va faire la colère d'Hector, se couvre de pleurs.

CRESSIDE.

Et quel est le sujet de sa colère?

ALEXANDRE.

Ce bruit qui s'est répandu : on dit, qu'il y a parmi les Grecs un Héros du sang Troyen, neveu d'Hector : on le nomme Ajax.

CRESSIDE.

Fort bien ; Et que dit-on de lui?

ALEXANDRE.

On dit que c'est un être unique, un phénomène dans son espèce, un homme qui s'appuye sur lui seul.

CRESSIDE.

On en peut dire autant de tous les hommes, à moins qu'ils ne soyent ivres, malades, ou sans jambes.

ALEXANDRE.

Cet homme, Madame, a volé à plusieurs bêtes féroces leurs qualités distinctives. Il est aussi vaillant que le lion; aussi féroce que l'ours, aussi lent que l'éléphant : c'est un homme en qui la nature a tellement accumulé & combiné les humeurs diverses, qu'en lui la valeur se mêle à la folie, & que sa folie est assaisonnée de prudence : il n'y a pas un homme qui ait une vertu, dont il n'ait une parcelle : un défaut, dont il n'ait quelque teinte. Il est mélancolique sans sujet, & gai à contre-sens. Il a toutes les parties qui unissent les contraires & les extrêmes : mais tout en lui est si peu lié, si en désordre, que c'est Briarée enchaîné par la goutte, ayant cent bras, & ne pouvant en faire usage; ou bien Argus aveugle, avec cent yeux, dont il ne voit rien (†).

(†) Ce portrait d'Ajax, original par lui-même, s'accorde

TRAGÉDIE. 27

CRESSIDE.

Mais comment cet homme, qui m'infpire à moi l'envie de rire, peut-il exciter le courroux d'Hector?

ALEXANDRE.

On dit qu'il fut aux prifes hier avec Hector dans le combat, & qu'il le terraffa : depuis cet affront, Hector indigné n'en a ni mangé, ni dormi.

SCÈNE V.

Les mêmes. PANDARE.

CRESSIDE.

Qui vient à nous ?

ALEXANDRE.

Madame, c'eft votre oncle Pandare.

CRESSIDE.

Hector eft un brave guerrier.

---

avec celui qu'en fait l'Iliade, & peut convenir en partie à beaucoup de gens, & en totalité, à ce petit nombre de caractères mixtes qu'on rencontre quelquefois dans le monde.

Mif. GRIFFITH.

ALEXANDRE.

Autant qu'il en puisse être dans l'univers, Madame.

PANDARE.

Que dites-vous là? Que dites-vous là?

CRESSIDE.

Je vous donne le bon jour, mon oncle.

PANDARE.

Bon jour, ma nièce Cresside. De quoi parlez-vous? — Ah, bon jour Alexandre (2) — Hé bien, ma nièce, comment vous portez-vous? Quand étiez-vous dans Ilion (†)?

CRESSIDE.

J'y étois ce matin, mon oncle.

PANDARE.

Quel étoit le sujet de votre entretien, quand je vous ai abordés? — Hector étoil-il armé, & sorti, avant que vous vinssiez au Palais? Hélène n'étoit-elle pas levée! l'étoit-elle?

(†) Ilion étoit le Palais de Troye. JOHNSON.

TRAGÉDIE.

CRESSIDE.

Hector étoit parti : mais Hélène n'étoit pas encore levée.

PANDARE.

Oui : Hector a été bien matinal.

CRESSIDE.

C'étoit de lui que nous caufions, & de fa colère.

PANDARE.

Eft-ce qu'il étoit en colère?

CRESSIDE (*montrant Alexandre.*)

Il le dit, lui.

PANDARE.

Oui ; cela eft vrai. J'en fais auffi la caufe ; il expédiera force Grecs aujourd'hui, je peux le leur promettre : & il y a auffi Troïle qui ne le fuivra pas de loin : qu'ils prennent garde à Troïle ; je peux leur en répondre auffi.

CRESSIDE.

Quoi ; eft-ce qu'il eft irrité auffi ?

PANDARE.

Qui ? Troïle ? Troïle eft le plus brave des deux.

CRESSIDE.

O Jupiter! il n'y a nulle comparaison.

PANDARE.

Comment? il n'y a nulle comparaison entre Troïle & Hector? Le connoîtriez-vous bien, si vous le voyiez?

CRESSIDE.

Oui, si je l'ai jamais vu & connu auparavant.

PANDARE.

Hé bien je dis moi, que Troïle est Troïle.

CRESSIDE.

Oh vous dites précisément comme moi : car je suis sûre, qu'il n'est pas Hector.

PANDARE.

Non : & Hector n'est pas Troïle, à quelques égards.

CRESSIDE.

Cela est exactement vrai de tous deux : il est soi-même, & pas un autre.

PANDARE.

Soi-même ? Hélas! le pauvre Troïle! je le voudrois bien, qu'il le fût?

TRAGÉDIE.

CRESSIDE.
Il l'est aussi.

PANDARE.
S'il l'est, je veux aller nuds pieds jusqu'à l'Inde.

CRESSIDE.
Enfin il n'est pas Hector.

PANDARE.
Soi-même ? Oh ! non, il n'est pas soi-même. — Plût au Ciel qu'il le fût ! allons ; les Dieux sont au-dessus de nous : le tems amène les biens ou finit les maux. Allons, Troïle, allons.... je voudrois que mon cœur fût dans son sein! — Non, Hector ne vaut pas mieux que Troïle.

CRESSIDE.
Excusez-moi.

PANDARE.
Il est plus âgé.

CRESSIDE.
Pardonnez-moi, pardonnez-moi.

PANDARE.
L'autre n'est pas encore parvenu à son âge : vous

m'en direz des nouvelles, quand il y fera venu. Hector n'aura jamais son esprit de toute cette année.

CRESSIDE.

Il n'en aura pas besoin, s'il a le sien.

PANDARE.

Ni ses qualités.

CRESSIDE.

N'importe.

PANDARE.

Ni sa beauté.

CRESSIDE.

Elle ne lui siéroit pas; la sienne lui va mieux.

PANDARE.

Vous n'avez pas de jugement, ma nièce : Hélène elle-même juroit l'autre jour, que Troïle, pour un teint brun (car son teint est brun, il faut que je l'avoue) & pas brun pourtant....

CRESSIDE.

Non ; mais brun.

PANDARE.

D'honneur, pour dire la vérité : il est brun & n'est pas brun.

CRESSIDE.

TRAGÉDIE.

CRESSIDE.

Oui, pour dire la vérité, cela eſt vrai & n'eſt pas vrai.

PANDARE.

Enfin elle vantoit ſon teint au-deſſus de celui de Pâris.

CRESSIDE.

Mais Pâris a aſſez de couleurs.

PANDARE.

Oui, il en a aſſez.

CRESSIDE.

Hé bien en ce cas, Troïle en auroit trop (†). J'aimerois autant, que la langue dorée d'Hélène eût vanté Troïle pour ſon nez de cuivre.

PANDARE.

Je vous jure, que je crois, qu'Hélène l'aime plus, qu'elle n'aime Pâris.

_____

(†) ”Si elle a mis ſon teint au-deſſus du teint de Pâris, la couleur de Troïle eſt donc plus foncée que celle de Pâris : & ſi celui-ci a aſſez de couleur, & que l'autre en ait davantage ; c'eſt un éloge trop fort pour convenir à un beau teint“.

Tome XVII. Premiere Partie.   E

CRESSIDE.

C'est donc une Grecque bien amoureuse (†)?

PANDARE.

Oui, je suis sûr, qu'elle l'aime. Elle alla l'aborder l'autre jour dans l'embrâsure de la fenêtre.— Et vous savez, qu'il n'a pas plus de trois ou quatre poils au menton.

CRESSIDE.

Oh oui, l'arithmétique d'un garçon de taverne peut en un moment additionner la somme de tout ce qu'il en possède (¶).

PANDARE.

Pour vous prouver qu'Hélène est amoureuse de

(†) *Græcari*, chez les Romains, signifioit danser, faire des orgies & des danses nocturnes. STEEVENS.

PANDARE.

(¶) Il est bien jeune ; & cependant sur trois *livres* pésant, il en *enlevera* autant que son frere Hector.

CRESSIDE.

Quoi si jeune, & déjà si vieux (§) voleur !

(§) Filou, voleur, *enleveur* ; équivoque sur ce mot.

lui, elle l'aborda, & elle vous lui paſſa ſa main blanche ſous la fente du menton.

CRESSIDE.

Que Junon ait pitié de nous ! Comment a-t-il le menton fendu ?

PANDARE.

Hé vous ſavez bien, qu'il eſt orné de foſſettes gracieuſes : je ne crois pas qu'il y ait un homme dans toute la Phrygie, à qui ſon ſourire donne tant de graces.

CRESSIDE.

Oh ! il a un fier ſourire.

PANDARE.

N'eſt-il pas vrai ?

CRESSIDE.

Oh, oui : c'eſt comme un nuage en automne.

PANDARE.

Allons, pourſuivez. — Mais pour prouver qu'Hélène aime Troïle....

CRESSIDE.

Troïle acceptera la preuve, ſi vous voulez en venir à l'épreuve.

PANDARE.

Troïle? Il n'en fait pas plus de cas, que je ne fais d'un œuf de ſerpent.

CRESSIDE.

Si vous aimiez un œuf de ſerpent autant que vous aimez une tête vuide & frivole, vous mangeriez les petits dans l'écaille.

PANDARE.

Je ne peux m'empêcher d'en rire encore, quand je ſonge comme elle lui careſſoit le menton. — Il eſt vrai qu'elle a une main d'une blancheur divine, il faut en faire l'aveu.

CRESSIDE.

Sans qu'il ſoit beſoin de donner la queſtion.

PANDARE.

Et elle vouloit à toute force chercher de l'œil un poil blanc ſur ſon menton.

CRESSIDE.

Hélas! le pauvre menton: comme il eſt nud (†)!

(†) Il y a maint porreau plus riche que lui en poil.

TRAGÉDIE. 37

PANDARE.

Mais, on se mit tant à rire — La Reine Hécube en a tant ri, que ses yeux en pleuroient (†).

PANDARE.

Et Cassandre même en a ri aussi.

CRESSIDE.

Mais c'étoit un feu plus doux qu'on voyoit dans le creux de ses yeux : ses yeux ont-ils pleuré aussi ?

PANDARE.

Et Hector en a ri....

CRESSIDE.

Et quelle étoit la cause de tous ces éclats de rire ?

PANDARE.

Hé ! le poil blanc qu'Hélène s'attachoit à chercher sur le menton de Troïle.

CRESSIDE.

Si ç'avoit été un poil verd, j'en aurois ri aussi.

CRESSIDE.

(†) Des meules de moulin

PANDARE.

Ils n'ont pas tant ri du poil, que de la jolie réponse de Troïle.

CRESSIDE.

Quelle fut sa réponse ?

PANDARE.

Elle lui dit : » il n'y a que cinquante-un poils sur tout votre menton, & il y en a un de blanc.

CRESSIDE.

C'étoit là la question d'Hélène ?

PANDARE.

Oui : n'en doutez pas » Cinquante-un poils, répond » Troïle, & un blanc? Ce poil blanc est mon pere, » & tous les autres sont ses enfans. — Jupiter! dit- » elle, lequel de ces poils est Pâris, mon époux ? — » Le fourchu, répliqua-t-il : arrachez le, & le lui don- » nez «. Mais on en rit tant, on en rit tant ! & Hélène rougit si fort, & Pâris fut si courroucé, & toute l'assemblée poussa tant d'éclats de rire, que cela passe l'imagination.

CRESSIDE.

Allons, passons aussi là-dessus : car il y a longtems que cela dure.

PANDARE.

Hé bien, ma nièce; je vous ai fait une confidence: songez-y.

CRESSIDE.

C'est ce que je fais (†).

PANDARE. (*On entend sonner la retraite.*)

Ecoutez, les voilà qui reviennent de la plaine: nous tiendrons-nous ici, pour les voir passer & défiler vers Ilion? Restons, ma chère nièce; mon aimable Cresside.

CRESSIDE.

Comme cela vous fera plaisir.

PANDARE.

Oh, voici, voici une place admirable: nous pouvons d'ici voir à merveille; je vais vous les nommer l'un après l'autre, à mesure qu'ils vont passer. Mais remarquez bien Troïle sur tous les autres.

PANDARE.

(†) Je jurerois, que vous dîtes la vérité. Il vous feroit pleurer, si c'étoit un homme né en Avril.

CRESSIDE.

Et moi je fleurirois de ses larmes, si c'étoit une ortie de Mai.

SCÈNE VI.

Les mêmes. Les Guerriers Troyens défilent l'un après l'autre. ÉNÉE *passe le premier sur le Théâtre.*

CRESSIDE (à *Pandare.*)

Ne parlez pas si haut.

PANDARE,

Voilà Enée. N'est-ce pas un bel homme ? C'est une des fleurs de Troye. Je peux vous le garantir —. Mais remarquez Troïle : vous allez le voir bientôt.
(*Antenor suit.*)

CRESSIDE,

Quel est celui-là ?

PANDARE.

C'est Antenor : il a un esprit des plus fins, je peux vous en assurer, & c'est un homme d'assez de mérite : c'est une des têtes les plus solides qu'il y ait dans Troye; & il est bien fait de sa personne —. Quand donc viendra Troïle ? Je vais tout-à-l'heure vous
montrer

TRAGÉDIE.

montrer Troïle. S'il m'apperçoit, vous le verrez me faire un signe de tête (†).

(*Suit Hector.*)

PANDARE.

Voilà Hector; le voilà; c'eſt lui, lui; regardez, c'eſt lui. C'eſt là un homme! — Va, pourſuis ta carrière, Hector. — Voilà un brave homme, ma nièce! O brave Hector! Voyez ſon regard! C'eſt-là une contenance! N'eſt-ce pas un brave guerrier?

CRESSIDE.

O très-brave!

PANDARE.

N'eſt-il pas vrai? Cela fait plaiſir au cœur de le voir. Regardez combien d'entailles ſont marquées ſur ſon caſque. Voyez là-bas : voyez-vous? Regardez

---

CRESSIDE.

(†) Vous donnera-t-il un ſigne de tête?

PANDARE.

Vous allez voir.

CRESSIDE.

S'il vous le donne, alors il donnera de la folie à qui en avoit déjà aſſez (§).

(§) Alluſion à un ancien jeu de cartes nommé, le Niais, *Noddy* STEEVENS.

Tome XVII. Premiere Partie.   F

bien! il n'y a pas à plaisanter : ce n'est pas un jeu; les ôtera qui voudra, comme on dit : mais ce sont bien-là des marques du fer.

CRESSIDE.

Sont-ce des coups d'épée ? (*Pâris passe.*)

PANDARE.

D'épée? de quelque arme que ce soit, il ne s'en embarrasse guères. L'enfer viendroit l'attaquer ; cela lui est égal. Par l'œil de Dieu, cela met la joie au cœur, de le voir. — Là-bas, c'est Pâris qui passe. — Regardez là-bas, ma nièce. N'est-ce pas un beau cavalier aussi? N'est-ce pas?.. Hé! il est brave aujourd'hui. — Qui donc disoit, qu'il étoit rentré blessé dans la Ville aujourd'hui ? Il n'est pas blessé. Allons, cela va faire un grand plaisir au cœur d'Hélène. Ah ! je voudrois bien voir Troïle à présent : vous allez le voir tout-à-l'heure. (*Hélénus succède.*)

CRESSIDE.

Quel est celui-là ?

PANDARE.

C'est Hélénus — Je suis bien étonné de ne pas voir Troïle : — C'est Hélénus. — Je commence à croire que Troïle n'aura pas sorti des murs aujourd'hui — C'est Hélénus.

CRESSIDE.

Hélènus peut-il combattre, mon oncle?

PANDARE.

Hélènus? Non — oui, il combat assez passablement bien — Je m'étonne bien de ne pas voir Troïle.— Ha! écoutez, n'entendez-vous pas le peuple crier, *Troïle?* — Hélénus est un Prêtre.

CRESSIDE.

Quel est celui qui se traîne si lentement là bas?
(*Troïle passe.*)

PANDARE.

Où? là-bas? C'est Deiphobe. Oh! c'est Troïle! Voilà un homme, ma nièce! Hem! le brave Troïle: le Prince des Chevaliers!

CRESSIDE.

Eh, silence; de grace, silence!

PANDARE.

Remarquez - le: considérez - le bien — O brave Troïle! Attachez vos regards sur lui, ma nièce: voyez-vous, comme son épée est sanglante, & son casque haché de plus de coups que celui d'Hector même! Et son regard, sa démarche! O admirable jeune homme! il n'a pas encore vu ses vingt-trois ans. Va, pourfuis, Troïle, pourfuis. Si j'avois pour sœur, une Grâce, ou la fille d'une Déeffe, il pourroit la choifir & la prendre. O l'admirable guerrier! Pâris? Pâris eft de la fange au prix de lui; & je gage, qu'Hélène, pour changer Pâris contre Troïle, donneroit un de fes beaux yeux par-deffus le marché.

(*Suivent une troupe de combattans, foldats, &c.*)

CRESSIDE.

En voici une troupe.

PANDARE.

Fi, des ânes, des faquins, des imbécilles. Paille & fon! du poreau après le dîner. Moi, je pourrois vivre & mourir des yeux de Troïle: ne regardez pas cela, ne les regardez pas: les aigles font paffés: bufes & corbeaux, bufes & corbeaux, que toute cette canaille. J'aimerois mieux être Troïle, qu'Agamemnon & tous les Grecs enfemble.

CRESSIDE.

Il y a parmi les Grecs, un Achille. C'eft un Héros au-deffus de Troïle.

PANDARE.

Achille? un lourdaut, un porte-faix, une vraie bête de fomme en comparaifon.

CRESSIDE.

Allons, allons.

PANDARE.

Allons, allons? — Avez-vous quelque discernement? Avez-vous des yeux? Savez-vous quel homme c'est? La naissance, la beauté, la bonne façon, le raisonnement, le courage, la science, la politesse, la valeur, la vertu, la jeunesse, la libéralité, & autres qualités semblables; ne sont-elles pas comme les épices & le sel, qui assaisonnent & font valoir un homme?

CRESSIDE.

Oui, un homme en pâté (*).

PANDARE.

Vous êtes une étrange femme! On ne sait jamais par quel bout vous prendre; oui, vous êtes une vraie folle.

SCÈNE VII.

Les mêmes. **UN PAGE** *de Troïle.*

LE PAGE.

Seigneur, mon maître voudroit vous parler à l'inftant même.

PANDARE.

Où ?

LE PAGE.

Chez vous. Il eſt à votre maiſon, où il ſe déſarme.

PANDARE.

Bon Page, va lui dire, que j'y vais. (*Le Page ſort*). — Je crains qu'il ne ſoit bleſſé. Adieu, ma chère nièce.

CRESSIDE.

Adieu, mon oncle.

PANDARE.

Je viens vous rejoindre, ma nièce, dans quelques momens.

CRESSIDE.

Pour m'apporter, mon oncle....

PANDARE.

Oui, un gage d'amitié de la part de Troïle.

CRESSIDE.

Par ce gage!.... vous êtes un intrigant d'amour.
(*Pandare sort.*)

SCÈNE VIII.

CRESSIDE *seule.*

Doux propos, vœux, cadeaux, larmes, & tous les sacrifices de l'amour, il les offre pour un autre que lui. Mais je vois plus de mérite dans Troïle, dix mille fois, que n'en réfléchit l'éloge que Pandare fait de lui : & pourtant je le tiens à distance de moi. Les femmes sont des anges, quand on les recherche: sont-elles obtenues ? tout finit là. L'ame du plaisir est dans la recherche du plaisir même. La femme aimée ne sait rien, si elle ne sait pas cela : les hommes prisent l'objet avant sa conquête, bien au-dessus de sa valeur : jamais il n'exista de femme, qui ait connu tant de douceurs dans l'amour satisfait, qu'il y en a dans le désir & les sollicitations. J'enseigne donc cette maxime d'amour: la servitude suit la conquête ;

l'humble prière accompagne la recherche. — Ainsi, quoique mon cœur soit ferme dans son choix & décidé dans son amour, rien de mes sentimens secrets ne se manifestera dans mes yeux (†).

(*Elle sort.*)

(†) Ce que dit ici Cresside sur son Galant, renferme des réflexions pleines de justesse & de prudentes maximes de conduite pour les femmes qui se trouvent dans la dangereuse crise de l'amour. Ce qu'elle dit, devroit être dans la bouche de la femme la plus vertueuse, quoique son propre caractère dans cette pièce, soit malheureusement vicieux. Mais le génie de notre Auteur étoit si plein de maximes & de leçons, qu'il ne pouvoit souvent en réprimer le cours, ni attendre toujours dans une froide patience une occasion convenable d'assortir le langage au personnage qui parle. Les fautes de Shakespéar proviennent de richesse, & non de pauvreté, c'est toujours une surabondance, jamais une disette : ses monstres ne sont jamais sans tête : mais ils en ont quelquefois deux. *Mis.* GRIFFITH.

SCÈNE IX,

TRAGÉDIE.

SCÈNE IX.

Le Théâtre représente le Camp des Grecs. Les trompettes sonnent. Paroissent AGAMEMNON, NESTOR, ULYSSE, MÉNÉLAS, & *autres Chefs.*

AGAMEMNON.

Princes (§), pourquoi le chagrin décolore-t-il ainsi vos joues? Dans toutes les entreprises commencées sur la terre, les vastes promesses que fait à l'homme l'espérance, avortent toujours & ne sont jamais toutes remplies: les obstacles & les revers naissent du sein même des exploits les plus sublimes & les plus élevés: ainsi des nœuds, formés par la rencontre des ruisseaux opposés d'une sève surabondante, infectent le pin altier & robuste, & détournent du cours direct de leur croissance le fil errant

---

(§) On aura peine à taxer de longueur le Dialogue qui va suivre, lorsqu'on fait attention à la foule de réflexions admirables qu'il contient, sur le développement des grands évènemens, sur la nécessité de la patience & de la fermeté, avec les avantages qui résultent de la déférence & de la soumission à la règle & à l'autorité. *Miss.* Griffith.

Tome XVII. Premiere Partie.

de ſes fibres tortueuſes. Et ce n'eſt pas à nos yeux, Princes, un phénomène ſi étrange & ſi nouveau, de voir, qu'après ſept années de ſiège, les murs de Troye ſont encore debout : dans toutes les entrepriſes des ſiècles paſſés, dont la tradition nous a tranſmis le ſouvenir, l'exécution a toujours rencontré des obſtacles & des traverſes, qui ont écarté du but : le ſuccès n'a jamais été revêtu des formes brillantes, que l'imagination lui avoit prêtées dans ſes plans aëriens. Pourquoi donc, Princes, contemplez-vous notre ouvrage d'un front ſi conſterné ? Pourquoi voyez-vous autant d'affronts dans des lenteurs, qui ne ſont en effet qu'une épreuve prolongée par le Grand Jupiter, pour affermir la perſévérance dans le cœur de l'homme ? Ce n'eſt point dans les faveurs & le ſourire de la Fortune, que la trempe de la vertu ſublime & pure ſe reconnoît : car alors le lâche & le brave, le ſage & l'inſenſé, le ſavant & l'ignorant, l'homme dur & l'homme ſenſible, ſe reſſemblent & préſentent les traits d'une même famille. C'eſt dans la tempête que ſoulève le courroux de cette Déeſſe, c'eſt alors que ſous l'impreſſion de ſon ſouffle puiſſant, la ſéparation s'opère ; ſon ſouffle diſperſe au loin la paille vaine & légère : & tout ce qui a de la conſiſtance & du corps, demeure fixé par ſon poids, par la richeſſe de ſon mérite, & ſe montre pur & ſans mélange.

TRAGÉDIE.

NESTOR.

Avec le respect, qui est dû à votre place suprême, où vous représentez les Dieux, illustre Agamemnon, je ferai une nouvelle application de vos dernières paroles. Lorsque la mer est calme, combien de menus & légers esquifs osent se hasarder sur son sein patient & tranquille, & faire route à côté des vaisseaux de haut-bord (†). Mais que l'impétueux Borée vienne à courroucer la paisible Thétis, voyez alors les vaisseaux aux larges & robustes flancs fendre les montagnes de flots, &, comme le coursier de Persée (§) bondir entre les deux humides élémens. Où est alors la présomptueuse nacelle, dont la foible & mince structure osoit, il n'y a qu'un moment, rivaliser avec la force & la grandeur ? Elle a fui dans le port, ou bien elle est déjà dévorée, comme un atome, par Neptune. C'est dans cette crise, c'est dans les orages de l'adversité, que la valeur appa-

---

(†) Stace a la même comparaison :

Sic ubi magna novum Phario de littore puppis
Solvit iter, jamque innumeros utrinque rudentes
Lataque velifri porrexit brachia mali,
Invasitque vias ; it eodem angusta Phaselus
Æquore, immensi partem sibi vendicat austri,

(§) Allusion à la Fable des ailes prêtées à Persée par Minerve, avec lesquelles il vola dans les airs, & délivra Andromède du Monstre marin. GRAY.

rente & la valeur réelle, se séparent & se distinguent. Dans l'éclat & les rayons de la prospérité, le troupeau est plus vexé par l'insecte & son dard poignant, qu'il ne redoute le tygre : & lorsque le fougueux aquilon fait ployer le genou au chêne noueux & robuste, l'insecte fuit sous son abri ; mais l'animal courageux (†) & fort, allume son courroux au courroux de la tempête, s'enflamme & s'irrite avec elle, & répond à la fortune ennemie dans des accens à l'unisson de sa fureur & de sa menace.

ULYSSE.

Agamemnon, illustre Général, le nerf & la colonne de la Grèce, le cœur, l'ame & l'esprit de l'armée entière, le centre où s'unissent & doivent se confondre tous les caractères, toutes les volontés : écoutez ce que dit Ulysse. — D'abord je dois donner l'approbation & les applaudissemens qui sont dus à votre harangue, vous, le Souverain des Grecs par votre rang & votre autorité ; & à la vôtre, vous, Nestor, vénérable par un siècle de vie. Le discours d'Agamemnon devroit être gravé sur le bronze, & tenu à la portée de tous les yeux, par la main d'Agamemnon d'un côté, & de l'autre par celle de

---

(†) On dit que le Tygre redouble de fureur & de rage dans les grands vents & les tempêtes. HANMER.
Cette opinion n'est nullement confirmée.

la Grèce ; & le vénérable Nestor, que sa barbe & ses cheveux blancs font paroître comme une figure gravée sur l'argent (3), peut avec un lien d'air, aussi fort que le pivot sur lequel s'appuye le ciel, enchaîner l'oreille de tous les Grecs à sa langue éloquente & enrichie d'expérience : cependant sous votre bon plaisir à tous deux, vous, puissant Roi, & vous, sage vieillard, daignez écouter Ulysse.

AGAMEMNON.

Parlez, Prince d'Ithaque, nous sommes bien plus certains que vous ne prenez pas la parole pour traiter des sujets frivoles & sans importance, que nous ne le sommes de n'entendre aucun trait de douce & ingénieuse éloquence, ni aucun oracle de sagesse, quand le grossier Thersite soulève sa lourde mâchoire.

ULYSSE.

Troye, debout encore sur ses fondemens, seroit en ruines, & l'épée du grand Hector seroit sans maître, sans les obstacles que je vais nommer. La règle & les droits de l'autorité ont été méprisés : voyez, combien de tentes Grecques s'élèvent sur cette plaine; hé bien, comptez autant de factions. Lorsque celle du Général ne ressemble pas à la ruche, où doivent revenir toutes les abeilles dispersées dans les champs, quel miel peut-on espérer ? Quand la distinction des rangs est confondue &

méconnue, le dernier des humains paroît, sous le masque, égal au premier des mortels. Les cieux mêmes, les planètes & ce globe, le centre de l'Univers (†), observent les degrés, les prééminences, & les distances respectives; régularité dans leurs cours divers, marche constante, proportions, saisons, formes, services, tout est distribué, réglé, tout suit un ordre invariable. Et, en vertu de cet accord universel, le soleil, cette glorieuse planète, assis sur un trône, brille en roi au milieu des autres qui l'environnent: son œil radieux & bienfaisant corrige les malins aspects des planètes malfaisantes, & son influence souveraine, telle que l'ordre d'un Monarque, agit & gouverne, sans obstacle ni contradiction, les bonnes & les mauvaises étoiles. — Mais, lorsque les planètes (§), troublées & confondues, s'égarent & sont errantes en désordre, alors que de pestes, que de fléaux épouvantables!

_____

(†) Suivant le système de Ptolémée alors en vogue.

(§) Le Poëte, suivant les idées de l'Astrologie, veut dire ci: quand les planètes forment des configurations malignes, quand elles se regardent d'un aspect malin & contraire.

Les mouvemens irréguliers des planètes passoient pour présager quelques désastres au genre humain: on ne croyoit pas que les planètes elles-mêmes fussent renfermées dans des orbites propres, mais qu'elles erroient à leur gré, comme le désigne l'étymologie de leur nom.

TRAGÉDIE.

Quelle sédition, quel cahos dans l'Univers! Et la mer en furie, & la terre tremblante, & les vents déchaînés, les terreurs, les révolutions, tous les plus affreux désastres, brisent l'unité, rompent l'accord, confondent tout, & renversent de fond en comble la paix des Etats, jettés hors de leur base, & du centre tranquille de leur repos. De même, quand la subordination est troublée, elle qui est l'échelle de tous les grands projets, alors l'entreprise languit & échoue. Par quel autre moyen, que par la subordination, les degrés dans les Ecoles des Arts, les Communautés & les corporations dans les Villes, le Commerce paisible entre des rivages séparés, les droits de la nature & de l'aînesse, les prérogatives de l'âge, des Couronnes, des Sceptres, & des lauriers des héros, peuvent-ils être maintenus à leur place, à leur rang légitime? Otez la subordination, mettez cette corde hors de l'unisson, & écoutez quelle dissonance, quelle cacophonie vont suivre? Chaque être devient ennemi, s'oppose & se combat : les eaux renfermées dans leur lit, enflent leur sein plus haut que leurs bords, & submergent la masse solide de ce globe : la force devient la maîtresse & le tyran de la foiblesse ; & le fils brutal va d'un coup parricide étendre son pere mort à ses pieds. La violence s'érige en droit ; ou plutôt le juste & l'injuste, que sépare la Justice assise au milieu de leur choc éternel, perdent leurs noms, & la Justice annéantie périt aussi : alors tout s'arme du pouvoir, le pouvoir de la volonté, la volonté de la paſſion, & la paſſion, ce tygre inſatiable, ainſi ſecondée du pouvoir & de la volonté, doit néceſſairement tout détruire, & finir par ſe dévorer elle-même. Illuſtre Agamemnon, voilà la confuſion & le déſordre qui ſont inévitables, lorſque la ſubordination eſt interrompue & étouffée : & la ſubordination ſe trouble & périt, lorſque chaque degré ſe renverſe & recule ſur l'inférieur, pouſſé par l'ambition ſecrète & jalouſe qui le fait aſpirer à monter. Le Chef eſt mépriſé par l'Officier qui eſt à un pas au-deſſous de lui : celui-ci par le ſuivant, & ainſi de ſuite juſqu'au dernier rang qui touche la terre. Ainſi de degrés en degrés, la corruption, née de l'exemple du premier, deſcend juſqu'au dernier, qui ſe dégoûte de ſon Supérieur : tout dégénère alors : tout eſt atteint d'une fièvre d'envie, d'une pâle & lâche émulation qui n'agit point, & tend au néant : & c'eſt cette fièvre d'envie, qui conſerve Troye ſur ſa baſe, & non pas ſa propre force. Pour conclurre ce diſcours déjà trop long, Troye ſubſiſte par notre foibleſſe, & non par ſa vigueur (†).

NESTOR.

Ulyſſe a parlé avec ſageſſe ; il a décou-

___

(†) Cette Pièce eſt remplie de ſuperbes harangues, & des leçons de la plus belle morale & de la plus judicieuſe politique.

vert

vert le mal dont toute notre armée eſt infectée.

AGAMEMNON.

La nature du mal étant connue, Ulyſſe, quel en eſt le remède?

ULYSSE.

Le Grand Achille, que l'opinion couronne, & préſente comme le nerf & le premier Héros de notre armée, ayant l'oreille remplie du bruit de ſa renommée, devient d'une ſenſibilité délicate à l'excès ſur ſon propre mérite, & reſte oiſif dans ſa tente à ſe mocquer de nos deſſeins. A ſes côtés nonchalamment couché ſur un lit, Patrocle, tant que le jour dure, fait aſſaut avec lui de pointes & de propos bouffons; & cet inſultant cenſeur, appelle imitation, les ridicules & biſarres pantomimes dans leſquelles il prétend nous contrefaire tous. Tantôt, illuſtre Agamemnon, il ſe met à jouer votre députation auguſte & reſpectable, ſemblable à un Acteur de Théâtre, qui dans la pompe affectée de ſa démarche, & plaçant ſon orgueil dans la vigueur de ſon jarret, croit que c'eſt une merveille d'entendre les planches retentir & répondre à l'impulſion rapide de ſon pied tendu; c'eſt dans cette déplorable & riſible farce, qu'il tourmente & contrefait la majeſté & la grandeur de votre perſonne —. Lorſqu'il parle, c'eſt un carillon de ſons toujours croissans; & il exhale des termes désordonnés, outrés, qui, dans la bouche mugissante de Typhon même, paroîtroient encore ampoulés & hyperboliques. A cette bouffonnerie, le vaste Achille, étendu sur son lit gémissant, applaudit par de longs éclats de rire, & s'écrie ! *Excellent ! c'est Agamemnon au naturel. — Allons, joue-moi Nestor à présent ; allons, & caresse ta barbe* (†), *comme fait le vieillard, lorsqu'il se prépare à nous débiter sa harangue.* Patrocle le fait, & cela y ressemble & s'en rapproche, comme les deux extrémités de deux lignes parallèles (§), comme Vulcain ressemble à sa femme. Cependant le bon Achille s'écrie toujours : *excellent ! c'est Nestor en personne ! allons, représente-le moi, Patrocle, lorsqu'il s'arme pour repousser un assaut nocturne.* Et alors, les infirmités mêmes, & les imperfections de la vieillesse sacrée, deviennent un objet de risée & d'insulte : & de tousser, & de cracher, de tâtonner d'une main tremblante & paralytique

---

(†) C'étoit un geste dont se servoient les Anciens pour disposer favorablement leur auditoire.

Tange manu mentum, tangunt quo more precantes,
 Optabis merito cum mala multa viro.

OVIDE.

Ainsi l'on voit dans l'Iliade, Dolon prendre sa barbe & demander grace à Diomède, qui le tue.

(§) Les parallèles dont il s'agit ici, semblent être les lignes parallèles des Cartes Géographiques, JOHNSON.

TRAGÉDIE.

fon gorgerin (†), fans pouvoir en ajufter l'agraffe; & à ce jeu, notre Héros fans pareil (¶) de s'écrier: ô *Patrocle, finis, en voilà assez: ou donne-moi des flancs d'acier. Les miens se rompront dans les efforts du plaisir que j'éprouve, & à force de rire.* C'eſt de cette manière indécente, que toutes nos facultés, nos talens, nos caractères, nos perſonnes, nos qualités les plus eſtimables, nos perfections, nos inventions, nos règlemens, nos défenſes, nos défis au combat, ou nos négociations pour les trèves, nos fuccès, ou nos pertes, ce qui eſt & ce qui n'eſt pas, fert de matière & d'aliment aux farces & à la cenſure de ces deux perſonnages.

NESTOR.

Et l'exemple de ce couple, que l'opinion, comme l'a dit Ulyſſe, couronne & élève au premier rang de la grandeur & de la puiſſance, gagne dans l'armée & en infecte pluſieurs autres. Ajax eſt devenu volontaire & indépendant; il porte ſa tête à une hauteur d'orgueil égale à la fierté du vaſte Achille: il ſe tient, comme lui, iſolé dans ſa tente: il y donne des fêtes ſéditieuſes: il raille nos plans de guerre & nos diſpoſitions, avec la confiance d'un oracle infaillible; & il excite Therſite, ce vil eſclave, dont

---

(†) Pièce d'armure qui ſervoit à défendre la gorge.
(¶) Monſeigneur la Valeur.

la langue vénimeuse forge sans cesse des calomnies, à nous traîner dans la fange de ses comparaisons grossières & bouffonnes, à rabbaisser & décréditer notre conduite & nos actions, de quelque imminent péril que nous soyons environnés.

ULYSSE.

Ils blâment la prudence de notre politique, & la taxent de poltronnerie : ils rejettent la sagesse comme nulle dans la guerre ; ils dédaignent la prévoyance, & n'estiment d'autres actes que ceux de la main. Les facultés paisibles de l'intelligence ; le génie qui dirige les bras & règle le nombre de ceux qui doivent frapper, quand une occasion favorable les appelle ; qui, par les travaux de l'observation & de la pensée, pèse & apprécie les forces de l'ennemi ; tous ces talens ne valent pas le mérite & l'honneur d'un seul doigt de la main : ils appellent tout cela des ouvrages de lit & de paresse, fatras géographique, guerre de cabinet : ensorte que le bélier, qui roulant sur son affut, renverse les murailles, par la masse de son poids, est préféré par eux à la main industrieuse qui a créé cette machine, & à l'ame intelligente & instruite qui en guide à propos le mouvement & l'exécution (†).

(†) Oserai-je défier l'Iliade même, où la même question est discutée par les mêmes personnages, avec le secours des Dieux

NESTOR.

D'après leurs principes, le cheval d'Achille peut engendrer plusieurs fils de Thétis.

(*On entend une trompette.*)

AGAMEMNON.

Quelle est cette trompette ? Voyez, Ménélas.

MÉNÉLAS.

C'est de la part de Troye.

***

pour éclairer leurs conseils, de rien offrir de supérieur ou même d'égal à ce brillant passage pour la justesse de l'observation, la richesse des images, & l'abondance des réflexions. Mais, comme je l'ai déjà dit ailleurs, dans une comparaison entre Shakespéar & Sophocle, il n'en faut pas davantage à nos critiques modernes, pour décider contre moi, que la seule raison, que l'un a écrit en Anglois, & l'autre en Grec. *Mistriss.* GRIFFITH.

SCÈNE X.

Les mêmes. ÉNÉE *accompagné d'un Héraut.*

AGAMEMNON.

Qui vous amène devant notre tente ?

ÉNÉE.

Est-ce ici la tente du grand Agamemnon ? Daignez m'en instruire.

AGAMEMNON.

Elle-même.

ÉNÉE.

Un Prince & un Héraut à la fois, peut-il faire entendre à son oreille auguste un message gracieux (4) ?

AGAMEMNON.

Oui, il le peut & avec plus de sûreté que n'en pourroit garantir le bras d'Achille à la tête de tous les casques Grecs, qui, d'une voix unanime, nomment Agamemnon leur Chef & leur Général.

ÉNÉE.

On ne peut donner une liberté de parler plus gracieuse; & une sûreté plus infaillible & plus étendue. Mais comment un étranger pourra-t-il reconnoître les regards souverains de cet illustre Chef & le distinguer des autres Guerriers?

AGAMEMNON.

Comment?

ÉNÉE.

Je demande, afin que je puisse lui rendre mon hommage, & que le respect colore mes joues de la rougeur modeste de l'aurore, lorsqu'elle contemple d'un œil chaste le jeune Phébus, je demande quel est ce Dieu en dignité, qui guide ici les autres Héros: lequel d'entr'eux est l'illustre & puissant Agamemnon.

AGAMEMNON.

Ce Troyen se rit de nous, ou les Guerriers de Troye sont de cérémonieux courtisans.

ÉNÉE.

Ce sont des Courtisans pleins de franchise & d'amitié, des Anges de candeur & de politesse respectueuse, quand ils sont désarmés; telle est leur renommée dans la paix : mais dès qu'ils prennent l'armure & le maintien des Guerriers, ils s'enflamment de vengeance, ils ont des armes sûres, des muscles nerveux, des épées fidèles à leur courage; &, Jupiter sait qu'il n'est point de mortels plus intrépides. Mais arrête, Énée; silence, Troyen: pose ton doigt sur tes lèvres. L'éloge perd son lustre & son mérite, lorsqu'il sort de la bouche même de l'homme qui en est l'objet: la seule louange que la renommée adopte & se charge de publier, est celle que le repentir arrache à l'ennemi: voilà la louange pure, & la seule qui s'élève & se répande dans l'univers.

AGAMEMNON.

Vous, Troyen, est-ce vous qui vous appellez Énée?

ÉNÉE.

Oui, Grec; tel est mon nom.

AGAMEMNON.

Quelle affaire vous amène, je vous prie?

ÉNÉE.

Pardonnez: cette confidence est réservée pour l'oreille d'Agamemnon seul.

AGAMEMNON.

Agamemnon ne donne point d'audience secrette aux députations qui viennent de Troye.

ÉNÉE.

TRAGÉDIE.

ÉNÉE.

Et je ne viens pas non plus de Troye, pour murmurer à demi voix un secret dans son oreille. J'apporte avec moi une trompette, dont le bruit la réveille pour exciter ses sens à une attention profonde; & parler alors.

AGAMEMNON.

Parlez, aussi librement que les vents. Ce n'est pas ici l'heure où Agamemnon est endormi : & pour te convaincre, Troyen, qu'il est bien éveillé, c'est lui-même qui te le déclare.

ÉNÉE.

Trompette, retentis : que ta voix d'airain résonne dans toutes ces tentes oisives : & que tout Grec courageux sache, que les nobles propositions offertes par Troye, seront exposées à la vue du camp.

(*Les trompettes sonnent.*)

Illustre Agamemnon, nous avons à Troye un Prince nommé Hector, (Priam est son pere); qui se consume & s'indigne dans l'inaction de cette trève trop prolongée. Il m'a chargé d'amener avec moi un Héraut, & de vous adresser ces mots. — Rois, Princes, & Chefs ! Si parmi les premiers de la Grèce, il en est un qui estime son honneur plus que son repos, qui soit plus jaloux de gloire qu'allarmé des dangers, qui foit fûr de fa valeur, & ignore la peur, qui aime fa maîtreffe d'un amour plus vrai que de fimples proteftations faites avec de vains fermens aux lèvres de la belle qu'il aime, & qui ofe foutenir fa beauté & fa vertu dans d'autres bras que les fiens; à lui ce défi : Hector, à la vue des Troyens & des Grecs, fe fait fort de prouver (ou du moins il fera tous fes efforts pour le faire) qu'il aime une belle plus fage, plus accomplie, plus fidèle, que jamais Grec n'en ait environné de fes bras careffans; & demain matin, s'avançant jufqu'au milieu de l'efpace qui fépare vos tentes des murs de Troye, il provoquera à fon de trompe le Grec qui fe vante d'être fidèle en amour. — Si quelqu'un fe préfente, Hector l'honorera : fi perfonne ne fe montre, rentré dans Troye, il y publiera, que les beautés de la Grèce font toutes bafanées & noircies par le foleil, & que pas une ne vaut les éclats d'une lance brifée pour elle (†). J'ai dit.

AGAMEMNON.

Énée, on annoncera ce défi à nos braves. Si aucun d'eux ne fe fent le courage d'y répondre, nous

---

(†) Voilà le langage des Romans : ce défi conviendroit mieux à Palmerin, ou Amadis, qu'à Hector ou Énée. STEEVENS.

avons donc laissé nos Héros dans notre Patrie. Mais nous sommes des Guerriers : & puisse le Guerrier, qui ne donne pas, ou qui n'a pas donné, ou qui ne se promet pas de donner sa foi à une belle, être déclaré lâche & déshonoré! S'il s'en trouve un seul dans l'une de ces trois dispositions; c'est lui qui se mesurera avec Hector: s'il n'y en a aucun ; ce sera moi.

NESTOR.

Parle-lui aussi de Nestor, d'un vieillard qui étoit déjà homme, lorsque l'aïeul d'Hector suçoit encore le lait de sa nourrice. Il est vieux à présent: mais s'il ne se trouvoit pas dans notre armée un noble Grec, qui eût une étincelle de courage, pour soutenir l'honneur de son amante, dis à Hector de ma part, que je cacherai ma barbe argentée par le tems sous un casque d'or, que j'enfermerai ce bras décharné (†) dans mon bouclier, & que, marchant à sa rencontre, je lui déclarerai, que ma belle étoit plus belle que son aïeule, & aussi chaste qu'il s'en puisse trouver dans l'univers. Je m'engage, avec les trois gouttes de sang qui restent dans mes veines, à

(†) Suivant les loix de la Chevalerie, ni la différence des âges, ni toute autre inégalité, n'étoient des exemptions reçues. *Miss.* GRIFFITH.

prouver cette vérité à sa jeunesse fleurie & pleine d'une sève surabondante.

ÉNÉE.

Que le Ciel ne permette pas une si grande disette de jeunes braves !

ULYSSE.

Que le Ciel vous exauce !

AGAMEMNON.

Noble Énée, laissez-moi toucher votre main : je veux vous conduire avec honneur à notre tente. Achille sera informé de ce message ; & avec lui tous les Chefs de la Grèce, d'une tente à l'autre. Il faut que vous soyez de nos festins avant votre départ, & vous recevrez de nous l'accueil d'un ennemi généreux. (*Ils sortent.*)

SCÈNE XI.

ULYSSE & NESTOR (*demeurent.*)

ULYSSE.

Nestor?

NESTOR.

Que dit Ulysse?

ULYSSE.

Mon cerveau vient de concevoir un germe d'idée : soyez pour moi ce qu'est le tems pour les projets, aidez-moi à la faire éclorre.

NESTOR.

Quelle est-elle?

ULYSSE.

La voici : les coins obtus fendent les plus durs nœuds. L'orgueil s'est accru dans le cœur vain d'Achille : il a atteint toute sa hauteur & sa pleine maturité : il faut nécessairement ou en trancher la tige ; ou bien, pleine de sémence, elle va la répandre autour de lui, & enfanter une pépiniere de maux, dont nous serons tous accablés.

NESTOR.

Sans doute : mais quel moyen?

ULYSSE.

Ce défi qu'envoye le brave Hector, quoique offert en général à tous les Grecs, s'adresse pourtant dans l'intention du Troyen au seul Achille.

NESTOR.

L'intention est aussi claire, que l'est aux yeux l'état d'une fortune, qu'un petit nombre de chiffres expose rassemblée dans un petit espace. Et ne doutez pas, qu'à la publication de ce défi, Achille, son cerveau fût-il aussi nud, aussi aride que les sables de la Lybie (quoique, Apollon le sait, il soit très-dénué) ne manquera pas de concevoir d'un jugement rapide, qu'il est le but que vise Hector.

ULYSSE.

Et cela l'excitera à lui répondre, le croyez-vous?

NESTOR.

Oui, & il le faut vraiment : car quel autre Guerrier, capable d'enlever à Hector l'honneur de ce défi, pourriez-vous lui opposer, qu'Achille? Quoique ce combat singulier ne soit qu'un jeu, cependant il sortira de cet essai une grande influence sur l'opinion : par cet essai les Troyens veulent nous tâter finement & sonder le fonds de notre mérite & de notre réputation : & croyez-moi, Ulysse, notre valeur sera étrangement pesée & jugée d'après la fortune de ce combat isolé. Car l'issue, quoique renfermée dans le sort d'un individu, servira de mesure pour préjuger le bon ou le mauvais succès universel. Ce duel, au prix de la grandeur des effets dont il est le prélude, n'est qu'un point, qu'une esquisse légere, mais où l'on voit comme en miniature le dessin & le germe de la masse gigantesque des évènemens qui doivent se développer & suivre. On supposera que le champion, qui ira lutter avec Hector, est l'enfant de notre choix : & ce choix, étant l'acte unanime de tous les Grecs réunis, donne le plus grand relief à l'objet de son élection, présente en lui un homme, qui semble extrait de chacun de nous, & composé de toutes nos vertus. S'il échoue, quel cœur en recevra une impression de courage, un pressentiment de victoire, pour affermir en soi une opinion avantageuse de lui-même ? Et c'est cette opinion de soi, dont les corps & les bras ne sont que les instrumens ; ils agissent sous son impulsion, comme l'arc & l'épée sont gouvernés & dirigés par le bras.

ULYSSE.

Pardonnez le discours que vous allez entendre.

C'est par cette raison même, qu'il n'est pas à propos que ce soit Achille qui combatte Hector. Imitons les Marchands; montrons d'abord comme eux ce que nous avons de moins précieux : & croyons que peut-être un hasard nous en défera : sinon, l'éclat de ce que nous étalerons ensuite, n'en sortira que mieux, en exposant d'abord le rebut. Ne consentons jamais, qu'Hector & Achille soyent aux prises ensemble : car du sort de ce combat, sortiront d'étranges conséquences pour notre honneur ou notre honte.

NESTOR.

Mes yeux affoiblis par l'âge ne les distinguent pas : quelles sont-elles ?

ULYSSE.

Achille ne seroit-il pas bouffi d'orgueil, de nous faire partager avec lui la portion de gloire qu'il auroit enlevée à Hector : mais il n'est déjà que trop insolent. Et nous souffririons moins d'être brûlés par les ardeurs du soleil d'Afrique, que d'avoir à soutenir les dédains insultans de son œil superbe & dur, s'il échappoit au bras d'Hector : s'il étoit vaincu, alors nous verrions tomber l'estime de nous-mêmes avec notre meilleur Guerrier. Non : faisons plutôt une loterie : & combinons-la si adroitement, que le sort nomme le stupide Ajax, pour combattre Hector. Entre nous, donnons-lui notre aveu comme à

notre

TRAGÉDIE.

notre plus vaillant Héros: ces éloges serviront à guérir le hautain Myrmidon (†), dont les applaudiffemens enflent fi fort la vanité: cette préférence fera tomber fa crête, dont l'arc eft plus vafte, plus fier & plus éblouiffant, que l'écharpe bleue d'Iris. Si le ftupide & écervelé Ajax (¶) échappe, nous le parerons de nos éloges; s'il fuccombe, nous reftons toujours couverts de l'opinion que nous avons de plus vaillans Guerriers. Mais, vainqueur ou vaincu, toujours nous obtiendrons notre but; notre projet aura cet effet falutaire, c'eft qu'Ajax employé, fait tomber le panache d'Achille & abbaiffe fon orgueil.

NESTOR.

Ulyffe, je commence à goûter votre idée, & je vais à l'inftant en faire fentir le mérite à Agamemnon. Allons le trouver, fans différer. Deux dogues furieux fe matteront, s'apprivoiferont l'un l'autre: l'orgueil eft l'appât (§) qu'il faut leur jetter, pour les irriter. (*Ils fortent.*)

(†) Les Myrmidons habitoient l'Ifle Ægina.

(¶) Shakefpéar paroît peindre ici Ajax d'après les invectives dont Ulyffe l'accable dans le treizieme livre des Métamorphofes d'Ovide. STEEVENS.

(§) L'os.

Fin du premier Acte.

ACTE II.

SCÈNE PREMIÈRE (*).

Le Théâtre représente le Camp des Grecs.

AJAX, ACHILLE, PATROCLE.

AJAX.

Quel étoit l'objet de cette proclamation ?

ACHILLE.

Voici ce qu'on a publié dans tout le Camp ; qu'Hector, demain matin, vers la cinquième heure du soleil, s'avancera, précédé d'un trompette, entre nos tentes & les murs de Troye, & défiera au combat celui de nos Guerriers, qui aura du cœur, & qui osera soutenir, je ne sai quoi.... sottise ! Adieu.

AJAX.

Adieu.... Et qui lui fera raison ?

TRAGÉDIE.

ACHILLE.

Je l'ignore : on en remet le choix au fort : autrement, il connoissoit son homme.

AJAX.

Oh! c'étoit à vous qu'il en vouloit. — Je vais m'éclaircir de tout cela. (*Ils sortent.*)

SCÈNE II.

La Scène représente la Ville de Troye; on voit le Palais de Priam.

PRIAM, HECTOR, TROILE, PARIS, HÉLÉNUS.

PRIAM.

Après tant de journées, de paroles, & de sang perdus, Nestor vient encore vous faire cette déclaration au nom des Grecs. »Rendez Hélène; & tous » les autres articles de dommage.... honneur, » perte de tems, voyages & fatigues, frais & dé» penses, blessures, amis, & tout l'amas de biens » précieux que cette guerre vorace a engloutis &

» diſſous dans ſon ſein brûlant, feront rayés & mis
» à l'écart «. — Hector, que répondez-vous à cette
propoſition?

HECTOR.

Quant à moi perſonnellement, & à tout ce qui peut me regarder, il n'y a pas un homme qui redoute moins les Grecs, que moi : & cependant, auguſte Priam, il n'eſt point de femme ſenſible qui ait des entrailles plus tendres & plus ſuſceptibles de concevoir des allarmes, plus prête à s'écrier, *qui peut prévoir la ſuite?* qu'Hector. Le fléau de la paix, c'eſt une confiance tranquille & préſomptueuſe : la défiance modeſte eſt avec raiſon nommée le phare du ſage ; c'eſt la ſonde, qui fouille le fond des évènemens & des maux. Qu'Hélène ſorte de Troye. Depuis que la première épée a été tirée pour cette querelle, parmi la foule de victimes immolées, plus de cent par mille étoient d'un auſſi grand prix qu'Hélène : je parle de celles que nous avons perdues. Si nous avons perdu tant de centaines des nôtres, pour garder un bien qui n'eſt pas à nous ; & lequel, quand il porteroit le nom de Troyen, ne vaudroit pas pour nous le prix d'une dixaine des victimes ſacrifiées ; de quel mérite peut être le motif qui nous fait refuſer de le rendre?

TROILE.

Honte! honte! mon frere. Péſez-vous le prix &

l'honneur d'un Roi, d'un auſſi grand Roi que notre auguſte pere, dans la balance qui ſert aux effets vulgaires? Voulez-vous calculer au taux d'une vile monnoie l'immeſurable valeur de ſon mérite infini ; & réduire la meſure d'une ceinture immenſe ſur une échelle auſſi meſquine, auſſi petite que celle des raiſonnemens & des craintes ? J'en atteſte les Dieux, c'eſt un opprobre.

HÉLÉNUS.

Il n'eſt pas étonnant, que vous faſſiez ſi peu de cas des raiſons, vous qui en êtes ſi dépourvu. Faudroit-il donc que notre pere gouvernât les affaires de ſon Empire ſans le ſecours de la raiſon, parce que votre diſcours qui le lui conſeille, en eſt dénué ?

TROILE.

Mon frere le Pontife, vous avez intérêt de ſoutenir les ſonges, & les viſions du ſommeil : vous vivez de l'art de raiſonner ; il entretient la fourrure de vos gants. Les voici vos raiſons. Vous ſavez qu'un ennemi redoutable en veut à votre perte ; vous ſavez qu'une épée eſt dangereuſe à manier ; & la raiſon fuit tout objet qui lui offre le danger ; qui donc s'étonnera, qu'Hélénus, lorſqu'il apperçoit devant lui un Grec & ſon épée, ajuſte promptement les aîles de la raiſon à ſes talons, & s'enfuye auſſi vîte que Mercure fuit Jupiter irrité contre lui, auſſi vîte qu'une étoile lancée hors de sa sphère ? Si nous voulons parler de raison, fermons donc nos portes, & livrons-nous au sommeil : le courage & l'honneur auroient bientôt des cœurs lâches, s'ils ne se nourrissoient que de cette insipide raison. La raison & la vaine prudence créent les lâches, & tuent la force & le courage.

HECTOR.

Mon frere, Hélène ne vaut pas ce qu'il nous en coûte pour la retenir.

TROILE.

Quel objet a de la valeur, que par le prix qu'on y attache ?

HECTOR.

Mais le prix d'une chose ne dépend pas de la volonté d'un homme. Il réside autant dans le mérite réel de l'objet précieux par lui-même, que dans l'opinion de celui qui l'apprécie. C'est une idolâtrie extravagante, que de rendre le culte plus grand que n'est le Dieu ; & c'est un délire dans la volonté, que de se passionner pour un objet qui s'empare de l'imagination & la trompe, sans quelque apparence au moins de ce mérite que lui prête l'illusion.

TROILE.

J'épouse aujourd'hui une femme, & mon choix

suit mon penchant: mon inclination s'est enflammée par mes oreilles & mes yeux (†). Comment puis-je me dégager de la femme que j'ai choisie, quoique ma volonté vienne à se dégoûter de son propre choix? Il n'y a aucun moyen d'échapper à son lien, ni de s'en affranchir, & de rester en même-tems ferme dans la route de l'honneur. Nous ne renvoyons pas au Marchand ses soieries, après que nous les avons portées & délustrées, & nous ne jettons pas les restes d'un brillant festin dans le panier de rebut, parce que nous nous trouvons rassasiés. On a trouvé à propos que Pâris tirât des Grecs une vengeance : c'est le souffle réuni de vos suffrages unanimes qui a enflé ses voiles: les vents & les mers suspendant leur antique querelle, ont fait une trève pour servir & seconder ses desseins: enfin il a touché au port désiré, & pour une parente (¶) décrépite, que les Grecs ont retenue captive, il a enlevé une Reine de

---

(†) Deux Pilotes toujours commerçans entre les dangereux rivages de la passion & de la raison.

(¶) Hésione, sœur de Priam, fut donnée par Hercule, lorsqu'il prit Troye, en mariage à Télamon, qui la traita moins comme son épouse, que comme sa concubine. Priam, ayant succédé à son pere, envoya Antenor en Grèce se plaindre à Télamon de ses procédés, & lui redemander Hésione. Les Princes de Grèce reçurent avec dédain cette ambassade, ce qui d'après plusieurs Historiens, fut la cause, de la guerre de Troye. GRAY.

Grèce, dont la jeuneffe & la fraîcheur fanent les traits d'Apollon même, & font pâlir les rofes de l'aurore. Pourquoi la gardons-nous? Les Grecs retiennent notre aïeule. — Mérite-t-elle d'être gardée? Oh! Héléne eft une perle dont la conquête a fait lancer (†) mille vaiffeaux fur l'onde, a expatrié des Rois Couronnés, pour courir les hafards & la fortune des Marchands. Si vous accordez une fois, que le voyage de Pâris fut raifonnable & fage, comme vous êtes forcés d'en convenir, vous étant tous écriés : *partez*, *partez* : fi vous avouez qu'il a ramené dans nos foyers une noble conquête, comme vous êtes auffi forcés de l'avouer, après avoir fait retentir Troye de vos applaudiffemens, & de ce cri, *ineftimable*, pourquoi donc blâmez-vous aujourd'hui les fuites de vos propres confeils, & faites-vous une chofe que n'a pas faite encore la fortune, en difgraciant & méprifant l'objet que vous avez vous-même eftimé d'un prix au-deffus des richeffes de la mer & de la terre enfemble? O le plus vil des larcins, de ravir par rufe un bien que nous tremblons de garder! Lâches brigands, indignes du tréfor que nous

---

(†) Euripide, Lycophron & Virgile font monter à mille le nombre des vaiffeaux employés à cette expédition ; Homère en compte onze cents quatre-vingt-fix. Thucydide dit douze cents, dont le plus gros portoit cent vingt hommes, & le plus petit cinquante. GRAY.

avons enlevé, lorsqu'après avoir osé enlever aux Grecs ce trésor dans le sein même de leur pays, nous craignons d'en défendre la possession dans l'enceinte de notre propre patrie! (*On entend ces cris dans le fonds de la Scène* : criez, Troyens, criez.)

PRIAM.

Quel est ce bruit : d'où viennent ces cris sinistres ?

TROILE.

C'est notre folle de sœur : je reconnois sa voix. (*On entend le même cri se répéter.*) Criez, Troyens.

HECTOR.

Oui, c'est Cassandre.

SCÈNE III.

Les mêmes. CASSANDRE *dans ses fureurs Prophétiques.*

CASSANDRE.

Élevez, élevez vos cris, Troyens. Prêtez-moi cent yeux, & je les remplirai de larmes Prophétiques (†).

HECTOR.

Contenez-vous, ma sœur : contenez vous.

CASSANDRE.

Jeunes filles, jeunes garçons, adultes & vieillards, tendres enfans qui ne pouvez que pousser des cris, secondez tous mes clameurs. Payons d'avance la moitié du tribut immense de douleurs & de gémissemens, que nous prépare l'avenir. Redoublez, redoublez vos cris, Troyens. Accoutumez vos yeux aux larmes. Troye doit tomber, & le superbe Palais d'Ilion doit cesser d'être. Pâris, notre frere,

---

(†) *Tunc etiam fatis aperit Cassandra futuris Ora, Dei jussu, non unquam credita Teucris.*
VIRGILE.

est la torche embrâsée qui doit nous consumer tous. Elevez vos cris, Troyens; ne prononcez que ces deux mots: *Hélène! Malheur!* Criez, criez: *Troye est en feu, si Helène ne sort pas de ses murs.*
(*Elle sort.*)

SCÈNE IV.

Les autres Personnages.

HECTOR.

Hé bien, jeune & confiant Troïle, ces accens prophétiques poussés du sein de notre sœur, ne font-ils aucune impression sur votre ame? Ou votre sang est-il si bouillant de passion & de folie, que les conseils de la raison, ni la crainte d'un mauvais succès dans une mauvaise cause, ne puissent le tempérer & calmer sa fougue?

TROILE.

Quoi? Mon frere Hector, nous pourrions bien ne pas juger de la justice d'une entreprise sur l'issue que pourront lui donner les évènemens; & ne pas abattre le courage de nos ames, parce que Cassandre extravague. Les explosions forcenées de son cerveau ne peuvent pas dénaturer la justice d'une querelle, que notre honneur à tous s'est engagé à soutenir avec joie. Quant à moi, je n'y ai pas plus d'intérêt, que tous les fils de Priam : mais que Jupiter ne permette pas, qu'il soit pris parmi nous, aucune résolution qui laisse au plus foible courage de la répugnance pour la soutenir & combattre pour elle.

PARIS.

Autrement le monde pourroit taxer de légéreté mes entreprises aussi bien que vos conseils : mais j'atteste les Dieux, que c'est votre libre & plein consentement qui a donné des aîles à mon inclination, & qui a étouffé toutes les craintes attachées à ce fatal projet. Car que peut, hélas, la force de mon bras isolé ? Quelle défense y a-t-il dans la valeur d'un seul homme, qui fût capable de soutenir le choc & la vengeance des ennemis que devoit armer cette querelle ? Et cependant, je proteste que si je devois moi seul en subir les dangers & les peines, & que mon pouvoir égalât ma volonté, jamais Pâris ne rétracteroit ce qu'il a fait, ni ne s'arrêteroit dans sa poursuite.

PRIAM.

Pâris, vous parlez, comme un homme enivré de jouissances & de voluptés : vous avez le miel, vous : mais tous ces Guerriers ont l'amertume pour eux :

ainsi l'on ne peut pas vous savoir gré, ni vous louer d'être vaillant.

PARIS.

Seigneur, je n'ai pas seulement en vue les plaisirs attachés à la possession de cette Beauté : je voudrois aussi effacer la tache de son heureux enlèvement, par le mérite & l'honneur de la garder. Quelle trahison ne seroit-ce pas contre cette Princesse enlevée, quel opprobre pour votre honneur, quelle ignominie pour moi, de céder aujourd'hui sa possession, lâchement & par contrainte! Se peut-il, qu'une idée aussi basse, aussi indigne de vous, puisse seulement entrer dans vos ames généreuses? Parmi les plus foibles courages de notre parti, il n'en est pas un qui n'ait un cœur pour oser, & une épée à tirer, quand il est question de défendre Hélène : il n'en est pas un non plus, si grand, si noble qu'il soit, dont la vie fût mal employée, ou dont la mort fût sans gloire, lorsqu'Hélène en est l'objet : je conclus donc, que nous pouvons bien défendre une Beauté, que nous savons tous être d'un prix au-dessus de tous les Royaumes de l'Univers.

HECTOR.

Pâris, & vous, Troïle, vous avez tous deux parlé à merveille ; & vous avez raisonné sur l'affaire & la question que nous traitons dans ce Conseil ; mais bien superficiellement, & en jeunes gens, lesquels (†), sont incapables de goûter les maximes de la saine morale. Les raisons que vous alléguez, conviennent mieux à l'ardente passion d'un sang bouillant & fougueux, qu'elles ne peuvent conduire à un sage & libre choix entre le juste & l'injuste : car le plaisir, & la vengeance ont l'oreille plus sourde, que le serpent, à la voix d'une sage décision. C'est le vœu de la nature qu'on rende au légitime possesseur le bien qui lui appartient : or quelle dette plus sacrée y a-t-il parmi le genre humain, que celle de l'épouse à l'époux ? Si cette loi est troublée & enfreinte par une passion étrangère, & que les grandes ames, par une partiale indulgence pour leurs penchans inflexibles, résistent à cette loi; il y a dans toute nation bien gouvernée, une loi, qui veut qu'on soumette & qu'on dompte ces passions effrénées, qui désobéissent & se révoltent (§). Si donc Hélène est l'épouse d'un Roi de Sparte (comme il est notoire qu'elle l'est) ces loix morales de la nature & des nations, crient hautement qu'il faut la renvoyer à son époux légitime. Persister dans son injustice, ce n'est pas la réparer ; c'est au contraire

_____

(†) Au jugement d'Aristote.
(§) Ce que la loi fait entre les individus d'une même nation, la justice doit le faire entre les nations, JOHNSON.

l'aggraver encore. Voilà quel est l'avis d'Hector, en ne consultant que la justice & la vérité; néanmoins, mes jeunes freres, que l'ardeur & l'impatience transportent, je penche de votre côté dans la résolution de garder Hélène : car c'est une cause qui n'intéresse pas peu notre association & notre honneur à tous.

TROILE.

Vous venez de toucher l'ame de nos desseins. Si nous n'étions pas plus jaloux de gloire, que d'exécuter les projets de nos ressentimens, je ne souhaiterois pas qu'il y eût une goutte de plus du sang Troyen de versé pour la défense d'Hélène. Mais, brave Hector; elle est un objet d'honneur & de renommée; un aiguillon puissant aux exploits vaillans & magnanimes; & notre valeur, en même-tems qu'elle peut aujourd'hui terrasser nos ennemis, consacrera nos noms à la gloire dans les tems à venir. Car, je présume, que le brave Hector ne voudroit pas, pour les trésors du monde entier, perdre le riche avantage qui lui est offert de conquérir sa part de la gloire, qui sourit sur le front de cette brillante entreprise.

HECTOR.

Je suis des vôtres, vous, noble & valeureux fils de l'illustre Priam. J'ai lancé un audacieux défi au milieu des Grecs factieux & endormis dans leur camp; il portera l'étonnement au fond de leurs ames. J'ai été informé, que leur grand Général sommeilloit, tandis que la jalousie se glissoit dans les cœurs de l'armée. Ce défi, à ce que je présume, le réveillera. (*Ils sortent.*)

SCÈNE V.

Le Théâtre représente le Camp des Grecs.

La Scène se passe à l'entrée de la Tente d'Achille.

THERSITE *seul.*

Hé bien, Thersite? Quoi! tu te perds & t'égares dans ta furie, comme dans un labyrinthe. Cet éléphant d'Ajax en sera-t-il quitte à ce prix? — Il me bat, & je le raille; vraiment une belle compensation! Je voudrois changer de rôle avec lui; moi, pouvoir le battre, & que lui me raillât. Par l'enfer, j'apprendrai à conjurer, à évoquer les Démons; plutôt que de ne pas voir quelque issue aux imprécations de ma colère. Et puis encore cet Achille: une rare machine à siége! Si Troye n'est prise, que lorsque ces deux assiégeans auront miné ses fondemens

TRAGÉDIE. 89

mens, ses murs tiendront jusqu'à ce qu'ils tombent d'eux mêmes. — O toi, grand lance-tonnèrre de l'Olympe, oublie donc que tu es Jupiter, le Roi des Dieux, & toi, Mercure, oublie toute l'astuce des serpens enlassés à ton caducée, si vous n'achevez pas d'ôter à ces deux champions la petite, la très-petite dose de bon sens qui leur reste encore. Et l'ignorance elle-même, à la courte vue, fait que cette dose est si mince, si pauvre, qu'elle ne leur fourniroit pas d'autre expédient pour délivrer un moucheron des pattes d'une araignée, que de tirer leur pesant fer, & de couper la toile (†). Après cela, vengeance sur le camp entier : ou plutôt, le mal rongeur (§) sur eux tous ! Car c'est, je crois, le fléau attaché à ceux qui font la guerre pour une jupe. — J'ai dit mes prières : que le Démon de l'envie réponde, *ainsi-soit-il !* (*appellant.*) Hola, ho ! Seigneur Achille.

(†) C'est-à-dire, ils ne connoissent d'autres moyens que la force & la violence. JHONSON.

(§) Shakespéar fait remonter trop loin le fléau du plaisir : l'antiquité a eu le bonheur de ne pas le connoître : au reste, Bayle a bien voulu qu'on soupçonnât le Roi David d'en être infecté. GRAY.

Tome XVII. Premiere Partie.   M

SCÈNE VI.

THERSITE, PATROCLE,
qui fort de la Tente.

PATROCLE.

Qui appelle ? Therfite ? Bon Therfite, entre donc, & viens railler.

THERSITE.

Si j'avois pu me souvenir d'un simulacre doré, tu n'aurois pas échappé à mes réflexions. Mais cela est égal : toi, toi seul pour fléau de toi-même. Que la commune malédiction du genre humain, l'ignorance & la folie, soient ton lot & abondent en toi ! Que le Ciel te fasse la grace de te laisser sans Mentor, & que la prudence & le conseil ne t'approchent jamais ! Que la fougue de ton sang soit ton seul guide jusqu'à ta mort ! Et alors, si celle qui t'ensevelira, dit, que tu es un beau corps, je veux jurer & jurer encore, qu'elle n'a jamais enséveli que des mendians cacochymes. Ainsi soit-il ! — Où est Achille ?

PATROCLE.

Quoi, es-tu devenu dévot ? Etois-tu là en prière ?

TRAGÉDIE.

THERSITE.
Oui; & que le Ciel veuille m'entendre!

SCÈNE VII.

Les mêmes. ACHILLE *sort de sa Tente.*

ACHILLE.
Qui est-là?

PATROCLE.
Thersite, Seigneur.

ACHILLE.
Où, où? — Te voilà venu? Pourquoi, toi, mon dessert, mon digestif, pourquoi ne t'es-tu pas servi avec les autres mêts de ma table? — Allons; dis-moi: ce qu'est Agamemnon?

THERSITE.
Ton Commandant, Achille. — Allons, Patrocle, dis-moi, ce qu'est Achille.

PATROCLE.
Ton Chef, Thersite: dis-moi à ton tour, qu'es-tu, toi?

THERSITE.

Ton connoisseur, Patrocle : & dis-moi, Patrocle, qu'es-tu, toi ?

PATROCLE.

Tu peux le dire, toi qui te dis connoisseur.

ACHILLE.

Oh dis-le, dis-le.

THERSITE.

Je vais résumer & déduire par dégrés toute la question : Agamemnon commande Achille : Achille est mon Chef : je suis le connoisseur de Patrocle ; & Patrocle est un fol.

PATROCLE.

Comment, misérable !

THERSITE.

Tais-toi, fou. Je n'ai pas fini.

ACHILLE.

Allons, c'est un homme privilégié. — Poursuis, Thersite.

THERSITE.

Agamemnon est un fou: Achille est un fou. Thersite est un fou; & comme je l'ai dit ci-devant, Patrocle est un fou.

ACHILLE.

Prouve cela, allons.

THERSITE.

Agamemnon est un fou de prétendre commander Achille: Achille est un fou de se laisser commander par Agamemnon: Thersite est un fou de rester au service d'un pareil fou, & Patrocle est un fou absolu.

PATROCLE.

Pourquoi suis-je un fou?

THERSITE.

Demande-le à celui qui t'a fait: moi, il me suffit, que tu en sois un. — Voyez, qui vient à nous?

SCÈNE VIII.

Les mêmes. AGAMEMNON, ULYSSE, NESTOR, DIOMÈDE & AJAX *s'avancent vers la Tente d'Achille.*

ACHILLE.

PATROCLE, je ne veux parler à personne. — Rentre avec moi, Therſite.
(*Achille rentre dans ſa tente.*)

THERSITE.

Quel amas de baſſes intrigues, de charlatanerie, de friponnerie il y a dans tout ceci ! Le ſujet de tout ce remue-ménage eſt, un Cocu & une Catin. Une belle & noble querelle vraiment, pour exciter toutes ces factions jalouſes, & répandre ſon ſang juſqu'à la dernière goutte ! — Malédiction ſur un pareil ſujet ! — Et que la guerre & la débauche ruinent tout. (*Il s'en va.*)

AGAMEMNON.

Où eſt Achille ?

TRAGÉDIE.

PATROCLE.

Dans fa tente: mais il eft indifposé, Seigneur.

AGAMEMNON.

Faites-lui favoir, que nous fommes ici : il a rebuté nos députés : & nous mettons à l'écart nos prérogatives, pour venir le vifiter. N'oubliez-pas de lui en faire l'obfervation, de crainte qu'il ne s'imagine peut-être, que nous n'ofons pas rappeller les droits de notre place, ou que nous ne favons pas ce que nous fommes.

PATROCLE.

Je le lui dirai. (*Il fort.*)

ULYSSE.

Nous l'avons vu à l'entrée de fa tente : il n'eft point malade.

AJAX.

Il l'eft, mais du mal du Lion; il eft malade d'un cœur enflé d'orgueil: vous pouvez appeller cela bile noire, fi vous voulez l'excufer ; mais, fur ma tête, c'eft de l'orgueil. Mais pourquoi donc, pourquoi cet orgueil ? Qu'il nous en donne une raifon. — (*A Agamemnon.*) Un mot, Seigneur.

(*Agamemnon & Ajax vont fe parler à l'écart.*)

NESTOR.

Quelle est donc la cause qui excite Ajax à crier ainsi contre lui ?

ULYSSE.

Achille lui a débauché son fou.

NESTOR.

Qui ? Thersite ?

ULYSSE.

Lui-même.

NESTOR.

Voilà donc Ajax qui va manquer de matière, s'il a perdu le sujet de son discours.

ULYSSE.

Non, vous voyez, qu'Achille est devenu son sujet, à présent qu'il lui a pris le sien.

NESTOR.

Tout au mieux : leur séparation entre plus dans nos vœux, que leur faction : mais c'étoit vraiment une forte & belle union, puisqu'un fou a pu la rompre!

ULYSSE.

L'amitié, dont la sagesse n'est pas le nœud, est
aisément

aisément défunie par la folie; voici Patrocle qui revient.

(*Patrocle revient.*)

NESTOR.

Point d'Achille avec lui.

ULYSSE.

L'éléphant a des jointures, mais il n'en a aucune pour la politesse : ses jambes sont pour son besoin, & non pas pour fléchir.

PATROCLE.

Achille me charge de vous dire; qu'il est bien fâché, si quelqu'autre objet, que celui de votre dissipation & de votre plaisir, a porté votre Grandeur, & votre noble Suite, à venir à sa tente : il se flatte que tout le but de cette visite est votre santé, que c'est une promenade de l'après dîner pour aider à la digestion & respirer l'air.

AGAMEMNON.

Ecoutez, Patrocle — Nous ne sommes que trop accoutumés à ces réponses. Et cette excuse qu'il nous envoye sur les aîles du mépris, n'échappe point à notre intelligence. Il a beaucoup de mérite, & nous avons beaucoup de raisons de lui rendre justice à cet égard : cependant toutes ses vertus, que lui-même ne montre pas dans un jour glorieux, commencent à perdre de leur éclat à nos yeux; c'est un beau fruit servi dans un mets mal-sain, qui pourroit bien se flêtrir, sans qu'on en goûte. Allez, & dites-lui, que nous sommes venus pour lui parler; & vous ne ferez pas mal de lui dire, que nous l'accusons d'un excès d'orgueil, & d'un défaut d'honnêteté. Il se croit plus grand dans son opinion présomptueuse, qu'il ne le paroît à l'œil impartial du jugement & de la vérité. Dites-lui que de plus dignes personnages que lui, remarquent cette farouche & grossière arrogance qu'il affecte; dissimulent la force sacrée de leur autorité, & souscrivent avec une humble déférence à sa bisarre supériorité; oui, épient ses mauvaises lunes, le flux & le reflux de son humeur, comme si tout le cours de cette entreprise devoit suivre le flot de ses caprices bisarres. Allez, dites-lui cela; & ajoutez, que s'il se met à un prix trop haut, nous nous passerons de ses services; que semblable à une machine de guerre immobile & qu'on ne peut transporter, il reste gisant & chargé de ce reproche public: » il faut ici du mouvement & de l'action: » cette machine ne peut aller à la guerre «. Nous préférons un Nain agile & actif, à un géant endormi. — Dites-lui cela.

PATROCLE.

Je vais le faire, & je rapporterai sa réponse sur le champ. (*Patrocle sort.*)

TRAGÉDIE.

AGAMEMNON.

Sa seconde réponse ne nous satisfera pas. Nous sommes venus dans le dessein de lui parler....
Ulysse, pénéttez dans sa tente. (*Ulysse sort.*)

AJAX.

Hé qu'est-il plus qu'un autre?

AGAMEMNON.

Il n'est pas plus qu'il ne se croit être.

AJAX.

Est-il autant? Ne pensez-vous pas, qu'il croit valoir mieux que moi?

AGAMEMNON.

Oh! nul doute.

AJAX.

Et souscrirez-vous à cette opinion, & direz-vous: cela est vrai?

AGAMEMNON.

Non, noble Ajax: vous êtes aussi fort, aussi vaillant, aussi sage, pas moins noble, & beaucoup plus affable, beaucoup plus traitable, que lui.

AJAX.

Comment un homme peut-il être orgueilleux?

Comment vient l'orgueil? Je ne fai pas ce que c'eſt que l'orgueil.

AGAMEMNON.

Votre jugement en eſt plus net, Ajax, & vos vertus en font plus belles. L'homme orgueilleux fe dévore lui-même. L'orgueil eſt fon miroir, fon héraut, fon hiſtorien & fon panégyriſte : & toute belle action qu'il vante lui même, il en détruit & annéantit le mérite par fa louange même.

AJAX.

Je hais un homme orgueilleux, comme je hais la génération des crapauds.

NESTOR (à part.)

Et cependant il s'aime lui-même : cela n'eſt-il pas étrange?

SCÈNE IX.

Les mêmes. ULYSSE *revient.*

ULYSSE.

ACHILLE n'ira point au combat demain matin.

AGAMEMNON.

Quelle est son excuse?

ULYSSE.

Il n'en allégue aucune : mais il suit le penchant de sa propre humeur, sans attention, ni égard pour personne, obstiné dans sa propre volonté & sa propre présomption.

AGAMEMNON.

Pourquoi ne veut-il pas, cédant à notre honnête prière, se montrer hors de sa tente, & respirer l'air avec nous?

ULYSSE.

Les plus petites choses, des riens, dès qu'on l'en prie, il en fait des objets importans. Il est possédé de sa propre grandeur, & il ne se parle à soi-même, qu'avec un orgueil mécontent de ses propres louanges.

L'idée qu'il a de son mérite, excite dans son sang une émotion si chaude & si orageuse, qu'Achille assis au milieu de l'empire de ses facultés actives & intellectuelles, est en proie à toute la violence du trouble & de la sédition, & se combat lui-même : que vous dirai-je ? Il est tellement désespéré du mal d'orgueil, que tous les symptômes de mort (†) crient, il n'y a point de remède.

AGAMEMNON.

Qu'Ajax aille le trouver.—(à *Ajax*.) Allez, & saluez-le gracieusement dans sa tente : on dit qu'il fait cas de vous ; & à votre prière, il se laissera détourner un peu de son obstination orgueilleuse.

ULYSSE.

O Agamemnon : ne le tentez pas. Nous consacrerons tous les pas qu'Ajax fera, quand ils s'éloigneront d'Achille. Ce Chef altier, qui nourrit & caresse son arrogance, & qui ne souffre jamais qu'il entre dans sa tête d'autres idées que celles qu'il enfante & qu'il roule dans son cerveau, sera-t-il vénéré par un Héros que nous révérons au-dessus de lui ? Non, il ne faut pas que cet illustre Héros, d'un mérite & d'une bravoure transcendantes, prostitue

---

(†) Allusion aux taches mortelles des pestiférés. Steevens.

TRAGÉDIE.

ainsi sa gloire & sa supériorité, si noblement acquise; ni que, suivant mon avis du moins, il humilie & asservisse son mérite personnel, aussi riche, aussi illustre que peut l'être celui d'Achille, en faisant la démarche d'aller le trouver. Cette complaisance ne feroit qu'enfler encore son orgueil (†) déjà trop bouffi : ce seroit ajouter des feux au cancer, lorsqu'il est embrâsé, & qu'il entretient les feux du grand Hypérion; qu'Ajax aille le trouver! ô Jupiter, ne le souffre pas, & répons au milieu d'un éclat de tonnerre; qu'*Achille vienne trouver Ajax.*

NESTOR (*à part.*)

A merveille : il touche l'endroit chatouilleux de son cœur.

DIOMÈDE (*à part.*)

Et comme Ajax s'abreuve en silence de ces louanges!

AJAX.

Si je vais à lui, je veux lui frapper le visage de mon gantelet.

AGAMEMNON.

Non, vous n'irez pas.

(†) Engraisser, dit l'original, suivant ce proverbe ; on ne doit pas à gras pourceau le cul oindre. GRAY.

AJAX.

S'il veut faire le fier avec moi, je lui frotterai son orgueil (†).—Laissez-moi y aller.

ULYSSE.

Non, pour tout le prix attaché à cette guerre.

AJAX.

C'est un insolent misérable.

NESTOR (*à part.*)

Comme il se définit lui-même !

AJAX.

Ne peut-il donc être sociable ?

ULYSSE (*à part.*)

C'est le corbeau qui crie contre la couleur noire.

AJAX.

Je tirerai du sang à ses humeurs, moi.

AGAMEMNON (*à part.*)

C'est le malade, qui se fait ici le médecin.

(†) De tous les défauts des autres, c'est l'orgueil qui nous choque le plus : parce qu'il blesse le nôtre. *Miss.* GRIFFITH.

AJAX.

TRAGÉDIE.

AJAX.

Si tous penſoient comme moi....

ULYSSE (*à part.*)

L'eſprit ne feroit plus de mode.

AJAX.

Il n'en feroit pas quitte à ce prix : il lui faudroit manger nos épées auparavant. L'orgueil remportera-t-il la victoire ?

NESTOR (*à part.*)

Si cela étoit, vous en remporteriez la moitié.

ULYSSE (*à part.*)

Il en auroit dix parts.

AJAX.

Je le paîtrirai comme il faut, & je le rendrai ſouple & maniable.

NESTOR (*à part.*)

Il n'eſt pas encore aſſez échauffé : farciſſez-le d'éloges : verſez, verſez des irritans : ſon ambition a ſoif.

ULYSSE (*à Agamemnon.*)

Seigneur, vous vous arrêtez trop longtems ſur l'idée de ce déſagrément.

Tome XVII. Premiere Partie. O

NESTOR (*au même.*)

Notre illustre Général, ne songez plus à cela.

DIOMÈDE.

Il faut vous préparer à combattre sans Achille.

ULYSSE.

Et c'est de nommer ainsi le nom d'Achille qui offense & dépite Agamemnon. Voici un vrai Héros — Mais ce seroit le louer en face : je me tais.

NESTOR.

Et pourquoi vous imposer silence ? Il n'est pas jaloux, ni ambitieux, comme Achille.

ULYSSE.

Que le monde entier sache, qu'il est aussi vaillant que lui.

AJAX.

Un féroce animal nous traiter ainsi ! Oh que je voudrois qu'il fût Troyen !

NESTOR.

Quel vice ce seroit maintenant dans Ajax....

ULYSSE.

Oui, s'il étoit orgueilleux ?

DIOMÈDE.

Ou avide de louanges?

ULYSSE.

Oui, ou d'une humeur chagrine & colère?

DIOMÈDE.

Ou bifarre, fingulier, & plein de lui-même?

ULYSSE.

Rends-en grace au Ciel, Ajax; ton caractère eft heureufement formé : loue celui qui t'a engendré, celle qui t'a allaité: gloire & renom à celui qui a élevé ta jeuneffe ; & que les dons que t'a prodigués la nature, foient renommés au-delà, bien au-delà de tous les talens qui font le prix du travail & de la fcience. Mais celui qui a inftruit tes bras aux combats! que Mars partage l'éternité en deux, & en donne la moitié à fa gloire: & quant à ta force, Milon, porte-taureau (†), le cède au nerveux Ajax. Je ne vanterai point ta fageffe, qui, comme une

---

(†) Milon de Crotone, porta, dit-on, un bœuf de deux ans fur fes épaules, aux jeux Olympiques, l'efpace d'un ftade, ou trente arpens: le tua enfuite d'un coup de poing, & le mangea en un jour. PLINE.

borne, un pôteau, un rivage, limite & termine l'étendue de tes grandes facultés. Voilà ici Nestor, — Instruit par le laps des tems, il doit être, il est en effet, & il est impossible qu'il ne soit pas sage. — Mais pardonnez, vénérable Nestor: si vos années étoient aussi jeunes que celles d'Ajax, & votre cerveau de la même trempe que le sien; vous n'auriez pas en ce point la prééminence sur lui: mais vous seriez ce qu'est Ajax.

AJAX.

Vous appellerai-je mon pere (†)?

NESTOR.

Oui, mon cher fils.

DIOMÈDE.

Laissez-vous guider par lui, Seigneur Ajax.

ULYSSE.

Il est inutile de rester ici plus longtems; le cerf Achille se tient bloti dans son buisson. Plaît-il à notre illustre Général de convoquer son conseil de

---

(†) Shakespéar suit ici la coutume dominante de son tems. Benjonson avoit plusieurs personnes, qui s'appelloient, *ses fils*. STEEVENS.

guerre ? De nouveaux Rois font entrés dans Troye. Demain, nous devons faire face avec nos principales forces ; & voici un guerrier ! — Qu'il vienne des Chevaliers depuis l'Orient jusqu'à l'Occident, & qu'ils choisissent entr'eux la fleur de leurs Héros ; Ajax fera raison au plus fier d'entr'eux.

AGAMEMNON.

Allons au Conseil. — Laissons dormir Achille : les barques légères volent sur l'onde, tandis que les gros vaisseaux s'engravent.

(*Ils sortent.*)

Fin du second Acte.

ACTE III.

SCÈNE PREMIÈRE.

Le Théâtre repréfente la Ville de Troye; La Scène eft dans le Palais.

PANDARE, UN PAGE.
(*On entend de la mufique dans l'intérieur.*)

PANDARE.

Ami ! vous-même... je vous prie, un mot : n'êtes-vous pas de la fuite du jeune Seigneur Pâris ?

LE PAGE.

Oui, Monfieur, quand il marche devant moi.

PANDARE.

Vous dépendez de lui, veux-je dire ?

LE PAGE.

Monfieur, je dépens de mon Seigneur.

TRAGÉDIE.

PANDARE.

Vous dépendez d'un bien noble & bien brave Seigneur ; je fuis obligé d'en faire l'éloge.

LE PAGE.

Louanges au Seigneur !

PANDARE.

Vous me connoiffez : ne me connoiffez-vous pas ?

LE PAGE.

Ma foi, Monfieur, très-fuperficiellement.

PANDARE.

Ami, connoiffez-moi mieux, je fuis le Seigneur Pandare.

LE PAGE.

J'efpère que je connoîtrai mieux votre Grandeur.

PANDARE.

C'eft ce que je défire.

LE PAGE.

Etes-vous en état de grace ?

PANDARE.

Grace (†). Non pas cela, ami : *honorable Seigneurie*, voilà mon titre. — Quelle est cette musique ?

LE PAGE.

Je ne la connois qu'en *partie* : c'est une musique en parties.

PANDARE.

Connoissez-vous les Musiciens ?

LE PAGE.

En entier, Monsieur ?

PANDARE.

Pour qui jouent-ils ?

LE PAGE.

Pour ceux qui les écoutent, Monsieur.

PANDARE.

Pour le *plaisir* de qui, ami ?

LE PAGE.

Pour le mien, Monsieur, & celui des amateurs de musique.

(†) Equivoque sur le mot *Grace*.

TRAGÉDIE.

PANDARE.

Commandement (†), veux-je dire, ami.

LE PAGE.

A qui dois-je commander, Monsieur?

PANDARE.

Ami, nous ne nous entendons pas l'un l'autre : je suis trop poli, & toi trop malin : à la requête de qui les Musiciens jouent-ils ?

LE PAGE.

Voilà une question qui va au but, celle-là : Monsieur, à la requête de Pâris mon maître, qui y est présent en personne; & avec lui, la Vénus mortelle, la pure fleur de la beauté, l'ame visible de l'amour (§).

PANDARE.

Qui, ma nièce Cresside?

(†) *Command* peut être également le substantif *commandement* & l'impératif, *commande*, d'où vient l'équivoque du Valet dans sa réponse. *A qui dois-je commander?*

(§) Suivant Hanmer, d'autres lisent *l'ame invisible de l'Amour.*

LE PAGE.

Non, Monsieur; Hélène: n'avez-vous donc pu la deviner à ses attributs?

PANDARE.

Il me paroît, l'ami, que tu n'as pas vu la jeune Cresside. — Je viens pour parler à Pâris de la part du Prince Troïle: je lui ferai un assaut de politesses & de complimens. Car mon affaire est pressante (†).

SCÈNE II.

Les mêmes. PARIS, HÉLÈNE *avec leur Suite.*

PANDARE.

Tous beaux souhaits à vous, Seigneur Pâris, & à toute cette belle Compagnie! Que de beaux désirs, dans une juste & belle mesure, les accompagnent tous! & spécialement vous, belle reine! que de

---

(†) Dans l'original, il y a *mon affaire est bouillante*: & le Page répond *une affaire bouillie! voilà vraiment une phrase à l'étuvée!* déplorable équivoque de Valet.

TRAGÉDIE.

beaux & heureux songes soient le doux oreiller de votre sommeil!

HÉLÈNE.

Cher Seigneur, vous êtes plein de belles paroles.

PANDARE.

C'est votre beau plaisir de le dire, aimable Princesse, — Beau Prince, voilà un bel accord de rompu (†).

PARIS.

C'est vous qui l'avez rompu, cousin: & sur ma vie, vous en renouerez le fil de nouveau: vous la raccommoderez avec une pièce de votre invention. — Ma chère, le cousin a une voix pleine d'harmonie.

PANDARE.

Oh, sincérement, non; belle Princesse.

HÉLÈNE.

Oh! Seigneur....

(†) *Broken Music*, suivant M. Eschemburg, est une musique agréable modulée diversement: mais dans sa réponse, Pâris prend le mot dans sa signification propre; pour *rompue*. Eschemburg.

PANDARE.

Désagréable & rauque, en vérité ; vraiment, très-enrouée.

PARIS.

Bien dit, Seigneur. — Oui, je fai que c'eſt-là votre excuſe ordinaire.

PANDARE

Chère Princeſſe, j'aurois affaire au Seigneur Pâris. (*à Pâris.*) — Seigneur, voulez-vous m'accorder de vous dire un mot ?

HÉLÈNE,

Non : cette défaite ne nous éconduira pas : nous vous entendrons chanter, certainement.

PANDARE.

Allons, belle Princeſſe, vous me badinez. (*à Pâris.*) — Mais vraiment, comme je vous le dis, Seigneur — Mon cher Seigneur, mon ami, que j'eſtime infiniment, votre frere Troïle....

HÉLÈNE.

Seigneur Pandare, doux & gracieux Seigneur.

PANDARE.

Allons, pourſuivez, charmante Princeſſe, pour-

TRAGÉDIE.

fuivez.... (*à Pâris.*) fe recommande à vous dans les termes les plus affectueux.

HÉLÈNE.

Vous ne nous priverez pas de notre mélodie, — Si vous le faites, que notre mélancolie tombe fur votre tête !

PANDARE.

Douce Princeffe, chère Princeffe; oh! c'eft une charmante Princeffe, en vérité !

HÉLÈNE.

Et rendre trifte une douce Princeffe, c'eft un outrage amer. Non, vous avez beau faire; cela eft inutile : vous n'y gagnerez rien en vérité : oh, je ne m'embarraffe pas de ces propos. Non, non (†).

PANDARE (*à Pâris.*)

Et Seigneur, il vous prie, fi le Roi l'invite au fouper, de vous charger de l'excufer.

HÉLÈNE.

Seigneur Pandare.....

(†) J'ai fuivi ici la ponctuation de Johnfon.

PANDARE.

Que dit ma belle Reine : ma divine & charmante Reine ?

PARIS.

Quel projet y a-t-il en l'air ? où soupe-t-il ce soir ?

HÉLÈNE.

Non, mais Seigneur....

PANDARE.

Que dit ma belle Reine ? Mon cousin se brouillera avec vous (†). Vous ne devez pas savoir où il soupe.

HÉLÈNE.

Je gagerois ma tête, que c'est avec Cresside ; dont la beauté efface la mienne (§).

PANDARE.

Oh, non, non : vous n'y êtes pas : vous en êtes bien loin : allons, elle est malade, *celle qui vous efface.*

(†) J'ai suivi ici la ponctuation de Steevens.

(§) C'est-à-dire, dans l'opinion de Pandare, qui le disoit : car Hélène n'en croyoit rien. — Suivant Warburton, *disposer* signifie, Cresside, qui voudroit séparer Hélène de moi.

PARIS.

Allons, je ferai ses excuses au Roi.

PANDARE.

Oui, mon noble Seigneur. — (*A Hélène.*) Pourquoi disiez-vous Cresside? Oh non, elle est indisposée, la pauvre fille, *qui vous surpasse en beauté.*

PARIS.

Ah! je devine.

PANDARE.

Vous devinez? hé que devinez-vous? Donnez-moi un instrument — Allons, voyons, belle Princesse.

HÉLÈNE.

Oh; cela est bien obligeant de votre part.

PANDARE.

Ma nièce est horriblement amoureuse d'une chose que vous possédez, belle Reine.

HÉLÈNE.

Elle est à elle, Seigneur, pourvu que ce ne soit pas mon cher Pâris.

PANDARE.

Lui ? non, elle ne songe point à lui. Elle & lui font deux (†).

HÉLÈNE.

Une réconciliation, après une brouillerie, pourroient des deux en faire trois.

PANDARE.

Allons, allons, je ne veux pas en entendre davantage là-dessus : je vais vous chanter une chanson.

HÉLÈNE.

Oui, oui, je vous en prie. Sur mon honneur, mon digne Seigneur, vous avez un beau prélude.

PANDARE.

Vous pouvez, vous pouvez....

HÉLÈNE.

Que l'amour soit le sujet de votre chanson. Ah ! l'amour nous perdra tous. O Cupidon, Cupidon, Cupidon !

PANDARE.

L'Amour ! oui, ce sera lui : d'honneur.

___

(†) C'est-à-dire, brouillés. Ce qui donne lieu à l'équivoque qui va suivre.

TRAGÉDIE.

PARIS.

Oh; oui, bon; l'amour; l'amour, rien que l'amour.

PANDARE.

En vérité, c'est précisément là le commencement de ma chanson.

Amour, Amour! & rien qu'Amour!
Qu'il règne & croisse chaque jour!
Soumettons-nous à sa puissance,
Rien n'échappe aux flèches qu'il lance.

✵

Ce n'est pas un poison mortel
Que le venin de sa piquûre :
Mais un feu cuisant & cruel
Brûle toujours dans la blessure.

✵

Deux Amans de son dard blessés
Disent tous deux : *hélas, j'expire!*
Mais bientôt ces deux trépassés
Vont vivre & dire : *ah! je respire.*

✵

C'est une foiblesse, un délire :
Et toujours les soupirs
Se changent en plaisirs :
Non, l'amour n'est qu'un doux martyre.

✵

Tome XVII. Premiere Partie. Q

On vit en mourant
On meurt en vivant.
Tantôt on défire,
Tantôt on foupire :
Mais défirs & foupirs
Se changent en plaifirs.

HÉLÈNE.

De l'amour, vraiment, jufque par-deffus les yeux.

PARIS.

Il ne fe nourrit que de colombes, l'Amour; & cet aliment lui donne un fang chaud ; & le fang chaud engendre de brûlans défirs, & les brûlans défirs produifent de brûlans effets; & ces brûlans effets font l'amour.

PANDARE.

Eft-ce-là la génération de l'Amour (†). Cher Seigneur, qui font ceux qui combattent aujourd'hui ?

PARIS.

Hector, Déiphobe, Hélénus, Antenor, & tous les braves de Troye. J'aurois bien défiré m'armer

---

(†) Un fang chaud, de chauds défirs, & de chauds exploits. Hé mais ; ce font là des vipères : l'Amour eft-il une génération de vipères.

TRAGÉDIE.

auſſi aujourd'hui ; mais mon Hélène ne l'a pas voulu. —
Comment ſe fait-il que Troïle n'y ait pas été ?

HÉLÈNE.

Il boude un peu. — Vous ſavez tout, Seigneur Pandare.

PANDARE.

Non, ma tendre & douce Reine — Je brûle de ſavoir combien ils auront fait d'exploits aujourd'hui. — (*A Pâris.*) Vous ſongerez à excuſer votre frere.

PARIS.

Ponctuellement.

PANDARE.

Adieu, belle Princeſſe.

HÉLÈNE.

Ne m'oubliez-pas auprès de votre nièce.

PANDARE.

Je m'en ſouviendrai, belle Princeſſe. (*Il ſort.*)

SCÈNE III.

(*On sonne la retraite.*)

PARIS, HÉLÈNE.

Ils sont revenus du champ de bataille : allons au Palais de Priam, complimenter les Guerriers. Chère Hélène, il faut que je vous prie d'aider à désarmer notre Hector : les boucles rebelles de son armure, une fois touchées de cette main d'albâtre & pleine de charmes, obéiront plus vîte, qu'au tranchant de l'acier, ou à la force des muscles Grecs. Vous serez plus puissante que tous ces Rois insulaires, pour désarmer l'illustre Hector.

HÉLÈNE.

Je serai fière, Pâris, de l'honneur de le servir : oui, ce qu'il recevra de moi en hommages & en respect, me donnera plus de droits au prix de la beauté, que ce que j'en possède, & m'embellira d'un éclat supérieur à celui de mes attraits.

PARIS.

O ma chère, je t'aime plus, qu'il n'est possible de l'imaginer. (*Ils sortent.*)

SCÈNE IV.

Le Théâtre repréſente les Jardins de Pandare.

PANDARE, UN PAGE *de Troïle.*

PANDARE.

Hé bien ? où eſt ton maître ? eſt-il chez ma nièce Creſſide ?

LE PAGE.

Non, Seigneur : il vous attend pour l'y conduire.

SCÈNE V.

Les mêmes. **TROILE.**

PANDARE.

Ha ! le voilà qui vient — Hé bien, hé bien ?

TROILE (*au Page.*)

Page, éloigne-toi.

PANDARE.

Avez-vous vu ma Nièce ?

TROILE.

Non, Pandare. J'erre aux portes de sa demeure, comme une ombre étrangère sur les bords du Styx attendant la barque fatale. O vous, soyez mon Nocher, & transportez-moi rapidement à ces champs fortunés, où je pourrai me reposer dans un heureux abandon sur ces couches de lys destinées à l'heureux mortel qui en est digne. O aimable & cher Pandare, enlevez à l'Amour ses aîles dorées, & volez avec moi vers Cresside.

PANDARE.

Promenez-vous dans ce verger. Je vais l'amener ici dans un moment. (*Pandare sort.*)

SCÈNE VI.

TROILE *seul.*

Je suis dans l'ivresse : l'attente me donne des vertiges. Le plaisir que je goûte déjà en imagination est si doux, qu'il enchante tous mes sens. Que sera-ce donc, lorsque je m'abreuverai à longs traits du céleste nectar de l'amour? J'en mourrai, je le crains. L'excès du sentiment épuisera ma vie : quelque ravis-

TRAGÉDIE.

sement trop exquis, un transport trop violent, trop pénétrant, trop exalté par le plaisir, & au-dessus des forces de mes foibles facultés, me fera succomber : oui, je le crains beaucoup : & je crains encore le désordre & la confusion des sensations, qui m'ôteront le sentiment distinct de mes jouissances : elles fondront en foule sur mon ame, comme dans une mêlée, où les vainqueurs tombent pêle-mêle & par pelotons sur l'ennemi qui fuit.

SCÈNE VII.

TROILE, PANDARE *revient*.

PANDARE.

ELLE s'apprête : elle va être ici tout-à-l'heure. C'est à présent qu'il faut vous aider de tout votre esprit : elle rougit si fort, sa respiration est si courte, qu'on diroit qu'elle est épouvantée par un spectre. Je vais l'aller chercher. Oh c'est la plus jolie petite friponne. —Elle ne respire pas plus qu'un oiseau dans la main qui vient de le saisir. (*Pandare sort.*)

SCÈNE VIII.

TROILE *seul*.

Le même trouble s'empare de mon sein : mon pouls est plus précipité que le pouls de la fièvre ; & toutes mes facultés perdent leur force & leur usage, comme un sujet tremblant à la rencontre imprévue de son Monarque.

SCÈNE IX.

TROILE, PANDARE, *accompagné de Cresside*.

PANDARE *à sa Nièce*.

Allons, venez. Pourquoi rougir? La pudeur est un enfant à la mammelle. (*à Troïle.*) La voilà ; jurez-lui en ce moment tous les sermens, que vous m'avez faits à moi. — Quoi, vous voilà déjà parti! Il faudra donc vous matter d'insomnie, pour vous apprivoiser (†); dites, le faudra-t-il? Allons,

---

(†) Allusion à la Fauconnerie.

suivez

suivez votre chemin, avancez : ou si vous reculez, nous vous placerons au milieu des rangs. — Pourquoi ne lui adreſſez-vous pas la parole ? (*A Creſſide.*) — Allons, levez ce voile, & laiſſez voir votre portrait. Hélas ! quelle répugnance vous avez à offenſer la lumière du jour ! — S'il étoit nuit, je crois que vous vous rapprocheriez plutôt. (*A Troïle.*) — Allons, allons, éveillez-vous, & donnez un baiſer à cette belle : comment, comment, c'eſt un baiſer pour arrhes du contrat ; il eſt placé à rente : bâtis ici, Charpentier, l'air y eſt doux. Oh ! vos cœurs s'épuiſeront d'amour & de tranſports mutuels, avant que je vous ſépare. Oh ! je le vois, la fauvette adoptera le pinçon (†) ; je gagerois tous les canards de la rivière : allez, allez ; bien débuté ; pourſuivez.

TROILE à *Creſſide.*

Vous m'avez ôté l'uſage de la parole, Madame.

PANDARE.

Les paroles ne payent aucune dette : donnez-lui des effets. Mais elle vous en ôteroit auſſi les facultés, ſi elle mettoit leur activité à l'épreuve. Quoi ! on

---

(†) Dans l'original c'eſt : le faucon adoptera le tiercelet ; c'eſt le mâle du faucon, lequel en Anglois s'enténd toujours de la femelle.

se béquete encore? Nous y voilà — *En témoin de quoi les deux parties mutuellement....* Entrez, entrez : je vais vous procurer du feu. (*Pandare sort.*)

SCÈNE X.

TROILE & CRESSIDE.

CRESSIDE.

Voulez-vous entrer, Seigneur?

TROILE.

O Cresside ! oh combien de fois je me suis souhaité où je suis !

CRESSIDE.

Souhaité, Seigneur? Que les Dieux vous l'accordent! ô Seigneur !

TROILE.

Que les Dieux accordent, quoi ? Où tend cette jolie & soudaine apostrophe? Que cherche ma chère Cresside en sondant trop la source de notre amour?

CRESSIDE.

Plus de limon que d'onde pure, si ma crainte voit bien.
TROILE.

La crainte fait d'un Ange un Démon; jamais la crainte ne voit la vérité.

CRESSIDE.

L'aveugle crainte, quand la raison clairvoyante la guide, marche d'un pas plus sûr, que l'aveugle raison, qui sans la crainte, s'égare & bronche. La crainte du dernier des malheurs, en préserve souvent.

TROILE.

Ah! que ma belle Cresside ne conçoive aucune allarme! Dans toutes les scènes de l'amour, il ne s'offre point de monstre (†) sur son théâtre!

CRESSIDE.

Non? ni rien de monstrueux?

TROILE.

Rien, que les présomptueuses entreprises de l'homme. Lorsque nous faisons vœu d'épuiser l'Océan,

___
(†) Allusion au Théâtre d'alors.

de vivre au milieu des flammes, de dévorer les rochers, d'apprivoifer les tygres; croyant qu'il eft plus difficile à notre amante d'imaginer & de commander des épreuves affez fortes, qu'à nous de triompher des travaux qu'elle nous impofe; voilà, ma belle, ce qu'il y a de monftrueux dans l'amour : c'eft que la volonté eft infinie, & que le pouvoir eft borné; le défir eft immenfe, & l'exécution eft efclave des limites.

CRESSIDE.

On dit, que les amans jurent d'exécuter plus de chofes qu'ils ne peuvent en accomplir, & cependant qu'ils tiennent oifives & en réferve des facultés qu'ils n'employent jamais; jurant d'atteindre à des chef-d'œuvres dont ils n'acquittent pas le dixième (†). Des êtres, qui ont la voix fuperbe des lions, & la foibleffe des lièvres, ne font-ils pas des monftres dans la nature ?

TROILE.

Sommes-nous ce que vous dites ? Non, ce portrait ne nous reffemble pas. Mefurez vos louanges fur l'effai que vous faites de nous : accordez-nous le degré de mérite que nous prouvons; notre tête reftera nue, jufqu'à ce que le mérite la couronne:

(†) On a ici enveloppé l'expreffion trop claire de l'original.

nulle perfection à venir & sur parole ne recueillera d'éloges anticipés ; ne nommons point le mérite, avant sa naissance ; & lorsqu'il sera né, ne lui donnez point de titres trop fastueux ; peu de paroles, & beaucoup de foi. Tel sera Troïle pour Cresside, que tout ce que l'envie pourra inventer de plus noires calomnies n'ébranlera jamais sa fidélité, & tout ce que la vérité pourra dire de plus vrai, ne sera pas plus sincère que Troïle.

CRESSIDE.

Voulez-vous entrer, Seigneur ?

SCÈNE XI.

Les mêmes. PANDARE *revient.*

PANDARE.

Quoi ! encore de la rougeur ? N'avez-vous donc pas fini de jaser ensemble ?

CRESSIDE.

Cher oncle ; toutes les folies que je fais, je vous les consacre.

PANDARE.

Je vous en rends graces : oui ; si le Seigneur a un enfant de vous, vous me le donnerez à moi : soyez fidèle à ce Prince ; & s'il vous délaisse, c'est moi que vous gronderez.

TROILE à *Cresside*.

Vous connoissez à présent nos ôtages : la parole de votre oncle, & ma foi constante.

PANDARE.

Oh, j'engagerai sans crainte ma parole pour elle aussi : les filles de notre famille sont longtems à se laisser faire l'amour ; mais une fois gagnées, elles sont constantes ; ce sont de vrais glouterons, je puis vous l'assurer ; elles s'attachent où elles sont jettées.

CRESSIDE.

La hardiesse commence à me venir, & me rend le courage, Prince Troïle ; je vous ai aimé nuit & jour pendant le cours de bien des longs mois pleins d'ennuis.

TROILE.

Pourquoi donc ma chère Cresside a-t-elle été si longtems à se laisser vaincre ?

TRAGÉDIE.

CRESSIDE.

Dites à, paroître vaincue; car j'étois vaincue, Seigneur, dès le premier coup-d'œil que je — Pardonnez-moi — Si j'en avoue trop, vous deviendrez tyran. Je vous aime à présent: mais jusqu'à présent, pas au point de n'être pas maîtresse de mon amour — Ah, d'honneur, je ne dis pas vrai; mes désirs étoient comme des enfans lâchés & sans frein, devenus trop mutins pour obéir à leur mère. — Voyez, quelle est notre folie! Pourquoi ai-je parlé? Qui sera discret pour nous, lorsque nous ne pouvons pas nous garder le secret à nous-mêmes? Mais quoique je vous aimasse bien, cependant, je ne vous faisois aucunes caresses: & cependant, je le jure; je souhaitois alors être un homme, ou bien, que les femmes eussent le privilége qu'ont les hommes de faire les premières avances. Mon ami, dis-moi d'enchaîner ma langue; car dans l'enchantement où je suis, il m'échappera sûrement de dire des choses, dont je me repentirai après. Voyez, voyez: votre silence, votre muette & rusée discrétion, surprennent ma foiblesse & tirent le secret le plus profond de mon ame. — De grace, fermez-moi la bouche.

TROILE.

Je le veux bien, (*il l'embrasse.*) malgré la douceur de la musique qui en sort.

PANDARE.

C'est fort joli, en vérité.

CRESSIDE.

Seigneur, je vous en conjure, pardonnez-moi. Ce n'étoit pas mon dessein, de mendier un baiser. Je suis honteuse — O ciel! qu'ai-je fait? Pour cette fois, je veux prendre congé de vous, Seigneur.

TROILE.

Congé, chère Cresside?

PANDARE.

Congé! oh si vous prenez congé jusqu'à demain matin....

CRESSIDE.

Je vous en prie; voyons; achevez....

TROILE.

Qui est-ce qui vous importune, Madame?

CRESSIDE.

Seigneur, ma propre compagnie.

TROILE.

Vous ne pouvez pas vous fuir vous-même.

CRESSIDE.

CRESSIDE.

Laissez-moi m'en aller & essayer : j'ai une partie de moi-même qui reste avec vous : mais fâcheuse, mécontente, & qui veut s'abandonner elle-même, pour être votre dupe — Je voudrois m'en aller ! où est donc ma raison ? Je ne sai ce que je dis.

TROILE.

On sait bien ce qu'on dit, quand on parle avec tant de sagesse.

CRESSIDE avec ironie.

Peut-être, Seigneur, que j'ai montré plus de finesse que d'amour : & que je vous ai fait sans façon, de si grands aveux, pour amorcer vos désirs & surprendre vos pensées ? — Mais ou nous ne sommes pas sages, ou nous n'aimons pas. Unir la sagesse & l'amour, surpasse le pouvoir de l'homme (†) : ce prodige est réservé pour les Dieux.

TROILE.

Ah ! que je pusse penser, qu'il est au pouvoir d'une femme (& si cela est possible, je le crois de vous) d'entretenir toujours le flambeau & les feux de l'amour : de conserver sa constance dans un état permanent de vigueur & de jeunesse, qui survive à ses

---

(†) *Amare & sapere vix à Deo conceditur.* Pub. Syr.

attraits, avec une ame qui se renouvelle & se répare plus promptement que le sang ne s'épuise & ne s'appauvrit, ou que cette persuasion pût me convaincre, que mon dévouement & ma fidélité pour vous peuvent se marier à la force d'une tendresse pure & sans alliage; oh! que je serois alors transporté, & élevé au-dessus de moi-même! Mais hélas! je suis aussi vrai que l'ingénue & simple vérité, & plus simple que la vérité dans son enfance (†).

CRESSIDE.

Je disputerai de constance & de fidélité avec vous.

TROILE.

O combat vertueux, lorsque la vertu lutte avec la vertu, à qui en aura le plus. Les bergers fidèles, dans les siècles futurs, attesteront leur foi par le nom de Troïle. Lorsque dans leurs vers, remplis de protestations, de sermens, & des expressions les plus énergiques, ils auront épuisé toutes les comparaisons, qu'il les auront usées à force de les répéter; après qu'ils auront juré que leur cœur est aussi pur (§)

___

(†) Suivant Warburton, le sens est, *avant que la vérité, pour se défendre elle-même contre la fraude dans le commerce du monde, eût appris par nécessité les ruses & la finesse du monde.*

(§) Comparaison vulgaire anciennement. STEEVENS.

que l'acier, auffi fidèle que le font les plantations (†) aux influences de la lune, que le foleil l'eſt au jour, la tourterelle à fon tourtereau, le fer à l'aiman, la terre au centre de l'univers; après toutes ces comparaiſons, pour exprimer leur foi, le nom de Troïle couronnera la fin de leurs rimes, comme celui du plus célèbre modèle d'amour & de fidélité; ils ſcelleront de ce nom, comme d'un ſceau ſacré, tous leurs ſermens.

CRESSIDE.

Puiſſiez-vous en cela prédire l'avenir! Si je ſuis perfide, & que je m'écarte d'une ligne de ma foi, quand le tems vieilli ſe fera oublié lui-même, quand les gouttes de pluie auront uſé les murs de Troye, que l'aveugle oubli aura englouti les Cités, & que des Etats puiſſans feront effacés de la terre & réduits dans la pouſſière du néant, qu'alors la mémoire parcourant les filles infidèles, & la ſucceſſion des perfidies, remonte juſqu'à moi & me reproche ma fauſſeté! Après qu'elles auront dit: auſſi volage que l'air, auſſi fauſſe que l'eau, auſſi inconſtante que le vent, ou le ſable de la terre, auſſi perfide que le renard l'eſt à l'agneau, le loup au tendre nourrif-

---

(†) Les ſemailles, les plantations & les greffes n'étoient jamais faites, ſans qu'on eût donné la plus ſcrupuleuſe attention au croiſſant ou au déclin de la lune. STEEVENS.

son de la géniffe; le léopard au chevreuil, ou la marâtre à un fils étranger, qu'alors ils ajoutent, pour toucher au cœur même de la perfidie, *auffi perfide que Creffide!*

PANDARE.

Allons : voilà un marché fait. Scellez-le, scellez-le. Je fervirai de témoin. Je prends d'un côté votre main, & de l'autre celle de ma nièce : fi jamais vous devenez infidèles l'un à l'autre, après les peines que j'ai prifes pour vous unir enfemble, que tous les malheureux agens d'amour foient jufqu'à la fin du monde appellés de mon nom. Que tous les hommes inconftans, foient appellés des Troïle, toutes les femmes perfides, des Creffide, & tous les intriguans d'amour des Pandare! Dites tous deux, foit!

TROILE.

Soit!

CRESSIDE.

Soit!

PANDARE.

Soit! — Et là-deffus, je vais vous montrer une chambre à coucher : & comme le lit ne parlera jamais de vos tendres combats, preffez-le jufqu'à mourir : allons, venez. Et que Cupidon veuille

TRAGÉDIE.

procurer à toutes les filles dont la langue est muette, un lit, une chambre, & un Pandare pour tout préparer!

(*Ils sortent.*)

SCÈNE XII.

Le Théâtre représente le Camp des Grecs.

AGAMEMMON, ULYSSE, DIOMÈDE, NESTOR, AJAX, MÉNÉLAS, & CALCHAS.

CALCHAS.

Princes, les circonstances présentes m'autorisent à parler & à réclamer la récompense du service que je vous ai rendu. Je dois remettre devant vos yeux, que, d'après mon talent de lire dans l'avenir (†),

---

(†) Calchas, en quittant Troye dont il prévoyoit la ruine prochaine, étoit libre d'aller porter ailleurs ses talens & son don de divination, & une fois reçu chez les Grecs, ses services étoient volontaires, & susceptibles de récompense. JOHNSON.

j'ai abandonné Troye à Jupiter (†) & à ſes deſtins, j'ai quitté mes poſſeſſions, & encouru le nom de traître : en m'expoſant moi-même à un ſort incertain, au lieu des avantages & de la fortune dont j'étois poſſeſſeur aſſuré ; ſéparant de moi tout ce que l'habitude, les liaiſons, la coutume & mon état avoient aſſorti à mon caractère & rendu familier à mon exiſtence ; & pour être utile à vos intérêts, je ſuis devenu ici étranger, novice & ſans amis ni connoiſſances. Je vous prie donc de me faire preſſentir vos bienfaits par quelque léger avantage qui ſoit le garant des amples récompenſes que vous me promettez dans l'avenir.

AGAMEMNON.

Que déſires-tu de nous, Troyen ? Propoſe ta demande.

CALCHAS.

Vous avez un Troyen priſonnier, nommé Antenor, pris d'hier. Troye attache un grand prix à ſa perſonne. Vous avez pluſieurs fois (& recevez en autant de fois mes actions de graces) demandé ma fille Creſſide en échange de priſonniers illuſtres, & Troye l'a toujours refuſée : mais cet Antenor,

---

(†) D'autres liſent, *Love*, à *l'Amour* : c'eſt-à-dire, aux ſuites fatales de l'amour de Pâris pour Hélène, STEEVENS.

je le fais, est tellement au fait de leurs affaires & si nécessaire à leurs intérêts, que toutes leurs négociations, privées de son habileté, doivent échouer ; & ils nous donneroient presque un Prince du Sang Royal, un des fils de Priam, en échange de cet important Agent. Renvoyez-le, illustres Princes, dans sa Ville, & sa personne sera la rançon de ma fille, dont la présence vous acquittera entièrement avec son pere de tous les services que j'ai pu vous rendre, dans les entreprises qui vous intéressoient le plus.

AGAMEMNON.

Que Diomède le conduise à Troye & nous ramène Cresside : Calchas aura ce qu'il demande de nous. — Noble Diomède, faites vos apprêts, afin de faire avec honneur cet échange désiré : & de plus, annoncez à Troye, que si Hector veut demain être satisfait sur son défi, Ajax est tout prêt.

DIOMÈDE.

Je me charge de cette conduite & de ce message ; & c'est un fardeau, que je me fais gloire de porter.
(*Diomède & Calchas sortent.*)

SCÈNE XIII.

Les autres Personnages qui sont restés :
ACHILLE & PATROCLE
sortent & paroissent devant leur Tente.

ULYSSE.

J'apperçois Achille à l'entrée de sa tente. Goûterez-vous mon idée ? Passons, notre Général & nous, près de lui, d'un air indifférent, comme devant un homme oublié de nous : & vous, Princes, jettez tous sur lui un regard vague & inattentif. Je passerai le dernier ; il est probable, qu'il m'arrêtera pour me demander d'où peuvent venir ces froids regards, si négligemment errans sur lui. S'il donne dans ce piége, j'ai toute prête une potion salutaire à présenter entre votre indifférence & son orgueil, & que son propre penchant lui donnera l'envie d'avaler : elle pourra faire un bon effet. — L'orgueil n'a pour se montrer d'autre miroir, que l'orgueil : les souplesses d'un genou trop respectueux entretiennent l'arrogance, & sont le tribut seigneurial qu'impose l'homme orgueilleux.

AGAMEMNON.

AGAMEMNON.

Nous allons suivre votre idée, & affecter un visage indifférent en passant devant lui. Que chacun de vous en fasse autant; & que personne ne le salue, ou plutôt qu'on le salue avec dédain; ce qui l'irritera bien plus, que s'il n'étoit pas apperçu. Je vais vous montrer l'exemple. (*Ils marchent tous.*)

ACHILLE *voyant Agamemnon s'avancer tout près de lui.*

Quoi! le Général vient-il me parler? — Vous savez ma résolution; je ne combattrai plus contre Troye.

AGAMEMNON *d'un air étonné.*

Que dit Achille? Nous veut-il quelque chose?

NESTOR *à Achille.*

Voudriez-vous, Seigneur, parler au Général?

ACHILLE.

Non.

NESTOR *à Agamemnon.*

Rien, Seigneur.

AGAMEMNON.

Tant mieux.

ACHILLE à *Ménélas.*

Bon jour, bon jour.

MÉNÉLAS *d'un air froid.*

Ha! comment vous en va? comment vous en va?

ACHILLE.

Quoi, cet époux déshonoré me mépriseroit-il!

AJAX.

Qu'en dites vous, Patrocle?

ACHILLE.

Bonjour, Ajax.

AJAX.

Ha!

ACHILLE.

Bon jour.

AJAX.

Oui, & bon lendemain aussi. (*Tous ont passé & disparoissent.*)

SCÈNE XIV.

ACHILLE & PATROCLE.
(*Ulysse va & revient à l'écart, lisant.*)

ACHILLE.

Que prétendent-ils donc ? Est-ce qu'ils ne connoissent pas Achille ?

PATROCLE.

Ils passent devant nous bien légèrement : ils avoient coutume de faire à Achille un salut profond, de lui adresser de gracieux sourires, & de l'aborder avec le respect, qu'ils montrent prosternés au pied des autels.

ACHILLE.

Quoi ! suis-je déchu tout-à-coup de ma fortune (†) ? Il est certain que la Grandeur, une fois que la For-

---

(†) On pourroit, dit *Miss. Griffith*, s'écrier au discours qui suit, *Ecce mundum :* & le prendre pour sa devise, dans les vérités tristes & humiliantes qu'il renferme. Mais je ne crois pas que ces réflexions mortifiantes & philosophiques conviennent bien au caractère d'Achille, tel qu'il est peint par Homère.

tune fait divorce avec elle, est délaissée des hommes aussi. L'homme ruiné lira sa chûte dans les yeux d'autrui aussi-tôt, qu'il la sent lui-même. Car les hommes ne prodiguent leurs hommages qu'aux rayons de la fortune, comme les insectes, ne déployent leurs blanches aîles qu'aux rayons de l'été; & l'homme, qui n'est que simplement homme, ne reçoit aucuns honneurs: il n'est honoré que pour ce qui ne tient qu'à son extérieur, comme la place, les richesses, la faveur, avantages qui sont le prix du hasard, aussi souvent que du mérite. Quand ces honneurs, étais fragiles & glissans d'une amitié fragile & glissante comme eux, viennent à tomber; tout croule & s'abîme dans leur chûte. Mais il n'en est pas ainsi de moi; la Fortune & moi, nous sommes amis: je jouis au plus haut dégré de tout ce que je possédois, excepté des regards de ces hommes, qui, à ce qu'il me paroît, trouvent en moi quelque chose qui n'est plus digne de ces regards complaisans & flatteurs qu'ils m'ont si souvent prodigués. Voici Ulysse; je veux interrompre sa lecture. — Ulysse?

ULYSSE.

Hé hien, illustre fils de Thétis?

ACHILLE.

Que lisiez-vous là?

ULYSSE.

Un étrange mortel m'écrit ici, qu'un homme, de quelques riches dons qu'il soit partagé, quelque opulent qu'il soit en biens extérieurs, ou en avantages personnels, ne peut se vanter d'avoir ce qu'il a, & qu'il n'a de ce qu'il possède que le sentiment qui lui est réfléchi par autrui: l'éclat de ses vertus frappe & échauffe les autres, & les autres rendent à leur tour cette chaleur & ces rayons à l'homme dont ils sont émanés le premier.

ACHILLE.

Il n'y a rien d'étrange à cela, Ulysse. La beauté d'un visage n'est pas connue de celui qui le porte. C'est des yeux d'autrui qu'il apprend son prix; & l'œil même, cet organe exquis, cette fleur pure du sentiment, ne peut se voir, tant qu'il concentre en soi ses regards: c'est en s'opposant l'un devant l'autre, que chaque œil se peint & se réfléchit sa belle forme. Car la vue ne peut se replier sur elle-même, qu'après avoir traversé l'espace: c'est-là qu'elle s'unit à un miroir où elle peut se contempler: cela n'a rien d'étrange, Ulysse.

ULYSSE.

Je ne m'étonne pas de la proposition; elle est familière: mais je m'arrête aux conséquences qu'en tire son auteur. Dans le développement de ses preuves, il démontre, que l'homme ne possède rien en maître (quelles que soient ses richesses extérieures & intérieures) jusqu'au moment où il les communique aux autres; par lui-même il ne leur connoît aucun prix, qu'après qu'il les a vûes emprunter leur forme & leur valeur de l'approbation de ceux auxquels elles s'étendent, & d'où elles sont réfléchies : ainsi la voix est répercutée d'une voûte sonore; ainsi une porte d'acier opposée en face du soleil reçoit & renvoie son image & sa chaleur. Ces idées m'ont plongé dans la méditation, & j'en ai fait sur le champ l'application à cet Ajax, encore ignoré de nous & de lui-même. Ciel, quelle espèce d'homme c'est! une vraie bête de charge, qui porte un trésor qu'il ne connoît pas. O Nature, que de qualités sont enfouies dans cet individu, & sont viles à nos yeux, lesquelles deviendroient précieuses par l'usage! Que de choses au contraire qui usurpent l'estime, & qui sont d'une pauvre & chétive valeur! C'est demain que nous verrons un exploit que le hasard du sort a fait tomber sur lui, & que nous verrons Ajax rendu fameux par cet exploit. O Ciel, ce que font quelques mortels, tandis que d'autres restent spectateurs & les laissent faire! Combien d'hommes rampent invisibles dans le Palais changeant de la Fortune, tandis que d'autres, qui jouent les insensés, sont toujours devant son œil, & dans le chemin de

TRAGÉDIE. 151

l'honneur! Comme on en voit s'aggrandir & prospérer aux dépens d'un autre, tandis que son orgueil se repaît de lui-même dans une oisive & molle indolence! Il faut voir les Chefs de la Grèce! Déjà ils frappent d'une main caressante l'épaule du lourd & stupide Ajax, comme s'il avoit déjà son pied sur la gorge d'Hector, & que la fameuse Troye fût prête à s'écrouler.

ACHILLE.

Je crois ce que vous dites-là : car ils ont passé près de moi, comme feroient des avares devant un mendiant : ils ne m'ont adressé ni parole, ni regard de politesse : quoi, mes exploits sont-ils donc mis en oubli ?

ULYSSE.

Le Tems, Seigneur, a sur son dos une besace, où il jette les aumônes qu'il va recueillant pour l'Oubli, énorme Géant, monstre nourri d'ingratitudes. Ces rebuts sont les belles & les bonnes actions passées; dévorées presque aussi-tôt qu'elles sont nées, oubliées dès qu'elles sont faites : la persévérance seule, cher Seigneur, entretient l'honneur dans son éclat : *avoir fait*, c'est être comme passé de mode & suspendu à l'écart, ainsi qu'une cotte d'armes rouillée dans un dépôt formé pour la vaine curiosité de l'avenir. Prenez le chemin qui s'offre à vous :

car l'honneur voyage dans un défilé si étroit, qu'il n'y peut passer qu'un homme de front avec lui: conservez donc le pas. L'émulation a mille enfans, qui vous suivent & vous pressent l'un après l'autre. Si vous leur cédez le chemin, & que vous vous rangiez de la route directe; semblable au flux une fois entré dans une baye, ils vont fondre tous ensemble, & vous laisser le dernier; vous resterez comme un brave coursier de bataille, tombé au premier rang, & qui, foulé par l'arrière-garde, reste gissant & écrasé sous les pieds. Ainsi ce qu'ils font dans le présent, quoiqu'il soit au-dessous de vos exploits passés, en viendra nécessairement à les surpasser. Car le tems ressemble à ces hôtes de notre siècle, qui serrent froidement la main à l'ami qui s'en va, & de leurs bras étendus, comme s'ils vouloient prendre leur vol, vous embrassent & vous étreignent le nouveau venu. L'accueil de l'arrivée sourit, & l'adieu du départ est sans soupir. Oh! que la vertu ne cherche jamais la récompense de ce qu'elle fut. Beauté, esprit, naissance, force du corps, mérite des services, amour, amitié, bienfaisance, tout est la proye du Tems envieux & calomniateur. La Nature a marqué d'un trait commun toute la famille de l'espèce humaine; tous, d'un accord unanime, prisent & vantent les hochets nouveaux, & donnent plus de louanges à la poussière, fraîchement dorée, qu'à l'or pur couvert de poussière. L'œil actuel admire

l'objet

TRAGÉDIE.

l'objet actuel : ainsi ne vous étonnez pas, Héros illustre & accompli, si tous les Grecs commencent à révérer Ajax : les objets en mouvement attirent bien plus la vûe, que l'objet en repos. Le cri des applaudissemens vous suivoit autrefois, & il peut toujours vous suivre, & il vous suivroit de nouveau, si vous ne vouliez pas vous ensevelir tout vivant, & enfermer votre réputation dans votre tente ; vous, dont les glorieux exploits, dans ces derniers combats encore, firent descendre de l'Olympe les Dieux jaloux & ennemis, & rendirent Mars séditieux (†) & rebelle aux ordres de Jupiter.

ACHILLE.

J'ai de fortes raisons pour me tenir isolé dans ma tente.

ULYSSE.

Mais les raisons qui condamnent votre oisive retraite, sont encore plus puissantes, & plus dignes d'être écoutées d'un Héros. On sait, Achille, que vous êtes amoureux d'une (¶) des filles de Priam.

(†) Dans le cinquième Livre de l'Iliade, Diomède blesse Mars, qui à son retour dans l'Olympe fut repris par Jupiter de s'être mêlé du combat contre sa défense. C'est à cette désobéissance qu'Ulysse fait allusion ici. STEEVENS.

(¶) Polyxène ; & ce fut au moment de l'épouser, qu'Achille fut tué ensuite par Pâris.

Tome XVII. Premiere Partie.   T

ACHILLE.

Ha! on le fait, dites-vous?

ULYSSE.

Et cela doit-il vous étonner? La Providence qui veille dans un Etat bien gouverné, connoît presque chaque grain d'or des mines de Pluton (†); elle trouve le fond des plus immenses profondeurs; elle est par-tout comme la pensée (§); & comme les Dieux, elle pénètre & dévoile les idées muettes encore & qui ne font que d'éclore: il est dans l'ame d'un Etat un mystère d'administration où n'ose jamais pénétrer l'œil de l'Histoire, & qui a une opération, une influence plus divine, que la voix, ou la plume ne peuvent le peindre & l'exprimer. Toute la correspondance que vous avez eue avec Troye, est aussi parfaitement connue de nous, Seigneur,

---

(†) Steevens croit qu'il faut *Plutus*; & cependant il observe qu'on croyoit anciennement que les mines d'or étoient gardées par des Démons. Le sens de cette métaphore est celui-ci: *il connoît toutes les ressources du Commerce, ou des Finances*. Cette Scène offre une description énergique & poétique des qualités nécessaires dans un Ministre d'Etat, & des mystères nécessaires dans le secret de l'Administration. *Miss.* GRIFFITH.

(§) C'est-à-dire, il y a dans la Providence d'un Etat, comme dans celle de l'Univers, une espèce d'*ubiquité*, ou présence en tous lieux. WARBURTON.

que de vous même. Et il fiéroit beaucoup mieux à Achille de terrasser Hector, que Polyxène : mais ce qui affligera bien le jeune Pyrrhus resté dans vos foyers, c'est, lorsque la Renommée ira sonner la trompette dans nos îles, de voir toutes les jeunes Grecques chanter en dansant : *La sœur du grand Hector a séduit Achille, mais notre illustre Ajax l'a bravement terrassé.* Adieu, Seigneur, je vous parle comme un ami zèlé : un fol (†) glisse sur la glace que vous devriez rompre. (*Ulysse sort.*)

SCÈNE XV.

ACHILLE, PATROCLE.

PATROCLE.

Je vous ai donné le même conseil, Achille, & je vous ai bien pressé. Une femme qui affiche l'impudence & l'audace d'un homme, n'inspire pas plus de dégoût & de mépris, qu'un homme qui, au moment de l'action, reste dans un repos efféminé. Et moi, on me blâme pour vous : les Grecs s'imaginent, que c'est mon peu d'ardeur pour la guerre, & votre ten-

(†) Ajax.

dre amitié pour moi, qui vous retiennent ainsi. Ami, sortez de ce sommeil, secouez cette molle indolence, & bientôt Cupidon, ce foible enfant, détachera de votre cou ses bras amoureux, ou vous le secouerez loin de vous, aussi aisément que le Lion, à son réveil, secoue de sa crinière les gouttes de rosée.

ACHILLE.

Est-ce qu'Ajax combattra Hector ?

PATROCLE.

Oui, & peut-être recueillera-t-il beaucoup d'honneur à ses dépens.

ACHILLE.

Je le vois ; ma réputation est attachée au pôteau du mépris. Ma renommée est dangereusement blessée.

PATROCLE.

Prenez-y donc bien garde. Les blessures que l'homme se fait lui-même, guérissent difficilement. En négligeant de remplir un devoir nécessaire, nous nous exposons en butte au danger, & au coup du déshonneur : & le danger, comme une fièvre contagieuse, nous saisit subtilement, même lorsque nous sommes oisifs & nonchalamment assis aux rayons du soleil.

ACHILLE.

Va, cher Patrocle : cherche Therſite, & nous l'amène ici. J'enverrai ce bouffon vers Ajax, & le chargerai d'inviter les Chefs Troyens à venir, après le combat, nous voir ici déſarmés. J'ai une envie de femme enceinte, un violent déſir, j'en ſuis malade ; c'eſt de voir le grand Hector dans ſes habits de paix, de cauſer avec lui, & de contempler ſon viſage juſqu'à m'en raſſaſier. — Voilà une peine d'épargnée. (*Appercevant Therſite.*)

SCÈNE XVI.

Les mêmes. THERSITE.

THERSITE.

Un prodige !

ACHILLE.

Quoi ?

THERSITE.

Ajax erre çà & là dans la plaine, ſe cherchant ſoi-même.

ACHILLE.

Comment cela ?

THERSITE.

Il doit demain se mesurer seul à seul avec Hector; & il est si fier, si enthousiasmé de cette occasion héroïque de lutter & de battre, qu'il en est dans un délire muet.

ACHILLE.

Comment cela peut-il être ?

THERSITE.

Hé ! il marche à pas posés en long & en large comme un paon : il fait un pas, puis une pause. Il rumine, comme une hôtesse qui n'a d'autre arithmétique que sa tête pour faire le compte d'un écot. Il se mord la lèvre avec un regard malin, comme s'il vouloit dire : » on trouveroit de l'esprit dans cette tête, s'il en vouloit sortir «: & oui, il y en a; mais il y est aussi caché, aussi froid, que l'étincelle de feu l'est dans le caillou, dont il ne jaillit qu'à force de le frapper. C'est un homme perdu sans ressource : car si Hector ne lui rompt pas le cou dans le combat, il se le rompra lui-même à force d'orgueil & de vanité. Il ne me reconnoît plus: je lui ai dit : *bon jour, Ajax :* il m'a répondu, *grand merci, Agamemnon.*

Que dites-vous de cet homme, qui me prend pour le Général ? Il est devenu un vrai poisson de terre, sans voix, un monstre muet. La peste soit de l'opinion populaire ! Un homme peut la porter des deux sens, à l'endroit & à l'envers, comme un pourpoint de peau.

ACHILLE.

Il faut que tu sois mon ambassadeur vers lui, Thersite.

THERSITE.

Qui, moi ? — Hé ! mais ; il ne veut répondre à personne : il fait profession de ne pas répondre : parler est bon pour la canaille : lui, il porte sa langue dans son épée. — Je veux le contrefaire devant vous : que Patrocle me questionne ; vous allez voir la scène d'Ajax.

ACHILLE.

Questionne-le Patrocle ; dis-lui. » je prie humblement le vaillant Ajax, d'inviter le très-valeureux Hector à venir désarmé dans ma tente, & de lui procurer un sauf-conduit pour sa personne, du très-magnanime, très-illustre, & six ou sept fois honorable Général de l'armée Grecque, Agamemnon, &c. ... « Fais cela.

PATROCLE *commençant cette farce.*

Que Jupiter comble le grand Ajax de ses faveurs !

THERSITE *imitant Ajax.*

Hom !

PATROCLE.

Je viens de la part du brave Achille.

THERSITE.

Ha !

PATROCLE.

Qui vous prie humblement d'inviter Hector à venir à sa tente.

THERSITE.

Hom ?

PATROCLE.

Et d'obtenir pour lui un sauf-conduit d'Agamemnon.

THERSITE.

Agamemnon !

PATROCLE.

Oui, Seigneur.

THERSITE.

Ha !

PATROCLE.

TRAGÉDIE.

PATROCLE.
Quelle est votre réponse?

THERSITE.
Dieu soit avec vous : de tout mon cœur.

PATROCLE.
Votre réponse, Ajax?

THERSITE.
S'il fait beau demain, vers les onze heures, le sort se décidera pour l'un ou pour l'autre : mais il me le payera, avant de me tenir.

PATROCLE.
Votre réponse?

THERSITE.
Adieu, de tout mon cœur.

ACHILLE.
Mais, il n'est pas sur ce ton? Y est-il en effet?

THERSITE.
Non : il est hors de tous les tons ; comme je vous le dis. Je ne sai pas quelle musique on trouvera dans son individu, quand Hector lui aura brisé la cervelle : mais je suis sûr, qu'on n'en pourra tirer aucun

accord, à moins que le ménétrier Apollon ne prenne ses nerfs pour en faire des cordes (†).

ACHILLE.

Allons, il faut que tu lui portes une lettre sur le champ.

THERSITE.

Donnez-m'en donc une autre pour son cheval; car de ces deux créatures, c'est le cheval qui est la plus intelligente.

ACHILLE.

Mon ame est troublée; comme une fontaine émue. Et moi-même je n'en puis voir le fond.
(Achille & Patrocle sortent.)

THERSITE *seul*.

J'aimerois mieux être un insecte odieux (§), que d'avoir cette ignorante & stupide bravoure.
(Il sort.)

(†) *Catling*, signifie une petite corde de luth faite de boyau de chat. Un des Musiciens dans Roméo & Juliette est appellé *Simon Catling*. STEEVENS.

(¶) Plût au Ciel que la fontaine de votre ame fût clarifiée de nouveau, afin que je pusse y laver un âne!

(§) Une teigne sur un mouton.

Fin du troisième Acte.

ACTE IV.

SCÈNE PREMIÈRE.

Le Théâtre repréſente une rue de la Ville de Troye. ÉNÉE *entre d'un côté, avec un Page portant une torche: de l'autre, entrent* PARIS, DEIPHOBE, ANTENOR & DIOMÈDE, *précédés de flambeaux.*

PARIS.

Voyez! quel eſt celui que j'apperçois là?

DÉIPHOBE.

C'eſt Enée.

ÉNÉE *reconnoiſſant Pâris.*

Quoi, Prince, vous ici en perſonne? Si j'avois d'auſſi bonnes raiſons que vous, Pâris, de reſter longtems au lit, il n'y auroit qu'un ordre des Cieux qui pût me ſéparer des bras de ma belle compagne.

DIOMÈDE.

Je penfe comme vous — Salut, Seigneur Enée!

PARIS.

Un vaillant Grec, Enée! Acceptez fa main : j'en attefte votre récit même, le jour que vous nous difiez, comment Diomède s'étoit, pendant une femaine entière, jour par jour, attaché fur vos traces dans le champ de bataille.

ÉNÉE à *Diomède*.

Santé fleurie & entière, brave Guerrier! C'eſt mon vœu pour vous, tant que durera entre nous le commerce amical de ce paifible armiſtice : mais, lorſque je vous rencontrerai en armes, alors je voue contre vos jours le défi le plus ſanglant, que la penſée puiſſe former, ou le courage exécuter.

DIOMÈDE.

Diomède reçoit de grand cœur l'un & l'autre vœu. Notre ſang eſt calme maintenant : & tant qu'il le fera, vivez, Enée! Mais dès que les combats m'offriront l'occaſion de nous joindre, par Jupiter, je m'établis le chaſſeur infatigable de ta vie, & j'y dévoue toutes mes forces, toute ma vîteſſe, & toute mon adreſſe.

TRAGÉDIE. 165

ÉNÉE.

Et tu chasseras un lion, qui en fuyant verra la face de son chasseur — Sois le bien-venu à Troye, & reçois le plus généreux accueil : oui, par les jours d'Anchise, tu es le bien-venu ! Je jure par la main de Vénus, qu'il n'est point d'homme vivant qui puisse aimer d'une amitié plus exaltée, l'objet qu'il se propose de détruire.

DIOMÈDE.

Nos ames sympathisent ensemble — Grand Jupiter, qu'Enée vive, si son trépas ne doit rien ajouter à la gloire de mon épée ! Qu'il voye le soleil remplir mille fois le cercle complet de son cours ! Mais, si tu veux satisfaire le vœu de mon honneur jaloux, qu'il meure, & que chacun de ses muscles soit percé d'une blessure ; & cela dès demain !

ÉNÉE.

Nous nous connoissons bien l'un l'autre.

DIOMÈDE.

Oui ; & j'aspire à nous connoître mal.

PARIS.

Voilà le compliment le plus mêlé de vengeance & de paix, d'amitié & de haîne héroïque, que j'aye jamais entendu. — Quelle affaire, Seigneur, vous rend si matineux?

ÉNÉE.

Je suis mandé par le Roi : le sujet, je l'ignore.

PARIS.

Je peux vous en instruire ici. C'étoit pour vous charger de conduire ce Grec à la maison de Calchas, & lui faire rendre la belle Cresside en échange d'Antenor affranchi. Daignez nous accompagner : ou plutôt, si vous le voulez, hâtez vous de nous y précéder. Je tiens constamment à l'idée, idée qui peut s'appeller certitude, que mon frère Troïle y a passé cette nuit. Eveillez-le, & donnez-lui avis de notre approche, avec les détails de notre message : je crains bien que nous ne soyons fort mal reçus.

ÉNÉE.

Oh! cela, je vous l'assure. Troïle aimeroit mieux voir emporter Troye entière par la Grèce, que de voir emmener de Troye sa Cresside.

PARIS.

Il n'y a pas de remède. Ce sont les cruelles conjonctures des tems qui le veulent ainsi. — Allons, devancez-nous, Seigneur : nous vous suivons.

ÉNÉE.

Salut à tous.

(*Enée sort.*)

SCÈNE II.
PARIS, DIOMÈDE.

PARIS.

Et dites-moi, noble Diomède : soyez de bonne-foi; dites-moi la vérité, & parlez-moi dans la pure ingénuité d'une ame franche & candide : lequel de Ménélas ou de moi jugez-vous le plus digne de la belle Hélène ?

DIOMÈDE.

Tous les deux également. Il mérite de l'avoir, lui, qui nullement rebuté par la honte de son infidélité, la cherche & la poursuit à travers un enfer de peines, & un monde d'obstacles. Et vous, vous méritez autant de la garder, vous qui, insensible à son déshonneur, la défendez au prix de la perte immense de tant de trésors & d'amis. Lui, époux déshonoré, foible comme un enfant, boiroit jusqu'à la lie impure d'un vin usé & dépouillé de ses esprits.

Et vous, adultère déterminé, il vous plaît d'engendrer vos héritiers dans des flancs profanés : dans le vrai, vos deux mérites balancés, ne pèsent ni plus ni moins l'un que l'autre. Mais lui, comme époux emporte la balance, en se tourmentant pour une catin.

PARIS.

Vous êtes trop dur pour une beauté qui est votre compatriote.

DIOMÈDE.

C'est elle qui est bien dure & bien cruelle à son pays. Ecoutez-moi, Pâris : pas une goutte du sang qui remplit ses veines impures, qui n'ait coûté la vie d'un Grec ; pas une dragme dans tout le poids de son corps avili & prostitué, qui n'ait coûté la mort à un Troyen : depuis qu'elle a la faculté de parler, elle n'a pas prononcé autant de bonnes paroles, qu'il est tombé de Grecs & de Troyens ses victimes.

PARIS.

Beau Diomède ; vous en usez comme les acheteurs, qui dépriment le bijou qu'ils ont envie d'acheter : mais nous, nous nous contentons d'estimer en silence son mérite, & nous ne vanterons point ce

(†) C'est le sens de Warburton.

TRAGÉDIE. 169

que nous n'avons pas envie de vendre (§). Voici notre chemin. (*Ils sortent.*)

SCÈNE III.

La Maison de Pandare.

TROILE & CRESSIDE.

TROILE.

Ma chère, repose en paix ; le matin est froid.

CRESSIDE.

Allons, mon doux ami : je vais faire descendre mon oncle : il nous ouvrira les portes.

TROILE.

Non, ne te trouble point. Reste au lit, reste au lit. Que le sommeil ferme ces jolis yeux, & plonge

---

(†) Johnson donne un autre sens : »quoique nous soyons résolus de vendre Hélène bien chèr, nous ne vanterons point son prix «.

Tyrwhit en donne encore une autre leçon » nous ne déprimerons pas ce que nous avons envie de vendre «.

tous tes sens dans un repos aussi profond, que le sommeil des enfans, qui est vuide de toute pensée!

CRESSIDE.

Adieu donc.

TROILE.

Je t'en conjure, remets toi au lit.

CRESSIDE.

Etes-vous las de moi?

TROILE.

O Cresside: si le jour actif, éveillé par l'alouette, n'avoit pas fait lever les lascifs corbeaux, & chassé les songes & la nuit, qui ne peut plus couvrir de son ombre nos plaisirs, je ne me séparerois pas de toi.

CRESSIDE.

La nuit a été trop courte.

TROILE.

Malédiction sur cette noire Déesse! Elle se plaît avec les hommes malfaisans, jusqu'à les lasser de sa lenteur: mais elle fuit les embrassemens de l'Amour, d'une aîle plus rapide que le vol de la pensée — Vous prendrez du froid, & vous me le reprocherez.

TRAGÉDIE.

CRESSIDE.

Je vous en conjure, restez encore : vous autres hommes, vous ne voulez jamais attendre. O insensée Cresside ! — Je pouvois vous tenir encore loin de moi, & vous auriez attendu alors. Ecoutez: voilà quelqu'un de levé.

PANDARE *à haute voix dans l'intérieur de la Maison.*

Quoi, toutes les portes sont-elles donc ouvertes ici ?

TROILE.

C'est votre oncle.

SCÈNE IV.

Les mêmes. PANDARE *entre.*

CRESSIDE.

Je le hais dans ce moment! Il va nous étourdir de ses railleries : il va me vexer d'une manière....

PANDARE.

Hé bien, hé bien? Comment vont les virginités ?—

Vous voilà, jeune vierge! Où est ma cousine Cresside à préfent?

CRESSIDE.

Allez aux Enfers, Oncle méchant & mocqueur. Vous me conduifez vous-même.... & enfuite vous me raillez.

PANDARE.

Où donc, où donc vous ai-je conduit? Qu'elle dife où. Où vous ai-je conduit?

CRESSIDE.

Allons, allons, laiffez, laiffez-nous. Vous ne ferez jamais bon, ni ne fouffrirez, que les autres le foyent.

PANDARE.

Ha, ha! hélas, la pauvre petite! la pauvre innocente! N'avez-vous pas dormi cette nuit? Eft-ce que ce méchant ne vous a pas laiffé dormir? Qu'un fantôme le faififfe!

(*On frappe à la porte.*)

CRESSIDE à *Troïle*.

Ne vous l'avois-je pas dit? Je voudrois qu'on frappât la tête à celui qui frappe ainfi. — Qui eft à la porte? Bon Oncle, allez voir. (*A Troïle.*) Seigneur, rentrez dans ma chambre: vous fouriez, &

vous vous mocquez de moi, comme si j'avois des intentions malignes.

TROILE *riant*.

Ha, Ha!

CRESSIDE.

Allons, vous vous trompez: je ne songe point à ces idées. (*On frappe encore.*) — Avec quelle force ils frappent! — Je vous en prie, rentrez — Je ne voudrois pas pour la moitié de Troye, qu'on vous vît ici. (*Ils rentrent tous les deux.*)

PANDARE.

Qui est-là ? Quel sujet ?... Voulez-vous donc jetter les portes à bas ? Hé bien ; de quoi s'agit-il ?

SCÈNE V.
PANDARE, ÉNÉE.

ÉNÉE.

Salut, Seigneur: je vous donne le bon jour.

PANDARE.

Qui est là ? — Quoi! c'est vous Seigneur ? Sur ma

parole, je ne vous ai pas reconnu. Qu'y a-t-il donc de nouveau si matin ?

ÉNÉE.

Le Prince Troïle n'est-il pas ici ?

PANDARE *dissimulant*.

Ici ? Hé qu'y feroit-il, ici ?

ÉNÉE.

Allons, il est ici, Seigneur : ne nous le célez pas : il est très-important pour lui, que je lui parle.

PANDARE.

Il est ici, dites-vous ? C'est plus que je n'en sais ; je vous le jure. — Quant à moi, je suis rentré assez tard — Hé ! qu'y feroit-il ici ?

ÉNÉE.

Non, rien, rien. — Allons, allons, vous lui feriez beaucoup de tort, sans vous en douter : j'espère que vous lui serez assez fidèle & assez attaché, pour ne pas lui garder le secret : à la bonne-heure, ignorez qu'il est ici : mais allez toujours le chercher & amenez-le nous : allez.

SCÈNE VI.

Les mêmes. Comme PANDARE *va pour sortir,* TROILE *entre.*

TROILE.

Quoi? Quel est le sujet?...

ÉNÉE.

Seigneur, à peine ai-je le loisir de vous saluer ; tant mon message est pressant! Voici à deux pas Pâris votre frere, & Deiphobe, le Grec Diomède, & notre Antenor, qui nous est rendu ; mais en échange de sa liberté, il faut que sur le champ, à l'heure même, & avant le premier sacrifice du matin, nous remettions dans les mains de Diomède la jeune Cresside.

TROILE.

Est-ce un parti arrêté ?

ÉNÉE.

Oui, par Priam & le Conseil de Troye : ils sont ici avec moi, & prêts à l'exécuter.

TROILE.

Comme mes projets se jouent de moi! — Je vais aller les joindre: & vous, Enée, si vous m'avez rencontré dans cette maison, que ce soit un pur hasard, entendez-vous? Songez que vous ne m'y avez pas trouvé.

ÉNÉE.

Cela suffit, cela suffit, Seigneur. Les secrets du voisin Pandare ne sont pas gardés dans un plus profond silence.

(*Troïle & Enée sortent.*)

PANDARE.

Est-il possible? Pas plutôt gagnée, qu'elle est perdue! Que Pluton saisisse Antenor! Le jeune Prince en perdra la raison. Malédiction sur Antenor! Je voudrois qu'ils l'eussent immolé en chemin.

SCÈNE VII.

SCÈNE VII.

PANDARE, CRESSIDE
vient au bruit.

CRESSIDE.

Hé bien, mon Oncle: de quoi s'agit-il? Qui donc étoit ici tout-à-l'heure?

PANDARE *soupirant.*

Ah!

CRESSIDE.

Pourquoi ce profond soupir: où est mon amant? quoi? est-il parti? de grace, mon cher oncle; dites-moi ce que c'est?

PANDARE.

Je voudrois être enfoncé de ma hauteur sous la terre!

CRESSIDE.

O Dieux! qu'y a-t-il donc?

PANDARE.

Je te prie, rentre: oh! je voudrois que tu ne

fusses jamais née ! je l'avois bien prévu ; que tu serois cause de sa mort ! O l'infortuné Prince ! malédiction sur Antenor !

CRESSIDE.

Mon cher Oncle, je vous en conjure à genoux : je vous en conjure, quel est le sujet....

PANDARE.

Il faut que tu partes, pauvre fille, il faut que tu partes : tu es échangée pour Antenor : il faut que tu retournes vers ton pere, & que tu te sépares de Troïle : Troïle en mourra : cette séparation empoisonnera ses jours : il ne pourra jamais la supporter.

CRESSIDE.

O Dieux immortels ! — Je ne partirai pas.

PANDARE.

Il le faut.

CRESSIDE.

Je ne le veux pas, mon Oncle. J'ai oublié mon pere : je ne connois aucun lien de parenté. Non, il n'est point de parens, de tendresse, de sang, de cœur qui me touchent d'aussi près, que mon cher Troïle. O Dieux du Ciel ! faites du nom de Cresside (†) le nom de la perfidie, si jamais elle abandonne Troïle. Tems, violence, mort, exercez sur ce corps toutes les horreurs qui sont en votre pouvoir: mais la base solide sur laquelle mon amour est affermi, est comme le point central de la terre, il attire tout à lui. — Je vais rentrer & pleurer.

PANDARE.

Oui, va, va.

CRESSIDE.

Et déchirer ma belle chevelure, & défigurer ces joues tant vantées : user ma voix dans les sanglots, & briser mon cœur à force de crier, *Troïle.* Je ne veux pas sortir de Troye.

(*Ils sortent.*)

(†) La Couronne.

SCÈNE VIII.

La Scène se passe devant la Maison de Pandare.

PARIS, TROILE, ÉNÉE, DIOMÈDE, & *autres.*

PARIS.

Il est grand jour : & l'heure fixée pour la remettre à ce vaillant Grec s'avance à grands pas. Mon frère, cher Troïle, annoncez à Cresside ce qu'il faut qu'elle fasse, & déterminez-la promptement à y consentir

TROILE.

Promenez-vous devant la maison. Je vais l'amener dans un instant à ce noble Grec ; & lorsque vous me verrez la remettre entre ses mains, voyez un autel, & dans votre frère Troïle, le Prêtre qui immole son propre cœur. (*Il sort.*)

PARIS.

Je sai ce que c'est que l'amour ; & je voudrois

TRAGÉDIE.

qu'il fût en mon pouvoir de le secourir, comme il est sûr de ma pitié. — Voulez-vous venir, Seigneur, & nous promener ici en attendant.

(Ils sortent.)

SCÈNE IX.

On voit un Appartement de la Maison de Pandare.

PANDARE, CRESSIDE.

PANDARE.

Modérez-vous, modérez-vous.

CRESSIDE.

Que me parlez-vous de modération? Ma douleur est complette, parfaite & extrême comme l'amour qui l'a produit; & elle violente mes sens avec la même force invincible que lui. Comment puis-je la modérer? Si je pouvois composer avec ma passion, ou la refroidir & l'affoiblir, je pourrois tempérer de même & alléger mon chagrin; mais mon amour est d'une trempe qui n'admet point d'alliage qui l'affoiblisse ; & mon chagrin n'en admet pas davantage qui l'adoucisse, dans une perte aussi chère.

SCÈNE X.

Les mêmes. TROILE.

PANDARE.

Le voici qui vient, le voici.—Ah ! pauvres colombes !

CRESSIDE.

O Troïle, Troïle !

PANDARE.

Quel couple d'objets infortunés j'ai devant les yeux ! que je vous embrasse aussi. *O cœur !* comme on l'a dit bien à propos :

O cœur, ô triste cœur,
Pourquoi soupires-tu, sans te briser ?

Et à cela il répond ;

Parce que tu ne peux soulager ta cuisante douleur
Ni par l'amitié, ni par les paroles (†).

―――――

(†) Couplet de quelque ballade appliqué là.

jamais il n'y eut rime plus vraie. Ne faisons dédain de rien : car nous pourrions vivre assez pour avoir besoin de ces vers. Nous le voyons, nous le voyons. — Hé bien, mes agneaux?

TROILE.

Cresside, je t'adore d'un amour si pur & si exalté, que les Dieux, comme s'ils étoient jaloux de ma passion plus sublime & plus fervente que l'insipide hommage qu'adressent à leurs Divinités les lèvres glacées de la dévotion, veulent me séparer de toi.

CRESSIDE.

Les Dieux sont-ils sujets à l'envie?

PANDARE.

Oui, oui, oui : en voilà la preuve bien évidente.

CRESSIDE.

Et est-il bien vrai, qu'il me faille abandonner Troye?

TROILE.

Une exécrable vérité!

CRESSIDE.

Quoi, & Troïle aussi?

TROILE.

Troye, & Troïle!

CRESSIDE.

Est-il possible?

TROILE.

Et si soudainement, que la cruauté du sort nous ravit le tems de prendre congé l'un de l'autre, brusque tous les délais, frustre avec barbarie nos lèvres de la douceur de s'unir, nous interdit violemment nos tendres & étroits embrassemens, étrangle nos tendres vœux à la naissance même de notre haleine étouffée. Nous deux, qui nous sommes achetés l'un l'autre au prix de tant de longs soupirs, nous sommes forcés de nous céder au prix d'un soupir fugitif & imparfait! Le Tems injurieux, avec la précipitation d'un voleur, entasse pêle-mêle & au hasard tout le riche butin qu'il nous vole: nous nous devons autant d'adieux qu'il est d'étoiles dans le firmament, tous bien articulés, & tous scellés chacun d'un baiser tendre; hé bien, il les amoncèle & les empile en un seul adieu vague & confus, & sa main avare nous réduit à un seul, un seul baiser affamé, dont la douceur encore est corrompue par l'amertume de nos larmes.

ÉNÉE.

ÉNÉE *derrière le Théâtre appellant.*

Seigneur? Cresside est-elle prête?

TROILE.

Ecoutez! c'est vous qu'on appelle. On prétend que le Génie de la mort crie, *viens*, à celui qui doit bientôt mourir — *Répondant à la voix* — Hé! dites-leur d'avoir patience; elle va vous joindre dans le moment.

PANDARE.

Où font mes larmes? coulez donc, pour soulager cet orage élevé dans mon cœur, ou bien il va se rompre. (*Pandare sort.*)

CRESSIDE.

Faut-il donc que j'aille chez les Grecs?

TROILE.

Il n'y a point de remède.

CRESSIDE.

La malheureuse & triste Cresside au milieu des Grecs joyeux! — Quand nous reverrons-nous!

TROILE.

Ecoutez-moi, ma bien-aimée : songez seulement à être fidèle....

CRESSIDE.

Moi, fidèle? — Quoi donc? quel est ce coupable soupçon?

TROILE.

Allons, il faut ménager nos reproches, car c'est l'instant de notre séparation — Je ne vous dis pas, *soyez fidèle*, par aucune crainte que vous ne le soyez pas : car je défierai la mort en face pour soutenir que nulle tache n'a souillé votre cœur : mais si je vous dis, *soyez fidèle*, c'est uniquement pour amener la promesse formelle que je vais vous faire : soyez fidèle, & vous êtes sûre que je vous irai voir.

CRESSIDE.

O Prince, vous serez exposé à mille dangers évidens. — Mais, je vous promets d'être fidèle.

TROILE.

Et moi, à cette promesse j'embrasse le danger comme un ami — Portez ce gage (†).

CRESSIDE.

Et vous ce gant. — Quand vous verrai-je?

(†) Cette manche.

TROILE.

Je corromprai les sentinelles des Grecs, pour vous visiter dans l'ombre de la nuit : mais, soyez fidèle.

CRESSIDE.

O Ciel : me répéter encore, *soyez fidèle*.

TROILE.

Ecoutez pourquoi je vous parle ainsi, ma bien aimée : les jeunes Grecs sont favorisés de la nature, doués de graces & de talens heureux, perfectionnés par les arts & les exercices. A l'idée de l'impression que peuvent faire la nouveauté des objets, & les talens brillans unis aux graces de la personne, hélas ! une sorte de jalousie divine ; (oui, appellez-là, je vous en conjure, un crime vertueux) m'inspire des allarmes.

CRESSIDE.

O Ciel ! vous ne m'aimez-pas.

TROILE.

Que je meure en lâche, si je ne vous aime pas ! Si je vous parle ainsi, c'est bien moins de votre fidélité que je doute, que de mon propre mérite : ma voix n'est point formée au chant, ni mes pieds aux graces légères de la danse, ni ma langue aux propos doux & flatteurs; je ne connois point les jeux agréables: autant de talens brillans, naturels & familiers aux Grecs: mais je puis vous dire, que sous les graces de ces dons séduisans, est caché un démon dangereux qui murmure tout bas au cœur, & tente avec une adresse extrême: ne vous laissez pas tenter.

CRESSIDE.

Croyez-vous, que je me laisserai tenter?

TROILE.

Non: mais nous faisons quelquefois des choses, que nous ne voulons pas faire, nous sommes nos propres démons à nous-mêmes, lorsque nous voulons tenter la fragilité de nos forces, en présumant trop de leur puissance si variable.

ÉNÉE *appellant en dehors*.

Allons, cher Prince.

TROILE *à Cresside*.

Allons; embrassons-nous, & séparons-nous.

PARIS *appellant en dehors*.

Mon frere Troïle!

TROILE.

Cher frere, entrez, & amenez Enée, & le Grec avec vous.

CRESSIDE.

Seigneur, serez-vous fidèle?

TROILE.

Qui, moi? hélas! c'est mon vice, c'est mon défaut. Tandis que les autres savent gagner par adresse une haute & brillante estime, moi, par mon excès d'honnêteté, je n'obtiens qu'une simple approbation. D'autres ont l'art de parer de dehors seduisans un cœur faux & léger (†) : & moi je porte mon ame candide & nue dans la franchise ouverte de la simplicité. Ne craignez rien de ma fidélité : franchise & bonne-foi, c'est-là tout mon esprit.

(†) D'autres dorent avec art leur couronne de cuivre.

SCÈNE XI.

Les mêmes. ÉNÉE, PARIS, DIOMÈDE.

TROILE.

Soyez le bien venu, noble Diomède : voici la Dame Grecque, que nous rendons pour Antenor. Aux portes de la Ville, Seigneur, je la remettrai dans vos mains, &, chemin faisant, je vous ferai connoître tout son mérite. Traitez-la avec distinction ; &, par mon ame, beau Grec, si jamais tu te trouvois à la merci de mon épée, nomme seulement Cresside, & ta vie sera aussi en sûreté, que l'est Priam dans Ilion.

DIOMÈDE.

Belle Cresside, dispensez-vous des remerciemens que ce Prince attend de vous : l'éclat de votre bel œil, & la beauté céleste de vos traits, vous assurent le respect & les égards : vous serez la souveraine de Diomède, & il est soumis à vos ordres.

TROILE.

Grec, tu manques de politesse envers moi, de

méprifer dédaigneufement l'ardeur de mes fentimens dans la prière que je te fais, pour ne l'accorder qu'à fa beauté; & ne vanter qu'elle: je te dis, Prince Grec, qu'elle eft autant au-deffus de tes foibles louanges, que tu es indigne de porter le titre de fon ferviteur: je te charge de la bien traiter, à ma feule confidération; car j'en jure par le redoutable Pluton, fi tu ne le fais pas, quand le Géant Achille feroit ton appui, je te trancherai la tête.

DIOMÈDE.

Ah! point de courroux, Prince Troïle: qu'il me foit permis par le privilége de mon rang & de mon meffage, de parler en liberté: quand je ferai forti de cette Ville, je fuivrai ma volonté; & fache, Seigneur Troyen, que je ne ferai rien par ordre: elle fera traitée fuivant le prix de fon propre mérite, mais lorfque tu diras, que cela foit, je te répondrai dans toute la fierté du courage & de l'honneur: *non*.

TROILE.

Allons, marchons vers les portes: — Je te dis moi, Diomède, que cette bravade te forcera plus d'une fois à cacher ta tête. — Belle Creffide, donnez-moi la main; & en marchant, achevons enfemble un entretien néceffaire. (*Troïle & Creffide fortent: on entend une trompette.*)

PARIS.

Ecoutez : c'eſt la trompette d'Hector.

ÉNÉE.

A quoi avons nous dépenſé cette matinée ! Le Prince doit me croire pareſſeux & tardif, moi qui lui avois juré d'être au champ de bataille avant lui.

PARIS.

C'eſt la faute de Troïle : allons, allons, accompagnez-le, & avançons dans la plaine.

DIOMÈDE.

Faiſons diligence.

ÉNÉE.

Oui, marchons avec la fraîche alacrité d'un jeune époux, & volons ſur les traces d'Hector : la gloire de Troye dépend aujourd'hui de ſa noble valeur, & de ce combat ſingulier.

(Ils ſortent.)

SCÈNE XII.

SCÈNE XII.

Le Théâtre repréſente le Camp des Grecs.

AJAX *s'avance armé*, AGAMEMNON, ACHILLE, PATROCLE, MÉNÉLAS, ULYSSE, NESTOR *& autres Chefs.*

AGAMEMNON.

Vous voilà déjà complettement vêtu de votre brillante armure, plein d'ardeur, & devançant le tems dans l'impatience de votre courage. Redoutable Ajax, ordonnez à votre Héraut d'envoyer juſqu'à Troye le ſignal éclatant de ſa trompette : & que l'air ébranlé de ſes accens perçans, frappe l'oreille émue de ſon Héros, & l'appelle ſur l'arène.

AJAX *au Héraut.*

Trompette, voilà ma bourſe. Maintenant embouche ton organe d'airain, & ſonne juſqu'à le briſer & tes flancs auſſi. Souffle, ſouffle, ſouffle, juſqu'à ce que tes joues enflées & rondes comme une sphère, surpassent les sifflemens forcenés de l'aquilon en courroux: allons, enfle ta poitrine, & que le sang sorte de tes yeux : c'est Hector que tu appelles.

(*La trompette sonne.*)

ULYSSE.

Aucune trompette ne répond.

ACHILLE.

Le matin ne fait que commencer.

AGAMEMNON.

N'est-ce pas Diomède qu'on apperçoit là-bas, avec la fille de Calchas ?

ULYSSE.

C'est lui-même: je le reconnois à sa contenance; il marche en s'élevant sur son pied : c'est son ambitieuse fierté qui l'élève ainsi au-dessus de la terre.

SCÈNE XIII.

Les mêmes. DIOMÈDE *s'avance avec Cresside.*

AGAMEMNON.

Est-ce là la jeune Cresside?

DIOMÈDE.

Oui, c'est elle.

AGAMEMNON *l'embrassant.*

Vous êtes la bien venue dans notre camp, belle personne.

NESTOR.

Notre Général vous salue d'un baiser.

ULYSSE.

Ce n'est-là qu'une politesse isolée : il vaudroit mieux qu'elle reçût un baiser de chacun de nous tous (†).

(†) Il y a ici un jeu de mots entre *notre Général*, & un baiser *général*.

NESTOR.

Et c'est là un conseil bien galant. Allons, c'est moi qui commencerai. (*Il l'embraſſe.*) Voilà pour Neſtor.

ACHILLE.

Je veux échauffer ces lèvres glacées, belle Dame; Achille vous ſalue.

MÉNÉLAS.

J'avois autrefois à qui prodiguer mes baiſers.

PATROCLE.

Mais ce n'eſt pas un titre pour les prodiguer ici aujourd'hui; l'effronté Pâris a fait dans vos foyers une irruption ſi ſoudaine, qu'il vous a ſéparés vous & l'objet de vos baiſers.

ULYSSE.

O mortelle penſée! ſource de tous nos affronts! nous immolons nos têtes, pour laver ſon déshonneur (†).

PATROCLE.

Le premier baiſer étoit de Ménélas: celui-ci, eſt le mien: c'eſt Patrocle qui vous embraſſe.

(†) Nous perdons nos têtes pour dorer ſes cornes.

MÉNÉLAS.

Oh ! cela est fort joli !

PATROCLE.

Pâris & moi, nous donnerons toujours le baiser en place de Ménélas.

MÉNÉLAS.

Je veux avoir le mien, belle Dame, permettez....

CRESSIDE.

En embraffant, donnez-vous, ou si vous recevez ?

MÉNÉLAS.

Je prends, & je donne.

CRESSIDE.

Je veux faire un marché où je profite. Le baiser que vous prenez, vaut mieux que celui que vous donnez : ainsi point de baiser.

MÉNÉLAS.

Je vous payerai l'excédent : je vous en donnerai trois pour un.

CRESSIDE.

Donnez juste autant, ou n'en donnez aucun. Vous êtes un homme impair.

MÉNÉLAS.

Un homme impair, dites-vous, belle ? tout homme l'eſt.

CRESSIDE.

Non, Pâris ne l'eſt pas ; car vous ſavez, qu'il eſt très-vrai, que vous êtes impair, & que lui eſt au pair avec vous.

MÉNÉLAS.

Vous me donnez des naſardes ſur le front.

CRESSIDE.

Non, je vous le proteſte (†).

ULYSSE.

Puis-je, belle Dame, vous demander la faveur d'un baiſer ?

CRESSIDE.

Vous le pouvez.

ULYSSE.

Je le déſire.

(†) La partie ne ſeroit pas égale ; le bout du doigt contre ſa corne.

CRESSIDE.

Allons, demandez-le.

ULYSSE.

Hé bien, pour l'amour de Vénus, donnez-moi un baiser, quand Hélène redeviendra vierge, & sera en sa possession. (*Montrant Ménélas.*)

CRESSIDE.

Je suis votre débitrice : réclamez votre dette quand elle sera due.

ULYSSE.

Jamais le jour de son échéance n'arrivera, donnez-moi donc un baiser aujourd'hui.

DIOMÈDE.

Belle, un mot — Je vais vous conduire, à votre pere. (*Diomède emmène Cresside.*)

SCÈNE XIV.

Les autres Personnages.

NESTOR.

C'est une femme d'un tact vif & sensible.

ULYSSE.

Honte, honte sur elle! tout en elle parle le langage des désirs, ses yeux, ses joues, ses lèvres, tout jusqu'au mouvement de son pied. Ses lascifs penchans se décèlent dans tous ses muscles, dans tous ses gestes, dans toute sa personne. Oh, ces hardies assaillantes, si libres de la langue, qui vous font ainsi les premières avances de galanterie, & qui vous dévoilent toutes leurs pensées au premier venu qui les flatte; comptez-les pour des femmes corrompues & en proye à la première occasion favorable; pour de voluptueuses Courtisannes.

(*On entend une trompette au-dehors.*)

TOUS ENSEMBLE.

La trompette du Troyen.

AGAMEMNON.

TRAGÉDIE.

AGAMEMNON.

Voyez: son cortége s'avance.

SCÈNE XV.

Les mêmes. HECTOR, ÉNÉE, TROILE, &c. Suite.

ÉNÉE.

Salut à vous tous, Princes de la Grèce. Quel sera le prix de celui qui remportera la victoire ? Où vous proposez-vous de déclarer un vainqueur ? Voulez-vous que les deux champions se poursuivent l'un l'autre jusqu'à la dernière extrémité : ou seront-ils séparés par quelque voix, quelque signal entendu dans le champ de bataille ? C'est Hector qui vous adresse ces questions.

AGAMEMNON.

Quel est le désir d'Hector ?

ÉNÉE.

Cela lui est indifférent: il obéira aux conventions.

ACHILLE.

Ce procédé est digne d'Hector: mais il annonce la présomption, un peu d'orgueil, & un assez grand dédain pour son adversaire.

ÉNÉE.

Si vous n'êtes pas Achille, Seigneur, quel est votre nom?

ACHILLE.

Si je ne suis pas Achille, je n'en ai point.

ÉNÉE.

Hé bien, Achille soit : mais qui que vous soyez ; sachez ceci : que les deux extrêmes en valeur & en orgueil, se réunissent dans Hector : l'un monte jusqu'à l'infini : l'autre descend jusqu'au néant. Faites bien attention à ce Héros, & ce qui en lui ressemble a de l'orgueil, est courtoisie & politesse. Cet Ajax est à demi formé du sang d'Hector, & par amour pour ce sang, la moitié d'Hector reste oisive à Troye : il n'y a que la moitié de son courage, de sa force, d'Hector entier, qui vient chercher cet adversaire mi-parti, moitié Grec, & moitié Troyen.

ACHILLE.

Ce ne sera donc qu'un combat de femme, & non pas de Héros ? — Oh!! je vous comprends.

SCÈNE XVI.

Les mêmes. DIOMÈDE *revient.*

AGAMEMNON.

Voici Diomède. — Allez, noble Guerrier: tenez-vous près de notre Ajax. Ce que vous aurez réglé, vous & le Seigneur Enée, sur l'ordre du combat, fera loi; soit que vous décidiez qu'il doive aller jusqu'à la dernière extrémité, ou que les deux champions pourront reprendre haleine: les combattans étant parens, que leur combat s'arrête avant qu'ils en viennent aux coups sanglans.

ULYSSE.

Les voilà déjà en face & prêts à en venir aux mains.

AGAMEMNON.

Quel est ce Troyen, qui a l'air si triste?

ULYSSE.

C'est le plus jeune des fils de Priam, un vrai Héros: il n'est pas mûr encore, & il est déjà sans égal:

ferme dans sa parole, parlant par ses actions, & sans langue pour les vanter; lent à s'irriter, mais lent à se calmer, quand il est provoqué: son cœur & sa main sont tous deux ouverts, & tous deux francs & sans détours; ce qu'il a, il le donne, ce qu'il pense, il le montre : mais ne donnant que de l'aveu de son jugement qui éclaire sa bienfaisance, & ne prostituant jamais sa voix à une pensée indigne de son caractère : courageux comme Hector, & plus dangereux que lui. Hector, dans la fougue de sa colère, cède aux impressions de la tendresse : mais lui, dans la chaleur de l'action, il est plus vindicatif que l'amour jaloux : on le nomme Troïle; & Troye fonde sur lui sa seconde espérance, avec autant de confiance que sur Hector même: ainsi le peint Enée, lui qui connoît ce jeune homme à fond : & tel est le portrait qu'il m'a fait de lui en confidence, dans le Palais d'Ilion.

(*Une allarme, Hector & Ajax combattent.*)

AGAMEMNON.

Les voilà aux prises.

NESTOR.

Allons, Ajax, tiens-toi bien sur tes gardes.

TROILE.

Hector, tu sommeilles; réveille-toi.

TRAGÉDIE.

AGAMEMNON.

Ses coups sont bien ajustés — Fort, Ajax.

DIOMÈDE *aux deux champions.*

Vous devez vous en tenir là.

ÉNÉE.

Princes, c'est assez, je vous prie.

AJAX.

Je ne suis pas encore échauffé. Recommençons le combat.

DIOMÈDE.

Comme il plaira à Hector.

HECTOR.

Hé bien, moi, je veux en rester là — Noble Guerrier, tu es le fils de la sœur de mon pere, cousin germain des enfans de l'auguste Priam. Les nœuds du sang nous défendent une émulation sanguinaire. Tu es si mélangé d'élémens, Grecs & Troyens, que tu peux dire : » Cette main est toute » Grecque, & celle-ci toute Troyenne. Les muscles » de cette jambe sont de Troye, & les muscles de » celle-ci sont de la Grèce : le sang de ma mere » colore cette joue droite : & dans les veines de

» cette joue gauche, bouillonne le sang de mon père. « Par le puissant Jupiter, tu ne remporterois pas un seul de tes membres Grecs, sans que mon épée y eût marqué l'empreinte de notre haîne irréconciliable: mais que les Dieux ne permettent pas que mon épée homicide répande une goutte du sang que tu as emprunté de ta mere, la tante sacrée d'Hector. — Que je t'embrasse Ajax ! Par le Dieu qui tonne dans l'Olympe, tu as des bras vigoureux ; & voilà comme Hector veut qu'ils tombent sur lui. (*Le serrant entre les siens.*) Cousin, honneur & gloire à toi !

AJAX.

Je te rends graces, Hector. Tu es trop candide, & trop généreux. J'étois venu pour te tuer, cousin, & recueillir par ta mort une riche moisson de gloire.

HECTOR.

Achille lui-même, ce Héros qu'on admire ; dont la Renommée montre le panache brillant, criant de sa voix éclatante, *c'est lui :* ne pourroit pas se promettre l'espoir d'ajouter à sa gloire un laurier de plus enlevé à Hector.

ÉNÉE.

Les deux partis sont dans l'attente de ce que vous allez faire,

HECTOR.

Nous allons satisfaire leur attente: l'issue du combat, sont nos mutuels embrassemens : adieu, Ajax.

AJAX.

Si je puis me flatter d'obtenir un succès par mes prières, bonheur qui m'arrive rarement, je désirerois voir mon illustre cousin au milieu de nos tentes Grecques.

DIOMÈDE.

C'est le désir d'Agamemnon: & le grand Achille aspire à voir le vaillant Hector désarmé.

HECTOR.

Enée, dites à mon frere Troïle de venir à moi, & allez annoncer à ceux du parti Troyen qui nous attendent en plaine, cette entrevue d'amitié : priez-les de rentrer dans Troye — (*A Ajax.*) Donne-moi ta main, cousin : je veux aller prendre des rafraîchissemens avec toi, & voir vos Guerriers.

AJAX.

Voilà l'illustre Agamemnon qui s'avance & vient au-devant de nous.

HECTOR.

Nomme-moi l'un après l'autre les plus braves

d'entr'eux : mais pour Achille, mes yeux le chercheront & le reconnoîtront bien seuls, à la grandeur de sa vaste stature, & à la fierté de sa contenance.

AGAMEMNON.

Vaillant Héros, soyez le bienvenu d'un homme, qui voudroit être délivré d'un pareil ennemi ! Mais ce n'est pas là vous faire un gracieux accueil : écoutez ma pensée en termes plus clairs. Le passé & l'avenir sont couverts, l'un d'un voile épais, & l'autre des ruines informes de l'oubli : mais dans le moment présent, la foi & la franchise, les plus épurées de toute dissimulation, de toute intention oblique & frauduleuse, t'adressent grand Hector, avec l'intégrité la plus divine, du fond du cœur, le salut le plus gracieux & le plus sincère.

HECTOR.

Je te rends grace, Agamemnon, Chef illustre de tous les Grecs.

AGAMEMNON à *Troïle*.

Et vous, Prince Troyen, déjà si vanté par la Renommée, recevez de moi le même salut.

MÉNÉLAS.

Laissez-moi confirmer les sentimens & le salut du
Roi

TRAGÉDIE.

Roi mon frere : noble couple de frères belliqueux, soyez les bienvenus dans notre camp !

HECTOR.

A qui avons-nous à répondre ?

MÉNÉLAS.

Au noble Ménélas.

HECTOR.

Ah, c'est vous, Seigneur ! Par le gantelet de Mars, je vous remercie. Et n'allez pas me trouver ridicule, si je choisis ce serment peu ordinaire. Une femme, jadis la vôtre, jure toujours par le gant de Vénus : elle est en pleine santé ; mais elle ne m'a point chargé de vous saluer de sa part.

MÉNÉLAS.

Ne la nommez pas en ce moment : c'est un objet fatal & homicide.

HECTOR.

Ah ! pardon : je vois que j'offense.

NESTOR.

Brave Troyen, je vous ai vu souvent, travaillant pour la destinée, ouvrir un chemin sanglant à travers les rangs de la jeuneſſe Grecque : & je vous ai vu, plus ardent que Perſée, pouſſer votre courſier Phrygien; mais dédaignant pluſieurs exploits, & pluſieurs défaites, quand une fois vous aviez ſuſpendu votre épée en l'air, ne la laiſſant point tomber ſur les vaincus terraſſés ; ce qui me fit dire à ceux qui étoient près de moi : *Voyez : c'eſt Jupiter, c'eſt un Dieu qui diſtribue la vie !* Et je vous ai vu enfermé par un cercle de Grecs, faire une pauſe & reprendre haleine, comme un lutteur dans les jeux Olympiques. Voilà comme je vous avois vu. Mais je ne vous avois jamais vu encore ſous cette contenance, & tout enfermé dans l'acier. J'ai connu votre Aïeul, & j'ai combattu une fois contre lui : c'étoit un brave guerrier : mais, j'en jure par le Dieu Mars, qui eſt notre Chef à tous, il ne fut jamais comparable à vous. Permettez qu'un vieillard vous ſerre dans ſes bras ; venez, digne Héros, ſoyez le bienvenu dans notre camp.

ÉNÉE à *Hector.*

C'eſt le vieux Neſtor.

HECTOR.

Que je vous embraſſe, vénérable vieillard, monument vivant d'un ſiècle entier, vous qui avez pendant un ſi long eſpace marché de front avec le Tems :

TRAGÉDIE.

révéré Nestor, je suis joyeux de vous tenir dans mes bras.

NESTOR.

Je voudrois que mes bras puffent lutter contre les vôtres dans le combat, comme ils le font ici en careffes d'amitié.

HECTOR.

Je le voudrois auffi.

NESTOR.

Ha! j'en jure par cette barbe blanchie, je combattrois contre Vénus dès demain. Allons, soyez le bien venu: j'ai vu le tems, où.....

ULYSSE.

Je suis étonné que cette Ville là-bas soit encore debout, lorsque nous avons au milieu de nous la colonne sur laquelle elle est appuyée.

HECTOR.

Je remets bien vos traits, Ulyffe. Ah! Seigneur, il y a bien des Grecs & des Troyens de morts, depuis que je vous vis pour la première fois avec Diomède dans Ilion, lorsque vous y vintes député par les Grecs.

ULYSSE.

Oui ; je vous prédîs alors ce qui devoit arriver. Ma prophétie n'est encore qu'à la moitié de son cours. Car ces murs que nous voyons là-bas, qui forment une belle ceinture à votre Troye, les cimes de ces tours ambitieuses qui vont baiser les nuages, doivent bientôt baiser leur base.

HECTOR.

Je ne suis pas obligé de vous croire. Les voilà ces murs & ces tours encore sur leurs fondemens ; & je crois, sans vanité, que la chûte de chaque pierre Phrygienne coûtera une goutte de sang Grec. La fin couronne tout. Et cet antique & universel arbitre, le Tems, amenera un jour ce terme décisif.

ULYSSE.

Oui, abandonnons-lui les évènemens — Honnête & brave Hector, recevez mon salut : je vous conjure de venir dans ma tente, de m'honorer de votre seconde visite, en quittant notre Général, & d'y partager ma fête.

ACHILLE.

Je vous serai préféré, Seigneur Ulysse ; oui, je le serai. — A présent, Hector, mes yeux sont rassa-

fiés de te confidérer : je t'ai parcouru tout entier &
en détail, Hector, & j'ai dénombré de l'œil les jointures de tes membres.

HECTOR.

Eſt-ce Achille qui me parle ?

ACHILLE.

Oui, c'eſt moi, qui fuis Achille.

HECTOR.

Préſente-toi devant moi, que je t'enviſage.

ACHILLE.

Contente-toi à loiſir.

HECTOR.

J'ai déjà fini.

ACHILLE.

Tu es trop précipité : moi, je veux encore une fois, te détailler membre par membre, comme ſi je voulois t'acheter.

HECTOR.

Tu veux me parcourir tout entier, comme un livre d'amuſement ; mais il y a en moi plus de choſes, que tu n'en comprends : pourquoi m'opprimes-tu de ce regard menaçant ?

ACHILLE.

Ciel, montre-moi, dans quelle partie de son corps je dois le détruire. Si c'est ici, ou là, ou là ? afin que je puisse donner un nom propre à la blessure, suivant son lieu, & caractériser la brèche par laquelle aura fui la grande ame d'Hector. Ciel, réponds-moi.

HECTOR.

Les Dieux se déshonoreroient, en répondant à une pareille question. Homme vain & superbe, que je te considére : penses-tu donc conquérir ma vie en te jouant ainsi, & nommant d'avance avec une exactitude si précise, l'endroit où tu veux me frapper de mort ?

ACHILLE.

Je te promets, que cela sera, comme je te le dis.

HECTOR.

Tu serois un oracle, que je ne t'en croirois pas. Désormais, sois bien sur tes gardes : car moi je ne te tuerai pas ici, ou là, ou là : mais, par les Forges qui ont fabriqué le casque de Mars, je te tuerai par tout ton corps ; oui, partout. — Vous, sages Grecs, pardonnez-moi cette bravade : c'est son insolence qui a forcé ma bouche à laisser échapper cette forfanterie : mais la vérité est que je ferai tous mes efforts, pour que mes actions confirment mes paroles; ou puissé-je ne jamais......

AJAX.

Ne vous irritez point, cousin. — Et vous, Achille, laissez-là cette menace, jusqu'à ce que l'occasion & la résolution de l'exécuter, vous mettent à portée de le faire. Vous pouvez chaque jour vous rassasier d'Hector, si vous en avez tant d'envie; & le Conseil de la Grèce, j'en ai peur, ne vous priera pas de hasarder (†) de vous mesurer avec lui.

HECTOR.

Je vous prie, qu'on vous voye sur le champ de bataille : nous avons livré de furieux combats, depuis que vous avez refusé votre bras à la cause des Grecs.

ACHILLE.

M'en pries-tu, Hector? Demain, je te joins, cruel comme la mort; pour ce soir, ton ami.

(†) Ajax insinue ici, que ce seroit une mauvaise politique de la part des Grecs, d'exposer l'homme qui jouissoit parmi eux de la plus grande réputation de valeur, à risquer d'être vaincu par Hector. STEEVENS.

HECTOR.

Ta main fur cette promeſſe.

AGAMEMNON.

D'abord, vous tous, nobles Grecs, commencez par me fuivre à ma tente, & livrons-nous enſemble ſans réſerve à la joie des feſtins; enſuite, fêtez Hector, ſuivant ſon loiſir & votre affection particulière. Que les tambourins battent, que les trompettes ſonnent, & que ce grand Guerrier ſache que c'eſt lui que nous fêtons. (*Ils ſortent.*)

SCÈNE *dernière.*

TROILE & ULYSSE *demeurent.*

TROILE.

Seigneur Ulyſſe, dites-moi, je vous prie, dans quelle partie du camp loge Calchas ?

ULYSSE.

A la tente de Ménélas, noble Troïle. Diomède y partage une fête avec lui ce ſoir : il ne regarde plus ni le ciel, ni la terre : toute ſon attention, & ſes amoureux regards ſont fixés ſur la belle Creſſide.

TROILE.

TROILE.

Aimable Seigneur, vous aurai-je l'obligation infinie de m'y conduire, au sortir de la tente d'Agamemnon?

ULYSSE.

Je ferai à vos ordres, Seigneur: répondez à ma complaisance par celle de me dire, quelle considération l'on avoit à Troye pour Creffide? N'y avoit-elle pas un amant, qui pleure à préfent fon abfence?

TROILE.

Ah! Seigneur, ceux qui, pour fe vanter, montrent leurs cicatrices, méritent qu'on fe rie d'eux. Voulez-vous que nous nous promenions, Seigneur? Elle étoit aimée, elle aimoit: elle eft aimée, elle aime: mais toujours le tendre amour eft la proye de la fortune. (*Ils fortent.*)

Fin du quatrième Acte.

ACTE V.

SCÈNE PREMIÈRE.

On voit la Tente d'Achille.

ACHILLE, PATROCLE.

ACHILLE.

Je vais lui échauffer le sang ce soir avec du vin Grec; & demain je le lui rafraîchirai avec le fer de mon épée. — Patrocle, Patrocle, pouſſons le feſtin juſqu'à l'ivreſſe.

PATROCLE.

Voici Therſite.

SCÈNE II.

Les mêmes. THERSITE.

ACHILLE.

Hé bien, cœur paîtri d'envie, maſſe ébauchée par la nature, quelles nouvelles ?

THERSITE.

Allons, toi, portrait de ce que tu parois, vaine idole adorée par des imbécilles, voilà une lettre pour toi.

ACHILLE.

De quelle part, tronçon d'homme ?

THERSITE.

De Troye, fou parfait.

PATROCLE.

Qui garde la tente (†) maintenant ?

___

(†) *Tent* ſignifie également *tente* & *appareil*: d'où cette pointe de Therſite.

THERSITE.

L'étui du Chirurgien, ou la blessure du patient.

PATROCLE.

Bien dit, figure malencontreuse. Et quel besoin avons-nous de ces tours d'esprit ?

THERSITE.

Je t'en prie, tais-toi, Page : je ne gagne rien à tes propos : tu passes pour être le vil complaisant d'Achille.

PATROCLE.

Vil complaisant! Insolent, que veux-tu dire par-là ?

THERSITE.

Hé, que vous êtes sa courtisanne. Que toutes les infections du Midi, les coliques, les hernies, les catharres, la gravelle & les sables des reins, les léthargies, les froides paralysies, la chassie des yeux, la gangrène des foyes, l'enrouement des poumons, les apostumes, les sciatiques, les calcinantes ardeurs dans la paume des mains, une incurable venin, & les rides de la lépre impure soyent la punition répétée & le fléau de ces abominables horreurs !

TRAGÉDIE.

PATROCLE.

Détestable réservoir d'envie, qui prétens-tu maudire ainsi?

THERSITE.

Est-ce que je te maudis, toi?

PATROCLE.

Non, amas informe de ruines (†), non, animal méconnoissable, fils de prostituée.

THERSITE.

Non, dis-tu? Pourquoi donc t'emportes-tu, toi, lame vuide, doublure légère de manche de soie, bandeau de taffetas verd pour un mauvais œil, cordons d'une bourse prodigue (§)! Ah, comme le pauvre monde est importuné de ces moucherons d'eau; vils atômes de la nature!

PATROCLE.

Loin de moi, fiel.

(†) Allusion à la difformité de ses membres entassés sans proportion.

(§) Toutes ces expressions de Thersite sont des emblêmes de la basse complaisance de Patrocle. JOHNSON.

THERSITE.

Loin de moi, œuf d'oiseau (†).

ACHILLE.

Mon cher Patrocle, me voilà traversé dans mon grand projet de combat pour demain. Voici une lettre de la Reine Hécube; & une recommandation de sa fille, ma belle maîtresse, qui m'imposent & m'adjurent de tenir le serment que j'ai fait. Je ne veux pas le violer : tombez, Grecs : gloire, éclipse-toi : honneur, fuis ou reste ; mon premier vœu est engagé ici ; c'est à lui que je veux obéir. — Allons, allons, Thersite, aide à parer ma tente ; il faut passer toute cette nuit dans les festins. — Viens, Patrocle. (*Ils sortent.*)

(†) Il veut dire par-là, un oiseau chantant dans l'œuf, ou une chose facile à écraser, un néant : on ignore le vrai sens de cette allusion. JOHNSON & STEEVENS.

TRAGÉDIE. 223

SCÈNE III.

THERSITE *seul.*

Avec trop de sang, & trop peu de cervelle, ces deux compagnons peuvent devenir fous : mais s'ils le deviennent jamais par trop de cervelle, & par trop peu de sang, je consens à me faire moi, Médecin de fous. — Voici Agamemnon ; un assez honnête homme, & grand amateur de cailles (†). Mais il n'a seulement pas autant de cervelle, qu'il y a de cire dans l'oreille : & cette belle métamorphose de Jupiter qui est là, son frere, le taureau, patron primitif & emblême des cocus, maigre chausse-pied dans une chaîne, pendant à la jambe de son frere.... dans quelle autre forme, que celle qu'il a, l'esprit lardé de malice, ou la malice farcie d'esprit, le métamorphoseroient-ils ? En âne ? ce ne seroit rien. Il est à la fois âne & bœuf. En bœuf ? ce ne seroit rien encore ; il est à la fois bœuf & âne. Etre chien, mulet, chat, putois, crapaud, lézard, chouette,

---

(†) La Caille est un oiseau très-lascif. En vieux françois, *Caille* signifioit *fille de joie*. *Caille coiffée*, sobriquet qu'on donne aux femmes. MALONE.

buse, ou un hareng sans laite; je ne m'en embarrasserois pas: mais être un Ménélas, oh! je conspirerois alors contre la destinée. Ne me demandez pas ce que je voudrois être, si je n'étois pas Thersite; car je consens à être la vermine d'un mendiant, pourvu que je ne sois pas Ménélas. — Ouais! Esprits & feux (†)!

SCÈNE IV.

THERSITE, HECTOR, TROILE, AJAX, AGAMEMNON, ULYSSE, NESTOR & DIOMÈDE avec des flambeaux.

AGAMEMNON.

Nous allons mal, nous allons mal.

AJAX.

Non, c'est là-bas; là, où vous voyez de la lumière.

―――――
(†) Exclamation de Thersite en appercevant les torches dans le lointain.

HECTOR.

TRAGEDIE.

HECTOR.

Je vous donne de l'embarras.

AJAX.

Non, non, pas du tout.

ULYSSE.

Le voilà, qui vient lui-même nous guider.

SCÈNE V.

Les mêmes. ACHILLE.

ACHILLE.

Salut, brave Hector : salut à vous tous, nobles Princes.

AGAMEMNON.

A préfent, beau Prince de Troye, je vous donne la bonne nuit. Ajax commande la garde qui doit vous efcorter.

HECTOR.

Graces, & bonne nuit au Général des Grecs.

MÉNÉLAS.

Nuit heureuse, Seigneur.

HECTOR.

Nuit agréable, Seigneur Ménélas.

THERSITE à part.

Agréable squelette, bon. Agréable, dit-il? Agréable égoût, agréable cloaque.

ACHILLE.

Bonne nuit, & bon accueil à la fois, à ceux qui s'en vont, ou qui restent.

AGAMEMNON.

Bonne nuit.

(*Agamemnon & Ménélas s'en vont.*)

SCÈNE VI.

Les autres. ACHILLE.

Le bon Nestor reste : & vous aussi, Diomède ; tenez compagnie à Hector une heure ou deux.

DIOMÈDE.

Je ne le puis, Seigneur. J'ai une affaire importante ; & voici le moment pressant. Bonne nuit, brave Hector.

HECTOR.

Donnez-moi votre main.

ULYSSE (*à Troïle.*)

Suivez la torche ; il va à la tente de Calchas. Je vais vous accompagner.

TROILE.

Aimable Seigneur, vous m'honorez beaucoup.

HECTOR.

Adieu donc, bonne nuit.

ACHILLE.

Allons, allons, entrons dans ma tente.
(*Tous sortent de différens côtés.*)

SCÈNE VII.
THERSITE *seul.*

Ce Diomède est un misérable, au cœur faux: un scélérat, sans foi: je ne me fie pas plus à lui quand il vous regarde de travers, qu'à un serpent quand il siffle. Il fera grand bruit de paroles & de promesses, comme un mauvais limier qui aboye sans être sur la trace: mais lorsqu'il accomplit sa promesse, oh! les Astronomes l'annoncent comme un phénomène; c'est un prodige, qui doit amener quelque révolution: le soleil emprunte sa lumière de la lune, quand Diomède tient sa parole. J'aime mieux manquer de voir Hector, que de ne pas le suivre: on dit, qu'il entretient une fille Troyenne, & qu'il emprunte la tente du traître Calchas: je veux le suivre. Débauche! tous de lascifs débauchés!

SCÈNE VIII.

La Tente de Calchas.

ULYSSE, TROILE, DIOMÈDE, THERSITE.

DIOMÈDE.

Est-on levé ici? Hola: répondez.

CALCHAS.

Qui appelle?

DIOMÈDE.

Diomède. — Où est votre fille?

CALCHAS.

Elle va au-devant de vous.

SCÈNE IX.

Les mêmes. CRESSIDE.

(*Ulysse & Troïle sont à l'écart & observent.*)

TROILE.

Cresside va au-devant de lui!

DIOMÈDE.

Hé bien, qu'en dites-vous, mon joli dépôt?

CRESSIDE.

Et vous, mon cher gardien? Ecoutez : un mot en secret. (*Elle lui parle à l'oreille.*)

TROILE.

Oui! si familiers ensemble!

ULYSSE.

Elle amusera de même le premier venu dès la première vue.

THERSITE.

Et tout homme la fera chanter, s'il peut saisir sa clé; elle est *notée*.

DIOMÈDE.

Vous souvenez-vous ?....

CRESSIDE.

Si je m'en souviens ? Très-bien.

DIOMÈDE.

Hé bien, faites-le donc: & que les effets répondent à vos paroles.

TROILE.

De quoi doit-elle se souvenir ?

ULYSSE.

Ecoutez.

CRESSIDE.

Mon cher petit Grec, ne me tentez pas davantage à la folie.

THERSITE.

Fourberie !

DIOMÈDE.

Quoi ! mais.....

CRESSIDE.

Je vous dirai quelque chose.

DIOMÈDE.

Bon, bon: vous me direz un néant: allons, vous êtes parjure.

CRESSIDE.

En bonne-foi, je ne le puis ! Que voulez-vous que je fasse (†) ?

DIOMÈDE.

Qu'avez-vous juré de m'accorder ?

CRESSIDE.

Je vous prie, ne me forcez pas à tenir mon serment ; commandez-moi toute autre chose, cher Grec.

DIOMÈDE.

Bon soir.

TROILE.

Tiens ferme, Patience.

ULYSSE.

Hé bien, Prince Troyen ?

CRESSIDE.

Diomède !

THERSITE.

(†) Un tour de passe-passe, pour être secrètement caressée.

DIOMÈDE.

DIOMÈDE.

Non, non, bon soir : je ne serai plus votre dupe.

TROILE.

Des gens qui valent mieux que toi, sont bien forcés de l'être.

CRESSIDE.

Ecoutez : un mot à l'oreille.

TROILE.

O fléaux ! ô furies !

ULYSSE.

Vous êtes ému, Prince ! Sortons, je vous prie, de peur que votre reffentiment n'éclate en paroles forcenées : ce lieu eft dangereux : le moment eft mortel : je vous en conjure, fortons.

TROILE.

Voyons, je vous prie.

ULYSSE.

Seigneur, allons-nous-en : vous vous livrez à une fureur extrême : venez, Seigneur.

TROILE.

Je vous en prie, demeurez.

ULYSSE.

Vous n'avez pas assez de patience : venez.

TROILE.

De grace, attendez : par l'Enfer, & par ses tourmens, je ne dirai pas une parole.

DIOMÈDE à *Cresside.*

Et là-dessus, bonne nuit.

CRESSIDE.

Oui, mais vous me quittez en colère.

TROILE.

C'est donc là ce qui t'afflige ! O foi corrompue !

ULYSSE.

Hé bien, Seigneur ; vous allez....

TROILE.

Par Jupiter, je serai patient.

CRESSIDE.

Cher gardien ! — Cher Grec.

DIOMÈDE.

Fi, fi, adieu. Vous me jouez.

TRAGÉDIE.

CRESSIDE

En vérité, non : revenez ici.

ULYSSE.

Il y a quelque chose, Seigneur, qui vous agite : voulez-vous que nous nous en aillions ? Vous éclatetez.

TROILE.

Elle se frappe le visage !

ULYSSE.

Venez, venez.

TROILE.

Non, attendez : par Jupiter, je ne dirai pas un mot : il y a entre ma volonté & tous les outrages un rempart de patience invincible — Restons encore un moment (†).

DIOMÈDE.

Mais vous ne manquerez donc pas ? . . . .

THERSITE.

(†) Comme le Démon de la luxure, avec son moëlleux embonpoint, & ses doigts de patates (§), les chatouille & les excite tous deux l'un vers l'autre ! Allons, Luxure, multiplie.

(§) Patates, espèce de pommes de terre apportées d'Amérique, & qui sont très-prolifiques. STEEVENS.

CRESSIDE.

En vérité, je le ferai, là. Ou ne vous fiez jamais à moi.

DIOMÈDE.

Donnez-moi quelque gage pour sûreté de votre parole.

CRESSIDE.

Je vais vous en chercher un.

(*Cresside sort.*)

ULYSSE.

Vous avez juré d'être patient.

TROILE.

Ne craignez pas, Seigneur : je ne ferai pas moi-même, & je ne prendrai pas connoissance de ce que je sens. Je suis tout patience.

(*Cresside rentre.*)

THERSITE.

Oh, le gage, le gage, voyons, voyons.

CRESSIDE.

Tenez, Diomède : gardez cette manche.

TROILE.

O beauté, où est ta foi?

ULYSSE.

Seigneur....

TROILE.

Je serai patient : je le serai du moins à l'extérieur.

CRESSIDE.

Vous regardez cette manche! Considérez-la bien. — Il m'aimoit tendrement! — O fille perfide! — Rendez-la moi.

DIOMÈDE (*la lui rendant.*)

A qui étoit-elle?

CRESSIDE.

Il n'importe : je la tiens : je ne vous recevrai pas demain au soir : je vous en prie, Diomède ; cessez vos visites.

THERSITE.

Voilà qu'elle provoque son désir — A merveille, pierre à aiguiser.

DIOMÈDE.

Je veux l'avoir.

CRESSIDE.

Quoi, ce gage?

DIOMÈDE.

Oui, cela même.

CRESSIDE.

O Dieux du Ciel! — O joli gage! Ton Maître maintenant est dans son lit songeant à toi, songeant à moi; & il soupire, & il prend mon gant, & lui donne mille tendres baisers en mémoire de moi; comme je t'en donne ici, cher gage — (*Diomède le lui arrache.*) Ah, ne me l'arrachez pas: celui, qui m'enlève ce gage, doit m'enlever mon cœur avec.

DIOMÈDE.

J'avois votre cœur auparavant: ce gage doit le suivre.

TROILE.

J'ai juré que je serois patient.

CRESSIDE.

Vous ne l'aurez pas, Diomède: non, vous ne l'aurez pas; je vous en donnerai quelqu'autre.

DIOMÈDE.

Je veux avoir celui-ci — A qui étoit-il?

CRESSIDE.

Il n'importe.

DIOMÈDE.

Allons, dites-moi à qui il appartenoit.

CRESSIDE.

Il appartenoit à un homme qui m'aimoit plus que vous ne m'aimerez— Mais, allez, vous l'avez, gardez-le.

DIOMÈDE.

A qui étoit-il ?

CRESSIDE.

Par toutes les Suivantes de Diane qui brillent là-bas, je ne vous dirai jamais à qui il étoit ?

DIOMÈDE.

Demain je veux le porter sur mon casque, & tourmenter le cœur de son maître, qui n'osera pas le revendiquer.

TROILE.

Fusses-tu Lucifer, le portant sur son front, il sera revendiqué.

CRESSIDE.

Allons, allons: c'est une chose faite : irrévocable—

Et cependant elle ne l'est pas encore — Je ne tiendrai pas ma parole.

DIOMÈDE.

En ce cas, adieu donc. Tu ne joueras plus Diomède.

CRESSIDE *l'arrêtant*.

Vous ne vous en irez pas. — On ne peut dire un mot, que vous ne vous courrouciez.

DIOMÈDE.

Je n'aime point tout cet enfantillage.

THERSITE.

Ni moi, par Pluton : mais c'est parce que vous ne l'aimez pas, qu'il m'en plaît davantage.

DIOMÈDE.

Hé bien, viendrai-je ? L'heure ?

CRESSIDE.

Oui, venez — O Jupiter ! — Oui, venez — Je serai tourmentée de remords !

DIOMÈDE.

Adieu, jusqu'à demain.

(*Il sort.*)

CRESSIDE.

TRAGÉDIE.

CRESSIDE.

Bonne nuit. Je vous en prie, venez. — Adieu, Troïle. J'ai encore un œil attaché sur toi : mais l'autre suit mon cœur. Ah, que notre sexe est foible ! le malheur de notre constitution, c'est que l'erreur de nos yeux guide notre ame ; & ce que l'erreur guide, doit nécessairement s'égarer. Oh ! concluons donc, que les cœurs, guidés par les yeux, sont pleins de vices & de turpitudes !

(*Elle sort.*)

SCÈNE X.

Les autres Personnages.

THERSITE.

Elle ne pouvoit pas donner une preuve plus forte de sa perfidie ; à moins que de dire en propres termes : » mon ame est maintenant changée en prostituée «.

ULYSSE.

Tout est fini, Seigneur.

TROILE.
Oui.
ULYSSE.
Pourquoi restons-nous donc encore?
TROILE.
Pour repasser & graver dans mon ame chaque syllabe qui a été prononcée ici. Mais si je raconte la manière dont ce couple s'est concerté, ne mentirai-je pas en publiant la vérité? Car il est encore une foi dans mon cœur, une espérance fortement obstinée qui renverse le témoignage de mes oreilles & de mes yeux : comme si ces organes avoient des fonctions trompeuses, créées uniquement pour calomnier. Etoit-ce bien Cresside qui étoit ici?

ULYSSE.
Je n'ai pas le pouvoir d'évoquer des fantômes, Prince.
TROILE.
Elle n'y étoit pas, certainement.
ULYSSE.
Très-certainement elle y étoit.
TROILE.
En le niant, je ne parle point en insensé.

ULYSSE.

Ni moi, en l'affirmant, Seigneur. Creffide étoit ici il n'y a qu'un moment.

TROILE.

Que cela ne foit pas cru pour l'honneur du fexe! Souvenons-nous que nous avons eu des meres. Ne donnons point ce cruel avantage à ces cenfeurs acharnés, & enclins d'eux-mêmes, fans aucune caufe & par dépravation, à juger de tout le fexe fur l'exemple de Creffide. Croyons plutôt, que ce n'eft pas là Creffide.

ULYSSE.

Ce qu'elle a fait, Prince, peut-il déshonorer nos meres.?

TROILE.

Tout cela ne feroit rien, fi ce n'étoit pas là Creffide.

THERSITE.

Quoi! veut-il donc fe vanter encore, contre le témoignage de fes propres yeux?

TROILE.

Elle ici? Non, c'eft la Creffide de Diomède: fi la beauté a une ame, ce n'eft point là elle: fi l'ame

dicte les vœux, si ces vœux sont des actes sacrés, si ces actes sacrés sont le plaisir des Dieux, s'il est vrai que l'unité soit une, ce n'étoit point elle. O délire de raisonnemens, par lesquels l'homme plaide pour & contre soi-même : sur une autorité équivoque & contradictoire ! où la raison se soulève sans s'anéantir elle-même, & où la raison perdue peut se croire sagesse ! C'est & ce n'est pas Cresside. Il s'élève dans mon ame un combat d'une nature étrange, qui, dans une chose inséparable, jette un intervalle aussi immense, que celui qui sépare la terre & les cieux. Et cependant la vaste largeur de cette division n'admet pas l'entrée d'un point aussi mince, que l'est la trame rompue d'Arachné. O preuve forte comme les portes de Pluton : Cresside est à moi, tient à moi par les nœuds du Ciel. O preuve forte comme le Ciel même : les nœuds du Ciel sont relâchés, & dénoués ; & par un autre nœud que sa main vient de former, les débris, & les restes impurs de sa foi sitôt corrompue, sont attachés à Diomède.

ULYSSE.

Le sage Troïle peut-il sentir réellement la moitié des sentimens qu'exprime ici sa passion ?

TROILE.

Oui, Grec ; & cela sera divulgué en caractères aussi rouges, que le cœur de Mars enflammé par

TRAGÉDIE.

Vénus. Jamais jeune homme n'aima avec une ame aussi constamment immuable, avec des sentimens aussi éternels. Grec, écoutez: autant que j'aime Cresside, autant je hais Diomède, poids pour poids. Cette manche, qu'il veut porter sur son casque, est à moi; & son casque, fût-il l'ouvrage de l'art de Vulcain, mon épée saura l'entamer; & le terrible grain, que les Nautonniers appellent ouragan, condensé en masse par le tout-puissant Soleil, n'étourdira pas l'oreille de Neptune d'un bruit plus déchirant dans sa chûte, que ne fera le sifflement rapide de mon épée tombant sur Diomède.

THERSITE.

Il lui chatouillera son casque pour ses amourettes.

TROILE.

O Cresside! ô perfide Cresside! ô femme fausse, fausse! Qu'on place toutes les perfidies devant ton nom, & ce seront encore des vertus au prix de la tienne.

ULYSSE.

Ah! de grace, contenez-vous. Les éclats de votre passion attirent les oreilles de notre côté.

SCÈNE XI.

Les mêmes. ÉNÉE.

ÉNÉE.

Je vous cherche depuis une heure, Seigneur. Hector pendant ce tems-là se dispose & s'arme dans Troye. Ajax attend pour vous reconduire dans la Ville.

TROILE.

Je suis à vous, Prince. — (*A Ulysse.*) Adieu, honnête & brave Seigneur — Adieu, toi, Beauté parjure! Et toi, Diomède, arme-toi bien, & porte sur ta tête un casque impénétrable, si tu veux la défendre de ma vengeance.

ULYSSE.

Je veux vous accompagner jusqu'aux portes du Camp.

TROILE.

Agréez les remercimens que peut vous faire mon cœur dans le trouble qui l'agite.

(*Troïle, Enée & Ulysse sortent.*)

(†) *Castle*, espèce de casque juste & qui enfermoit toute la tête.

TRAGÉDIE.

SCÈNE XII.

THERSITE *seul.*

Je voudrois rencontrer ce vaurien de Diomède; je croafferois à fon oreille avec le cri du corbeau : je lui préfagerois, je lui crierois malheur. Patrocle me récompenfera pour le fervice de lui faire connoître cette proftituée. Un perroquet n'en feroit pas plus pour une amande, que lui, pour fe procurer une Courtifanne facile & commode. Luxure, luxure! Toujours guerre & débauche : point d'autre goût à la mode! Que l'Enfer les dévore!

SCÈNE XIII.

Le Théâtre repréfente le Palais de Troye.

HECTOR, ANDROMAQUE.

ANDROMAQUE.

Quand donc mon époux fut-il jamais d'une humeur affez défobligeante, pour fermer fon oreille

TROILE ET CRESSIDE,

aux conseils ? Désarmez-vous, désarmez-vous, Hector ; ne combattez point aujourd'hui.

HECTOR.

Vous m'excitez à vous offenser : rentrez. Par tous les Dieux immortels, j'irai !

ANDROMAQUE.

Mes songes, j'en suis sûre, sont aujourd'hui des présages certains.

HECTOR.

Cessez ; vous dis-je.

SCÈNE XIV.

Les mêmes. CASSANDRE.

CASSANDRE.

Où est mon frere Hector ?

ANDROMAQUE.

Le voici, ma sœur, tout armé, & ne respirant que le carnage. Joignez-vous à moi, & unissons nos cris & nos tendres prières : conjurons-le à genoux.

Car

Car j'ai fait des songes affreux, & toute cette nuit je n'ai vu que sang, que spectres de mort & de carnage.

CASSANDRE.

Oh! c'est la vérité.

HECTOR *à un de ses gens.*

Allez, dites à mon Héraut de sonner la trompette.

CASSANDRE.

Oh! qu'elle ne sonne point le signal d'une sortie, au nom du Ciel, mon cher frere.

HECTOR.

Retirez-vous, vous dis-je : les Dieux ont entendu mon serment.

CASSANDRE.

Les Dieux sont sourds aux vœux emportés de l'entêtement : ce sont des offrandes impures, plus abhorrées du Ciel, que les taches dans les viscères des victimes.

ANDROMAQUE.

Ah! laissez-vous persuader : ne comptez pas que ce soit un acte pieux, d'offenser, par un respect outré pour son serment : il seroit aussi légitime pour nous de croire faire des dons en volant pour donner, & dépouillant l'un pour être généreux envers l'autre.

CASSANDRE.

C'est la légitimité du vœu, qui en fait la force & le lien. Mais des sermens hasardés & sans objet licite, ne doivent point s'accomplir. Désarmez-vous, cher Hector.

HECTOR.

Cessez vos clameurs, vous dis-je ! C'est mon honneur qui règle & conduit mes destins. Tout homme chérit sa vie : mais l'homme vertueux attache plus de prix à l'honneur qu'à ses jours.

SCÈNE XV.

Les mêmes. TROILE.

HECTOR à *Troïle.*

Hé bien, jeune Prince : es-tu dans l'intention de combattre aujourd'hui ?

ANDROMAQUE.

Cassandre, va chercher mon pere, pour fléchir mon époux. (*Cassandre sort.*)

HECTOR.

Non, jeune Troïle. Dépouille ton armure ; jeune homme. C'eſt moi qui aujourd'hui ſuis chargé des exploits de la bravoure. Laiſſe groſſir tes muſcles, attends que leurs jointures ſoient fortes & robuſtes ; & ne tente point les chocs terribles de la guerre. Déſarme-toi, va ; & n'aie pas d'inquiétude, brave adoleſcent : je combattrai aujourd'hui pour toi, pour moi, & pour Troye.

TROILE.

Mon frere, vous avez en vous un vice de clémence & de généroſité, qui ſied mieux à un lion (†), qu'à un homme.

HECTOR.

Quel eſt ce vice, cher Troïle ? Reproche-le moi.

TROILE.

Mille fois, quand les Grecs enchaînés tombent au ſeul ſifflement, au ſeul éclair de votre épée, vous leur ordonnez de ſe lever & de vivre.

(†) D'après les anciennes Hiſtoires de la généroſité du lion, Troïle dit, qu'épargner contre la raiſon, par le pur inſtinct de la pitié, c'eſt reſſembler plus à une bête généreuſe, qu'à un homme ſage. JOHNSON.

HECTOR.

Oh, c'est un beau rôle à faire !

TROILE.

Le rôle d'un infenfé, j'en jure par le Ciel, Hector !

HECTOR.

Comment donc ! pourquoi ?

TROILE.

Au nom de notre amour pour les Dieux, Hector, laiffons la pitié à notre mere : & lorfqu'une fois nous avons revêtu nos armes, que la vengeance la plus envenimée monte fur nos glaives ; exerçons-les aux actes fanguinaires, & défendons-leur le repentir & la pitié.

HECTOR.

Ah ! loin de nous ces fauvages principes.

TROILE.

Hector, c'eft le droit de la guerre.

HECTOR.

Troïle, je ne veux pas que vous combattiez aujourd'hui.

TRAGÉDIE.

TROILE.

Qui pourroit m'en empêcher? Non, ni la destinée, ni le devoir de l'obéissance, ni le bras de Mars, quand il me feroit le signal de la retraite avec son glaive enflammé, ni Priam & Hécube à mes genoux, tout inondés de leurs larmes; ni vous, mon frere, votre brave épée nue & pointée contre moi pour m'arrêter, ne pourroient me fermer le chemin aux combats, que par ma destruction.

SCÈNE XVI.

Les mêmes. CASSANDRE *revient avec Priam.*

CASSANDRE.

Emparez-vous de lui, Priam: retenez-le. Il est le soutien de votre vieillesse: si vous le perdez, vous qui êtes appuyé sur lui, & Troye entière, qui l'est sur vous, vous tombez tous ensemble.

PRIAM.

Allons, Hector: allons, reviens sur tes pas: ton épouse a eu des songes: ta mere a été obsédée de spectres menaçans ; Caffandre prévoit l'avenir ; & moi-même je me fens faifi foudain d'un tranfport prophétique, pour t'annoncer, que ce jour eft finiftre : ainfi, reviens fur tes pas.

HECTOR.

Enée eft au champ de bataille : & ma parole eft engagée avec plufieurs Grecs, par la foi facrée de la valeur, de me préfenter ce matin devant eux.

PRIAM.

Tu n'iras point.

HECTOR.

Je ne dois pas violer ma foi. Vous me connoiffez plein de foumiffion & d'obéiffance : ainfi, cher & vénérable Priam, ne me forcez pas à outrager le refpect : mais accordez-moi la grace de fuivre avec votre fuffrage & de votre confentement, le chemin de l'honneur, que vous voulez m'interdire.

CASSANDRE.

Priam, ne cédez pas à fa demande.

ANDROMAQUE.

Oh ! non mon tendre pere.

HECTOR.

Andromaque, vous m'indifpofez contre vous: au nom de l'amour que vous me portez, rentrez.
(*Andromaque obéit & fort.*)

TROILE *montrant Caſſandre.*

C'eſt cette fille infenſée, occupée de ſonges, & livrée à la ſuperſtition, qui crée tous ces vains préſages.

CASSANDRE.

Adieu, cher Hector. Vois, comme te voilà mourant! comme tes yeux s'éteignent! comme ton ſang coule par mille bleſſures! Ecoute les gémiſſemens de Troye, les clameurs d'Hécube: comme la malheureuſe Andromaque exhale ſa douleur dans ſes cris aigus! Contemple le déſeſpoir, la frénéſie, la conſternation, comme des ſtatues ſtupides de douleur, s'abordant, & criant tous: Hector! Hector eſt mort! ô Hector!

TROILE.

Loin de nous! — Retirez-vous.

CASSANDRE.

Adieu! — Non: arrêtons. Hector: je prends congé

de toi : tu te trompes toi-même, & notre Troye est la victime de ton erreur.

(*Elle sort.*)

HECTOR à *Priam*.

Vous êtes consterné, mon Souverain, de ses exclamations. Rentrez, & rassurez les habitans : nous allons sortir pour combattre, & faire des exploits dignes de louanges, que nous vous raconterons ce soir.

PRIAM.

Adieu, que les Dieux t'environnent & protégent tes jours ! (*Priam sort.*)

(*On entend des allarmes de guerre.*)

TROILE.

Les voilà à l'action : écoutez ! — Présomptueux Diomède, sois sûr, que je viens pour perdre ce bras, ou regagner mon gage.

SCÈNE XVII.

SCÈNE XVII.

La Scène se passe entre Troye & le Camp des Grecs.

(*Une allarme.*) THERSITE *seul.*

Ils sont maintenant à se quereller l'un l'autre : je veux aller voir cela. Cet abominable hypocrite, ce faquin de Diomède a planté sur son casque la manche de ce jeune imbécille de Troye, de cet amoureux extravagant : je serois bien curieux de les voir aux prises, & que ce jeune sot de Troyen, qui aime cette vile créature qui est là, pût envoyer ce maître coquin de Grec, ce sale débauché avec sa manche, vers sa fourbe & lascive créature, lui porter un message funeste. D'un autre côté, la politique de ces fourbes & déterminés canailles ; Nestor, ce vieux reste de fromage sec & rongé des rats, & ce chien de renard d'Ulysse... ils ne valent pas une mûre de haye : ils ont, par finesse, opposé cet animal féroce, Ajax, à cet autre dogue d'aussi mauvaise race, Achille, & celui-ci ne s'armera pas aujourd'hui : les Grecs mécontens commencent à être tentés d'invoquer la barbarie & l'ignorance : la politique a bien perdu dans leur esprit. Doucement — Voici la manche, & l'autre aussi, qui viennent.

SCÈNE XVIII.
THERSITE, DIOMÈDE, TROILE.

TROILE.

Ne fuis pas : car tu passerois le fleuve du Styx, que je me jetterois à la nage sur ta trace.

DIOMÈDE.

Tu te méprens sur ma retraite : je ne fuis pas. C'est le soin de mon avantage & de ma gloire qui m'a fait me retirer de la mêlée : à toi.

(*Ils sortent en combattant.*)

THERSITE.

Soutiens ta prostituée, Grec : — Allons, bravo pour ta prostituée, Troyen ; allons ; la manche, la manche !

SCÈNE XIX.
THERSITE, HECTOR.

HECTOR.

Qui es-tu, Grec? Es-tu fait pour te mesurer avec Hector? Es-tu noble? As-tu de l'honneur?

THERSITE.

Non, non. Je suis un misérable; un pauvre bouffon qui n'aime qu'à railler; un vrai vaurien.

HECTOR.

Je te crois. Vis.
(Il sort.)

THERSITE.

Les Dieux soient loués, de ce que tu veux bien m'en croire. Mais que la peste t'étrangle, pour m'avoir effrayé! Que sont devenus ces champions d'amourettes? Je crois, qu'ils se sont avalés l'un l'autre: je rirois bien de ce miracle. Cependant, en quelque façon, la débauche se dévore elle-même. Je vais les chercher.
(Il sort.)

SCÈNE XX.

DIOMEDE, UN VALET.

DIOMÈDE.

Va, pars, prends le cheval de Troïle : présente ce beau coursier à ma belle Cresside : songe à vanter mes services à cette belle ; dis-lui que j'ai châtié l'amoureux Troyen, & que je suis son chevalier, & que j'en ai fait les preuves.

LE DOMESTIQUE.

Je pars, Seigneur.

SCÈNE XXI.

Les mêmes. **AGAMEMNON.**

AGAMEMNON.

Renouvellez, renouvellez le combat. Le fougueux Polydamas a terrassé Menon. Le bâtard Margarelon a fait Dorée prisonnier ; & debout comme un

TRAGÉDIE.

coloffe, il brandit fa lance fur les corps écrafés des Rois Epiftrophe & Cedius : Polixènes eft tué ; Amphimaque & Thoas font bleffés à mort. Patrocle eft pris ou tué ; Palamède eft cruellement bleffé & meurtri : le terrible Sagittaire (†) épouvante nos foldats : hâtons-nous, Diomède, de voler à leur fecours, ou nous périrons tous.

SCÈNE XXII.

Les mêmes. NESTOR.

ALLEZ, portez à Achille le corps de Patrocle, & dites au lent & pareffeux Ajax de fe hâter de s'armer, s'il eft fenfible à la honte. Il y a mille Hector dans le champ de bataille. Ici il combat fur fon courfier Galathe; & bientôt il manque de victimes : auffitôt il combat ailleurs à pied, & tous fuyent ou meurent, comme une multitude de poiffons fuyans par troupes devant la baleine vomiffante. Il reparoît plus loin, & là les Grecs légers &

(†) C'étoit, fuivant le Livre ou Roman de la *Deftruction de Troye*, une bête prodigieufe, qui avoit le bufte d'un homme & le derrière d'un cheval, les yeux rouges comme des charbons, & qui tiroit de l'arc à merveille. THÉOBALD.

mûrs pour son glaive, tombent par rangées sous
ses coups, comme l'herbe sous la faux : il va, vient,
quitte, & revient, avec une légéreté si fidèle à sa
volonté, que tout ce qu'il veut, il l'accomplit : &
il en fait tant, que ce qu'il a exécuté, paroît encore
impossible.

SCÈNE XXIII.
Les mêmes. ULYSSE.

ULYSSE.

Courage, courage, Princes ! Le grand Achille s'arme, en pleurant, en maudissant, en faisant vœu de vengeance. Les blessures de Patrocle ont réveillé son sang assoupi, ainsi que la vue de ses Myrmidons qui, mutilés, hachés & défigurés, sans nez, sans mains, courent à lui en criant après Hector. Ajax a perdu un ami, & il est tout écumant de rage, il est armé, & il rugit après Troïle ; qui a fait aujourd'hui des prodiges de témérité & d'extravagance : s'engageant sans cesse dans la mêlée, & s'en retirant toujours, avec une fougue sans précaution, & comme si la fortune, en dépit de toute prudence, lui disoit de tout vaincre & de tout conquérir.

SCÈNE XXIV.

Les mêmes. AJAX.

AJAX *furieux & cherchant Troïle.*

Troile! lâche Troïle.
(*Il sort.*)

DIOMÈDE.

Oui, par-là, par-là.

NESTOR.

Allons, allons, nous partons ensemble.
(*Ils sortent.*)

SCÈNE XXV.

ACHILLE.

Où est cet Hector ? Allons, viens, oppresseur de foibles enfans, montre-moi ta face. Apprens ce que c'est que d'avoir affaire à Achille irrité. Hector! où est-il, Hector ? Je ne veux combattre qu'Hector.

SCÈNE XXVI.

La Scène repréſente une autre partie du Champ de bataille.

AJAX *reparoît.*

Troile, lâche Troïle : montre donc ta tête.

DIOMÈDE *arrive.*

Troïle, dis-je ! où eſt Troïle ?

AJAX.

Que lui veux - tu ?

DIOMÈDE.

Je veux le châtier.

AJAX

Je ſerois le Général, que tu m'arracherois ma dignité, avant que je te laiſſaſſe ce ſoin. — Troïle ! dis-je ? Troïle !

SCÈNE XXVII.

SCÈNE XXVII.
Les mêmes. TROILE.

TROILE.

O traître Diomède! tourne ton visage perfide, insigne traître, & paye-moi ta vie, que tu me dois pour m'avoir enlevé mon cheval!

DIOMÈDE.

Ha! te voilà enfin?

AJAX.

Je veux le combattre seul: arrête, Diomède.

DIOMÈDE.

Il est ma proye: je ne resterai pas spectateur oisif.

TROILE.

Venez tous deux, Grecs perfides (†): à tous deux,
(*Ils sortent en combattant.*)

(†) *Græcia mendax.* — *Græcorum ingenia, ad fallendum parata sunt.* CICÉRON.

SCÈNE XXVIII.

HECTOR *appercevant Troïle en action.*

Oui, c'est toi, Troïle? oh, tu as vaillamment combattu, mon plus jeune frere.

ACHILLE *paroît.*

Enfin, je t'apperçois—Allons, défens-toi, Hector!

(Ils combattent.)

HECTOR *à Achille, dont les armes sont mal préparées.*

Arrête, si tu veux.

ACHILLE.

Je dédaigne ton galant procédé, orgueilleux Troyen. Jouis de ton bonheur, que mes armes ne puissent servir: ma négligence & mon repos te protégent en ce moment : mais bientôt tu entendras parler de moi ; en attendant, va, suis ta fortune.

HECTOR.

Adieu. J'aurois voulu t'offrir en moi un adver-

faire plus frais & plus difpos, fi je t'eufſe attendu.
(*Troïle reparoît.*)

Hé bien, mon frère?

TROILE.

Ajax a pris Enée. Le fouffrirons-nous? Non: par les feux de ce Ciel brillant, il n'emmenera pas fon prifonnier; je ferai pris auſſi, ou je le ramenerai libre — Deftin, écoute ce que je t'adreſſe: peu m'importe, fi ma vie doit finir aujourd'hui. (*Il fort.*)

(*Paroît un autre Guerrier revêtu d'une armure brillante.*)

HECTOR.

Grec, arrête, arrête: tu offres un but brillant à mon bras. — Non? tu ne veux pas m'attendre? Je fuis épris de ton armure: je veux la brifer & en faire fauter toutes les agraffes, jufqu'à ce que j'en fois maître. (*L'autre fuit.*) Tu ne veux pas refter, animal inconnu de moi? Hé bien, fuis devant moi, je vais te faire la chaffe pour avoir ta dépouille.

SCÈNE XXIX.

La Scène est toujours dans la même partie de la plaine.

ACHILLE *sur son Char, ses Myrmidons le suivent.*

Vous, mes guerriers, approchez, faites un cercle autour de moi, & retenez bien l'ordre que je vais vous donner. Suivez mon char. Ne frappez pas un seul coup : mais tenez-vous en haleine, & lorsqu'une fois j'aurai trouvé le sanglant Hector ; environnez-le de vos armes : soyez cruels & ne ménagez rien. — Suivez-moi, amis, & voyez-moi agir. C'est un parti arrêté : il faut que le grand Hector périsse.

SCÈNE XXX.

Du même côté de la Plaine.

THERSITE, MÉNÉLAS,
PARIS.

THERSITE.

Voila l'époux déshonoré, & le ravisseur de son infidèle aux prises. Allons, taureau ! allons, dogue ! allons, Pâris ! allons : courage mon moineau à double femelle : allons, Pâris ! allons. Le taureau a l'avantage : gare les cornes : hola !

(*Pâris & Ménélas sortent.*)

MARGARELON *survient.*

Tourne-toi, esclave, & combats.

THERSITE.

Qui es-tu ?

MARGARELON.

Un fils bâtard de Priam.

THERSITE.

Je suis un bâtard auſſi. J'aime les bâtards : je suis bâtard de naiſſance, bâtard d'éducation, bâtard dans l'ame, bâtard en valeur, illégitime en tout. Un loup (†) n'en mord pas un autre; pourquoi donc les bâtards se feroient-ils du mal? Prenez-y garde : la diſpute seroit fatale à nous deux. Si le fils d'une catin combat pour une catin, il tente & provoque la vengeance. Adieu, bâtard.

MARGARELON.

Que le Démon te ſaiſiſſe, lâche !

(*Ils ſortent.*)

———

(†) *Sævis inter ſe convenit urſis.* JUVENAL.

TRAGÉDIE.

SCÈNE XXXI.

Le Théâtre représente une autre partie de la Plaine.

HECTOR *(rapportant l'armure qu'il se proposoit d'enlever dans une Scène précédente.)*

Cœur gangréné, sous de si brillans dehors, ta belle armure t'a donc coûté la vie ! A présent ma tâche de ce jour est finie ; je vais reprendre haleine : repose-toi, mon épée. Tu es rassasiée de sang & de carnage.

SCÈNE XXXII.

ACHILLE *survient à la tête de son bataillon.*

ACHILLE.

Regarde, Hector, vois : le soleil est prêt à se coucher ; vois comme la nuit hideuse suit la trace de l'aſtre, au moment où il va s'abaiſſer ſous l'horiſon, & faire place aux ténèbres, pour fermer le jour : la vie d'Hector va s'éteindre.

HECTOR.

Je ſuis déſarmé (†). N'abuſe pas de cet avantage, Grec.

ACHILLE.

Frappez, ſoldats, frappez : c'eſt lui que je cherche. (*Hector tombe.*) Ilion, tu vas tomber après lui; Troye, tombe en ruines. Ici réſident ton cœur, tes nerfs, & ta vigueur. — Allons, Myrmidons. Et criez tous de toutes vos forces, *Achille a tué le puiſſant Hector.* — Ecoutez : on ſonne la retraite du côté des Grecs.

UN MYRMIDON.

Les trompettes de Troye la ſonnent auſſi, Seigneur.

ACHILLE.

La nuit portée ſur ſes dragons aîlés s'étend ſur la terre, & comme un arbitre (§), elle ſépare les

---

(†) Cette circonſtance eſt priſe des Romans Anglois de la deſtruction de Troye, & non d'Homère.

(§) *Stickler.* Celui qui ſe tenoit près des deux champions, pour les ſéparer, quand la victoire pouvoit ſe décider ſans effuſion de ſang. STEEVENS.

armées.

armées. Mon épée à demi rassasiée, auroit voulu se gorger de sang : mais satisfaite de ce mêts friand, elle consent à aller se reposer. — Allons, liez son corps à la queue de mes chevaux : je veux traîner ce Troyen le long de la plaine.

(*On sonne la retraite. Ils sortent, on entend une acclamation.*)

SCÈNE XXXIII.

AGAMEMNON, AJAX, MÉNÉLAS, NESTOR, DIOMÈDE, & *les autres Guerriers en marche.*

AGAMEMNON.

Ecoutez, écoutez ! Quel est ce cri général ?

NESTOR.

Silence, tambours.

UN CRI.

Achille ! Achille ! Hector est tué ! Achille !

DIOMÈDE.

Le cri est : *Hector est tué, & par Achille.*

AJAX.

Si cela est, qu'il ne s'en énorgueillisse pas. Le grand Hector étoit un aussi brave guerrier que lui.

AGAMEMNON.

Marchons à pas lents — Qu'on dépêche quelqu'un, pour prier Achille de venir nous trouver dans notre tente. Puisque les Dieux nous ont marqué leur faveur dans la mort d'Hector ; la fameuse Troye est à nous, & nos sanglantes guerres sont finies.

(*Ils sortent.*)

SCÈNE XXXIV.

Le Théâtre représente une autre partie du Champ de bataille.

ÉNÉE, *suivi des Troyens.*

Arrêtez : nous sommes maîtres du champ de bataille : ne rentrons jamais dans nos foyers : restons ici toute la nuit.

TRAGEDIE.

TROILE *arrive*.

Hector est tué.

TOUS LES TROYENS.

Hector ? — Que les Dieux nous en préservent!

TROILE.

Il est mort ; & attaché à la queue des chevaux de son meurtrier, comme le plus vil des animaux, il est traîné le long de la plaine, indignée de cette barbarie. Cieux, courroucez-vous, achevez d'accomplir votre vengeance. Asseyez-vous, Dieux, sur vos trônes, & frappez Troye du même coup : je vous en conjure : montrez votre clémence dans la rapidité de nos désastres, & ne prolongez point notre destruction inévitable.

ÉNÉE.

Seigneur, vous découragez toute l'armée.

TROILE.

Vous, qui me parlez ainsi, vous ne me comprenez pas. Je ne parle pas de fuite, de crainte, ou de mort : mais je brave tous les dangers, tous les maux dont nous menacent les hommes & les Dieux. Hector n'est plus ! Qui l'annoncera à Priam, ou à Hécube ? Que celui, qui voudra être regardé comme l'oiseau le plus finiftre & le plus odieux, aille à Troye, & dife dans fes rues: *Hector eft mort*. Ce mot changera Priam en pierre; & les époufes & les jeunes filles en fontaines, ou comme Niobé, en froides & infenfibles ftatues, & jettera Troye entière dans la confternation. Mais allons, marchons. Hector eft mort: il n'y a rien de plus à dire: arrêtez encore — Exécrables tentes, plantées fur les plaines de Phrygie, que Titan fe lève auffitôt qu'il voudra l'ofer, je vous pénétrerai d'un bout à l'autre. Et toi, Achille, lâche Géant, nul efpace de terre ne féparera nos deux haînes: je t'obféderai, comme le remords obsède une confcience coupable, qui crée autant de fpectres que l'imagination enfante de penfées. Donnez le fignal d'une marche alègre vers Troye: prenons courage & marchons: l'efpoir de la vengeance couvrira nos maux intérieurs.

(*Enée fort avec les Troyens.*)

SCÈNE XXXV.

PANDARE *paroît*.

M'ENTENDEZ-VOUS, Seigneur, m'entendez-vous ?

TROILE.

Qu'y a-t-il ?

PANDARE.

Voici une lettre de cette pauvre infortunée.

TROILE *la prend*.

Voyons.

PANDARE.

Une maudite ptisie, une damnable ptisie me tourmente tant, avec le malheureux sort de cette pauvre infortunée ; & mille autres peines, que je serai forcé de vous quitter un de ces jours : & j'ai aussi une fluxion dans les yeux ; & tant de douleurs dans mes os, qu'à moins qu'un homme ne soit maudit, on ne sauroit dire quelle autre chose ce peut être. — Que vous dit-elle dans cette lettre ?

TROILE.

Des mots, des mots, de vains mots: rien du cœur (*Déchirant la lettre.*) Les actions suivent un autre cours. — (*Il en jette les lambeaux aux vents.*) Allez, vent, mêlez-vous aux vents, & partagez son inconstance. — Elle nourrit toujours mon amour de paroles & d'illusions; mais elle gratifie un autre des effets.

PANDARE.

Mais, écoutez-moi.

TROILE.

Loin de moi, vil entremetteur! Que la honte & l'ignominie poursuivent ta vie, & ne se séparent jamais de ton nom.

(*Troïle sort.*)

TRAGÉDIE.

SCÈNE dernière.

Formant une espèce d'Epilogue.

PANDARE seul.

Voila un excellent topique pour mes douleurs! O monde, monde, monde! c'est ainsi que le pauvre agent est méprisé! O fourbes intrigans d'amour, avec quelles protestations on vous presse d'agir, & comme on vous en récompense mal! Pourquoi donc nos efforts sont-ils si recherchés, & nos succès si dédaignés? Quelle est la raison de cette conduite? Voyons

> L'humble abeille bourdonne joyeusement
> Tant qu'elle conserve son miel & son aiguillon.
> Mais est-elle vaincue & son dard émoussé?
> Adieu son miel, & ses doux bourdonnemens.

Serviteurs complaisans des amours, écrivez cette leçon sur vos tapisseries.

Vous tous qui dans cette Assemblée êtes mes Confreres de débauche, que vos yeux à demi sortis de leur orbite, pleurent la chûte de Pandare; ou si vous ne pouvez pleurer, du moins donnez-lui quelques gémissemens, & si ce n'est pas pour moi, que ce soit pour les douleurs de nos nerfs usés, vous freres & sœurs, qui faites métier de veiller à la porte.

Dans deux mois d'ici environ, mon testament sera fait.
Il le seroit même déjà, sans cette crainte que j'ai,
Que quelque maligne oye d'Winchester (†) ne le sifflât:
Jusqu'à ce moment, je vivrai dans le régime, & chercherai mes aises:
Et l'instant venu, je vous lègue mes maladies.

(*Il sort.*)

(†) Les Filles de joie étoient anciennement sous la Jurisdiction de l'Evêque de Winchester. POPE.

Cette Pièce est une des plus correctement écrites de Shakespéar; ce n'est pas celle où il y a le plus d'imagination & d'invention. Mais les caractères en sont variés, & bien soutenus. Ses caractères vicieux peuvent dégoûter, mais ne peuvent pas corrompre. Cresside est méprisée, & Pandare est détesté.
JOHNSON.

Fin du cinquième & dernier Acte.

NOTES

TRAGÉDIE. 281

NOTES

SUR LA TRAGÉDIE

DE

TROÏLE ET CRESSIDE.

ACTE PREMIER.

(1) Les Héros d'Homère n'ont jamais combattu à cheval : cependant quelques-uns d'eux, qui ont reparu dans l'Enéïde, avoient, ainsi que les Rutules, de la cavalerie dans leurs troupes. On ne peut rien conclure de la manière dont Ascagne & la jeune Noblesse de Troye sont introduits à la fin des Jeux Funèbres, parce que Virgile vouloit vraisemblablement, aux dépens d'un Anachronisme, faire un compliment sur les Exercices Militaires établis par Jules-César, & perfectionnés par Auguste. Il paroit par différens passages de cette Pièce, que Hector combat à cheval, & il faut se souvenir que Shakespéare a emprunté quelques matériaux d'un livre qui compte Esdras & Py-

Tome XVII. Premiere Partie.   M m

thagore parmi les enfans bâtards du Roi Priam. Shakespéare auroit pu être induit dans cette erreur, par la manière dont Chapman a traduit plusieurs parties de l'Iliade, où l'on voit les Héros monter dans leurs chars, ou en descendre. *Steevens.*

(2) » On a, dit M. Pope, ajouté, *Alexandre*, dans toutes » les Éditions fort absurdement ; car Pâris n'est pas alors » sur la Scène «. Mais pourquoi le Valet de Cressidene pourroit-il pas s'appeller Alexandre aussi ? Pâris n'avoit pas le privilége exclusif de porter ce nom. Peut-être que, comme nous avons eu Alexandre le Grand, le Pape Alexandre, & Alexandre Pope, ce dernier n'a pas voulu prostituer un si beau nom à un malheureux Valet. *Théobald.*

(3) Ulysse commence son discours par louer ceux qui avoient parlé avant lui, & marque les différens caractères qui distinguent leur éloquence, la force, & la douceur; ce qu'il exprime par la différence des métaux, sur lesquels il exhorte à graver leurs harangues pour l'instruction de la postérité. Celle d'Agamemnon doit selon lui être gravée sur le cuivre, & la table être suspendue & soutenue d'un côté par la Grèce, & de l'autre par Agamemnon, pour marquer l'unanimité de leur opinion : Nestor doit être représenté en argent, réunissant toute l'assemblée dans un seul & même avis, par sa douce élocution. Nous appellons une voix douce, *une voix d'argent*, une langue persuasive, *une langue d'argent*. Hacher, est un terme de Gravure. *Johnson.*

Il y a dans le discours d'Agamemnon une allusion à l'ancienne coutume de graver les Loix & les Registres publics

TRAGÉDIE.

fur le cuivre, & d'en fufpendre les tables aux murs des Temples & autres lieux publics. *Tyrwhitt.*

Steevens penfe que, *haché en argent*, peut fignifier, » dont » la chevelure & la barbe font paroitre Neftor comme une » figure gravée fur l'argent «. — *A bond of Air*, lien d'air ; l'influence de fa voix étoit vifible dans fes effets, quoique fa voix, comme l'air, fût invifible.

(4) On étoit à la feptième année du Siége de Troye, & Enée devoit connoître Agamemnon. Mais Shakefpéare qui conferve exactement les caractères, confond ordinairement les coutumes de toutes les Nations, & il femble fuppofer ici, que les Anciens, comme les Héros de la Chevalerie, combattoient, la vifière de leur cafque abbaiffée ; ou peut-être a-t-il pris cette erreur des enlumineurs de manufcrits, lefquels femblent n'avoir jamais eu la moindre idée des coutumes, des coftumes plus anciens que ceux de leur tems. Il y a dans le Mufæum des livres du tems de Henri VI, & l'on y voit les Héros de l'ancienne Grèce habillés fuivant la mode du fiècle, où ces livres ont reçu leurs ornemens. *Steevens.*

Voici l'Hiftoire de l'aventure de Troïle & Creffide.

Calchas autem, Trojanorum Antiftes, qui, mandantibus Diis, relictis Trojanis, Græcis adhæferat, quamdam filiam fuam habebat, multæ pulchritudinis & morum Venuftate confpicuam, quæ Brifeida communi nomine vocabatur. Hic Calchas pro prædictâ filiâ fuâ Brifeida regem Agamemnon & alios Græcorum reges follicitè deprecatur, ut prædictam filiam fuam à Rege Priamo, fi placet, exposcant, ut eam restituat Patri suo; qui eidem Regi Priamo preces plurimas obtulerunt. Sed Trojani contra Calcam Antistitem multum impugnant, asserentes eum esse nequissimum proditorem & ideò morte dignum. Sed Rex Priamus ad petitionem Græcorum inter commutationem Antenoris & Regis Thoas Briseida Græcis voluntariè relaxavit. Treugâ igitur durante Hector ad Græcorum castra se contulit. Quem Achilles libenter inspicit, cum nunquam viderit eum inermem, & in ejus tentoriis Hector in suorum multorum Nobilium comitiva, Achille petente, descendit.

Troilus verò postquam agnovit de sui patris procedere voluntate de Briseida relaxandâ & restituendâ Græcis, quam multo amoris ardore juveniliter diligebat, nimio calore ductus amoris in desiderativâ virtute igneæ voluntatis multo dolore deprimitur & torquetur, funditur que quasi totus in lacrimis, anxiosis suspiriis & lamentis. Nec est, qui ex caris ejus eum valeat consolari. Briseida verò, quæ Troilum non minoris ardoris amore diligere videbatur, non minùs in voces querulas prodit suos dolores, cùm tota sit fluvialibus lacrimis madefacta; sic quòd continuis aquosis imbribus ab oculorum suorum fonte stillantibus vestes suas & faciem adspersit, ità quòd vestes ejus tanto erant lacrimarum perfusæ liquore, ac si prementis alicujus manibus stringerentur & aquarum multitudinem effunderent in strictura. Unguibus etiam suis tenerrima ora dilacerabat & aureos crines suos à lege ligaminis absolutos à lacteâ sui capitis cute divellit. Et dum rigidis unguibus suas maxillas exarat, rubeo cruore pertinctas, lacerata lilia laceratis rosis immisceri similitudinariè videbantur. Quæ dum queritur de suâ separatione à dilecto suo Troilo, sæpius intermoritur inter brachia eam volentium fustinere, dicens, se malle mortem appetere quam vitâ potiri, ex quo eam ab eo separare necesse est, à cujus vitæ suæ solatia dependebant. Noctis igitur superveniente caligine, Troilus se contulit ad Briseidam, eam flebilibus monet in lacrimis, ut à tanto se debeat temperare dolore. Et dùm sic eam consolari Troilus anhelat, Briseida inter brachia Troili labitur sæpiùs semiviva. Quam inter dulcia basia, lacrimis irrorata flebilibus, ad vires sui sensus eâ nocte reducere est conatus. Sed diei horâ quasi superveniente vicinâ, Troilus à Briseida in multis anxietatibus & doloribus discessit & eâ relictâ ad sui palatii regna properavit. Sed, ô Troile, quæ te tam juvenilis errare coëgit credulitas, ut Briseidæ lacrimis crederes deceptivis & ejus blanditiis? Sanè omnibus mulieribus est insitum à naturâ ut in eis non sit aliqua firma constantia; quarum si unus oculus lacrimatur; ridet earum alius oculus ex transverso; quarum mutabilitas & varietas eas ad illudendos viros semper inducit; & cum magis signa amoris viris ostendunt, statim sollicitatæ per alium, amorem sui demonstrantes variant & commutant repente instabilem. Et si fortè nullus sollicitator earum appareat, ipsum ipsæ dum incendunt, vel dum vagantur sæpiùs in fenestris, vel dum resident in plateis furtivis aspectibus clandestinè sibi quærunt. Nulla spes est reverâ tam fallax, quàm ea quæ residet in mulieribus & procedit ab eis. Unus fatuus ille juvenis censeri potest, & multò fortiùs ætate profectus, qui in mulierum blanditiis fidem gerit & earum demonstrationibus sic fallacibus se committit. Briseida igitur de mandato Regis Priami in magno apparatu se accingit ad iter. Quam Troilus & multi alii nobiles de Trojanis per magnum viæ spatium commearunt. Sed Græcis advenientibus ad recipiendum eamdem, Troilus & Trojani redeunt & Græci eam in suo recipiunt comitatu. Inter quos dum esset Diomedes & illam Diomedes infpexisset, in flammam statim venerei amoris exarsit, & eam vehementi desiderio concupivit. Qui cum collateralis associando Briseidam cum eâ insimul equitaret, sui amoris flammam continere non valens, Briseidæ revelat sui æstuantis cordis amorem. Quam ut multis affectuosis sermonibus & blanditiis, nec non promissionibus reverâ magnificis allicere satis humiliter est conatus. Sed Briseida in ipsis primis motibus, ut mulierum est moris, suum præstare recusavit assensum, nec tamen passa est, quin post multa Diomedis verba ipsum nolens à spe suâ dejicere, verbis humilibus dixit ei: amoris tui oblationem ad præsens nec repudio nec admitto, cum cor meum non sit ita dispositum, quod tibi possim aliter respondere. Ad cujus verba Diomedes satisfactus est hilaris, cum ex eis persenserit de spe gerendâ in eam usque ad locum quo Briseida recipere in sui patris tentoria se debebat. Et eâ perveniente ibidem, ipse eam ab equo descendens promptus adivit, & unam de Cirothecis quam Briseida gerebat in manu ab ea nullo percipiente furtivè subtraxit. Sed cum ipsa sola persenserit, placitum furtum dissimulavit amantis. Tunc Antistes Calcas in filiæ accursum advenit & eam in vultu & animo satis hilari in tentorium suum recepit. Et Diomedes, licet amore Briseidæ nimium fluctuaret, tamen amor & spes eum in multo labore sui cordis impugnant. Briseida verò sola existens cum antistite patre suo, ipsum duris verbis aggreditur in multitudine lacrimarum dicens ei: quomodo, pater carissime, infatuatus extitit sensus tuus, qui tantâ vigere sapientiâ consuevit, ut te, qui tantum inter Trojanos magnificatus extiteras, & elevatus, cum fuisses factus eorum tanquam Dominus & solus eorum in omnibus gubernator, qui tantis inter eos divitiis abundabas, tantarum possessionum multiplicatione suffultus &

eorum etiam nunc factus proditor, & tuam negasti patriam, cujus esse defensor in omnibus debuisti, & nunc elegisti melius tibi placere, abjurando patriam, in paupertate & exitio vivere, &c.

In adventu igitur Briseidæ, Græcis placuit universis ipsius Briseidæ tam formosus aspectus, cum ad ejus replacidam visionem omnes majores Græcorum exercitus accessissent, quærentes ab eâ de Trojanâ civitate rumores, & ejus civium continentiam, nec non & Regis eorum, quos Briseida in multâ verborum facundiâ pandit eis. Quare omnes majores ipsam in filiali affectione recipiunt, promittentes ei, eam habere caram ut filiam, & ipsam in omnibus honorare. Et eis ab eâ recedentibus, multis donis & muneribus replent eam. Nondum illa dies ad horas declinaverat vespertinas, cum jam Briseida suas recenter mutaverat voluntates & vetera proposita sui cordis, & jam magis sibi succedit advotum esse cum Græcis, quam fuisse hactenus cum Trojanis. Jam nobilis Troili amor cœpit in suâ mente tepescere & tam brevi horâ repente sic subito facta volubilis cœperat in omnibus variari.

Tunc cum ille Diomedes supervenit bellicosus, multâ gente suffultus, quam repentè in Troilum irruit, & ipsum ab equo prosternit; ab eo auferens equum suum, quem per suum nuntium specialem ad Briseidam in exenium destinavit, mandans nuntio suo prædicto, ut Briseidæ nuntiet, ipsum equum Troili fuisse dilecti à quo Troilum ipse dejecit in suorum bellicosâ fortitudine brachiorum & eam deprecetur humiliter, quod Diomedem servum suum à suâ memoriâ non repellat. Nuncius igitur statim cum ipsius equi dono ad Briseidam celeriter festinavit, equum sibi obtulit à Diomede transmissum & verba, quæ dixit sibi Diomedes, fideliter narrat illi. Briseida verò recepit hilariter equum ipsum & ipsi nuntio dixit hæc verba : dic securè Domino tuo, quòd illum ego habere odio non possum, qui me tanta puritate sui cordis affectat. Ad hæc nuntius recedit ab ipsâ & ad Dominum properavit, ad huc conflictu belli durante. Ex hilaratus igitur Diomedes ad verba nuntii inter acies bellicosas discurrit, Trojanis insistentibus contra Græcos,

TROILE.

TRAGÉDIE.

TROILE ET CRESSIDE,

RETRANCHEMENS.

(*) ACTE PREMIER.

SCÉNE VI.

CRESSIDE.

Oui, un homme haché en chair en pâté, & qui doit être cuit sous dattes (†) dans le pâté — Car alors adieu la date de l'homme.

PANDARE.

Vous êtes une si 'étrange femme, qu'on ne sait jamais sur quel sens vous vous couchez.

CRESSIDE.

Sur le dos, pour défendre mon ventre; sur mon esprit, pour défendre mes finesses; sur mon secret, pour

---

(†) Les dattes étoient un ingrédient qui entroit dans presque toute l'ancienne pâtisserie : d'où cette mauvaise équivoque.

STEEVENS.

défendre mon honneur; mon masque sert à défendre ma beauté; & vous, à défendre tout cela. Et je me couche sur toutes ces gardes.

PANDARE.

Dites-nous une de vos gardes.

CRESSIDE.

Je ferai la garde pour cela même; & c'est aussi là une de mes meilleures gardes. Si je ne peux garder ce que je ne voudrois pas avoir touché, je puis du moins faire si bonne garde, qu'on ne puisse pas dire, que j'aye été touchée; à moins que l'objet ne soit si enflé & si gros, qu'on ne puisse le cacher, & alors il est impossible de le garder.

TRAGÉDIE.

(*) ACTE II.

SCÈNE PREMIÈRE.

Le Théâtre repréfente le Camp des Grecs.

AJAX, THERSITE.

AJAX.

Thersite?

THERSITE (*à part foi.*)

Agamemnon — S'il avoit des ulcères par tout le corps, généralement.

AJAX.

Therfite?

THERSITE.

Et que ces ulcères fourniffent de la matière? Suppofons que cela fût: le Général ne donneroit-il pas de la matière alors? Ne feroit-ce pas un amas d'ulcères?

AJAX.

Chien.

THERSITE.

Alors il fortiroit de lui du moins quelque matière; & jufqu'à préfent je ne lui vois produire aucune chofe.

AJAX.

Toi, race de chien-loup, ne peux-tu pas m'entendre ? Hé bien, voyons si tu me sentiras. (*Il le frappe.*)

THERSITE.

Que la peste de la Grèce (†) te saisisse, toi, noble métis, (§) à l'esprit de bœuf.

AJAX.

Parle donc levain chanci, & plein de malignité, réponds : je te battrai jusqu'à ce que tu deviennes un bel homme.

THERSITE.

C'est moi plutôt qui te raillerai jusqu'à ce que tu ayes de l'esprit & de la piété : mais je crois que ton cheval aura plutôt appris une oraison par cœur, que tu n'auras pu apprendre une prière sans livre. Tu peux frapper, le peux-tu ? Que la rouge peste te saisisse pour tes âneries !

AJAX.

Excrément de crapaud, apprends-moi l'objet de la proclamation qu'on a faite dans le Camp.

THERSITE.

Penses-tu, que je sois sans sentiment, pour me frapper de la sorte ?

(†) Il fait sans doute allusion à la peste dont Appollon affligea l'armée des Grecs. JOHNSON.

(§) *Mungrel* signifie proprement le fruit de deux animaux de différente espèce.

AJAX.

La proclamation.

THERSITE.

Tu es, je crois, proclamé fol.

AJAX.

Ne me, porc-épic, ne me.... : la main me démange.

THERSITE.

Je voudrois que tu fusses dévoré de démangeaisons de la tête aux pieds, & que ce fût moi qui fusse chargé de te gratter : je ferois de toi le plus dégoûtant galeux de la Grèce (†). Quand tu es à quelque expédition du dehors, tu es aussi lent à frapper qu'un autre.

AJAX.

La proclamation, te dis-je.

THERSITE.

Tu murmures & tu t'emportes à chaque instant contre Achille; & tu es aussi plein d'envie contre sa grandeur, que Cerbère est jaloux de la beauté de Proserpine ; oui, voilà ce qui te fait aboyer après lui.

AJAX.

Dame Thersite !

THERSITE.

Tu devrois le battre, lui.

(†). Allusion à l'éléphantiasis ou la lèpre des Grecs, décrite par Celse.

AJAX.

Lourde & informe masse (§).

THERSITE.

Il te mettroit en pièces, avec son poing, aussi aisément qu'un matelot brise son biscuit de mer.

AJAX *en le frappant de nouveau.*

Comment, infâme dogue !

THERSITE.

Courage, courage.

AJAX.

Sélette à sorcière (¶).

THERSITE.

Oui, va, va, Seigneur à l'esprit bouilli : tu n'as pas plus de cervelle dans la tête, qu'il n'y en a dans mon coude. Un petit ânon pourroit t'en remontrer. Toi, malin & vaillant baudet ; tu es mis ici pour battre les Troyens ;

(§) *Cob-loaf*: pain lourd & rabotteux.

(¶) Une manière de donner la question à une sorcière, c'étoit de la placer sur une chaise ou banc, les jambes liées en croix l'une sur l'autre, de sorte que le poids de tout son corps portât sur son derrière ; & par cette position, au bout de quelque tems la circulation du sang s'embarrassoit, & cette façon d'être assise devenoit aussi douloureuse, que le cheval de bois ; & comme elle restoit vingt-quatre heures dans cette situation, sans manger ni dormir, souvent pour se délivrer de cet affreux tourment, l'innocent s'avouoit sorcier, Que d'innocens sont sortis de là coupables ! GRAY.

& tu es la dupe & le jouet de ceux qui ont quelque sens commun, comme un esclave de Barbarie : si tu t'accoutumes à me battre, je commencerai à t'anatomiser depuis les talons, & je te dirai ce que tu es pouce par pouce, masse sans entrailles, oui!

AJAX.

Chien!

THERSITE.

Noble galeux.

AJAX *le battant*.

Chien!

THERSITE.

Idiot, suppôt de Mars! poursuis, féroce animal : poursuis, dromadaire, poursuis.

SCÈNE II.

Les mêmes. ACHILLE & PATROCLE.

ACHILLE.

Quoi, qu'y a-t-il donc, Ajax ? pourquoi le maltraites ainsi ? Thersite, réponds donc, quel sujet.... ?

THERSITE.

Vous le voyez, le voyez-vous ?

ACHILLE.

Oui, quel est le sujet....

THERSITE.

Voyez, regardez-le.

ACHILLE.

Oui, hé bien ; quel est le sujet ?

THERSITE.

Mais considérez-le bien.

THERSITE.

ACHILLE.

Hé bien ; je le fais.

THERSITE.

Mais non, vous ne le confidérez pas bien : car, pour qui que vous le preniez, c'eſt Ajax.

ACHILLE.

Je le fai bien, fou.

THERSITE.

Oui, mais ce fou ne ſe connoît pas lui-même.

AJAX.

C'eſt pour cela que je te bats.

THERSITE *riant*.

Ho, ho, ho : les pauvres petits ſignes de ſens commun qu'il donne ! voilà comme ſes ſaillies ont les oreilles longues. Je lui ai battu le cerveau, comme il a battu mes os. J'acheterai neuf moineaux pour un fol ; hé bien ! ſa pie mere ne vaut pas la neuvième partie d'un moineau. Ce Seigneur, Achille, cet Ajax... qui porte ſon eſprit dans ſon ventre, & ſes boyaux dans la tête ; Je veux vous apprendre ce que je dis de lui.

ACHILLE.

Hé bien, quoi ?

THERSITE.

Je dis, que cet Ajax....

(*Ajax s'avance pour le frapper de nouveau : Achille se met entr'eux d'eux.*)

n'a pas autant de sens commun....

(*Ajax veut se débarrasser des bras d'Achille.*)

ACHILLE.

Je vous tiendrai.

THERSITE *continuant sa phrase*.

...qu'il en faudroit pour boucher le trou de l'aiguille d'Hélène, pour laquelle il vient combattre.

ACHILLE.

Paix, fol.

THERSITE.

Je la voudrois avoir, la paix & le repos : mais ce fou ne le veut pas : tenez, c'est lui : le voilà ; voyez-le bien.

AJAX *toujours furieux*.

O détestable dogue ! je te....

ACHILLE.

Voulez-vous faire lutter votre esprit avec celui d'un fol!

THERSITE.

Non, je vous le garantis. Car l'esprit d'un fol feroit honte au sien.

PATROCLE.

Point d'injures, Patrocle.

ACHILLE.

Quel est donc le sujet de la querelle?

AJAX.

J'ai dit à cette vile chouette, de m'apprendre l'obet de la proclamation, & il se met à me railler.

THERSITE.

Je ne suis pas ton esclave.

AJAX.

Allons, va, va.

THERSITE.

Je sers ici en volontaire.

ACHILLE.

Ton dernier fervice étoit un peu forcé ; il n'étoit certainement pas volontaire : il n'y a point d'homme qui foit battu volontairement : c'étoit Ajax qui étoit ici le volontaire ; & toi qui étois fous la *preffe*.

THERSITE.

Oui dà ? — Une grande partie de votre efprit gît auffi dans vos mufcles, ou il y a des menteurs. Hector fera une bonne capture, s'il vous fait fauter la cervelle ; il gagneroit autant à brifer une groffe noix vuide, fans noyau.

ACHILLE.

Quoi ; à moi auffi, Therfite ?

THERSITE.

Il y a Ulyffe, & le vieux Neftor, dont l'efprit étoit moifi, avant que vos grands peres euffent des ongles à leurs orteils... qui vous accouplent au joug comme deux bœufs de charrue, & vous font labourer cette guerre.

ACHILLE.

Quoi ? que dis-tu là ?

THERSITE.

Oui, vraiment. Hoho ! Achille ! hoho ! Ajax ! hoho !

TRAGÉDIE.

AJAX.

Je te couperai ta langue.

THERSITE.

Peu m'importe : je parlerai encore autant que vous, après.

PATROCLE.

Allons, plus de paroles, Therſite : paix.

THERSITE.

Moi, je me tiendrai en paix, quand ce braque (†) d'Achille me dira de me taire ?

ACHILLE.

Voilà pour vous, Patrocle.

THERSITE.

Je veux vous voir pendus, comme deux bourriques, avant que je rentre jamais dans vos tentes ; j'irai m'établir où il y a du ſens commun, & je quitterai la faction des fols. (*Il ſort.*)

PATROCLE.

Une bonne défaite.

(†) Eſpèce de chien.

ACHILLE.

Voici donc ce qu'on a publié dans tout le Camp; qu'Hector, vers la cinquième heure du foleil, viendra, avec un trompette, entre nos tentes & les murs de Troye, demain matin, défier au combat un de nos Chevaliers, qui aura du cœur; & qui ofera foutenir,.... je ne fai quoi. C'eft de la fottife, adieu.

AJAX.

Adieu. Qui lui fera raifon?

Fin de la première Partie.

De l'Imprimerie de CLOUSIER, rue de Sorbonne, attenant celle des Mathurins, 1782.

TOUT EST BIEN
QUI FINIT BIEN,
OU
SI LA FIN EST BONNE,
TOUT EST BON,
COMÉDIE.

REMARQUES
DE M. ESCHEMBURG,

Sur Tout est bien qui finit bien; *ou*, si la fin est bonne, tout est bon.

LA source de cette Comédie est une Histoire de Bocace, la neuvième de la troisième *Giornata*, quoique Shakespear ne l'ait probablement pas empruntée de lui, mais de *Painter*, où elle se trouve dans son *Palace of pleasure*, sous le titre de *Giletta of Narbon* (†). Voici en peu de mots le sujet.

UN Gentilhomme François, nommé Isnard, Comte de Roussillon, étoit d'une complexion très-foible, & avoit toujours auprès de lui un Médecin appellé Gérard de Narbonne. Ce Comte avoit un fils unique (Bertrand), qu'il faisoit élever avec d'autres enfans de même âge, parmi lesquels Gilette, fille du Médecin, étoit aussi. Cette jeune personne aimoit singulièrement le jeune

---

(†) On trouve aussi cette Histoire dans le vieux livre que j'ai déja cité, « Badinage avec la vérité » (Francfort 1550, fol.) sous le titre de *l'Amour forcé ; comment la fille d'un Docteur obtint en mariage un Comte contre sa volonté.*

A ij

REMARQUES

Bertrand; & quand, après la mort de fon père, le Roi le fit venir à Paris, elle refta en Rouffillon, avec le plus grand chagrin de l'avoir perdu. Le père de Gilette mourut bientôt après : on lui propofa plufieurs partis, qu'elle refufa, parce qu'elle avoit conçu dans fon cœur la ferme réfolution de ne donner fa main qu'au jeune Comte. Elle ne fut pas long-tems à apprendre que le Roi étoit très-incommodé de la fiftule; fon père lui avoit laiffé plufieurs fecrets de fon art, dont elle crut pouvoir alors faire ufage : elle faifit bien vîte l'occafion de fe tranfporter à Paris. Le Roi prit fon remède, & lui promit que s'il en étoit guéri, il la marieroit avec l'homme le plus noble & le plus riche, qu'elle choifiroit elle-même. La guérifon réuffit, & Gilette demanda le Comte Bertrand en mariage. Celui-ci fut très-furpris d'une propofition qu'il croyoit fi fort au-deffous de fon rang. Le Roi cependant déclara, qu'il ne vouloit pas manquer à la parole qu'il avoit donnée, & fit faire les préparatifs de cette nôce, qui, en effet, s'accomplit. D'abord après la célébration, Bertrand, fous prétexte d'aller dans fa patrie, fe tranfporta en Tofcane, & prit du fervice parmi les Florentins, qui étoient alors en guerre avec les Siennois. Gilette s'en retourna en Rouffillon, où elle s'acquît l'affection & l'eftime de tout le monde. Elle envoya deux de fes amis au Comte, pour lui dire qu'elle s'éloigneroit pour toujours du Rouffillon, fi fa préfence étoit la caufe de fon abfence. Bertrand lui fit répondre qu'elle pouvoit faire ce qu'elle vouloit, mais qu'il étoit fermement réfolu de ne pas vivre avec elle en époux, qu'elle ne fût en poffeffion de l'anneau qu'il portoit, & qu'elle n'eût un fils de lui; il croyoit qu'aucune de ces deux choses ne pouvoit jamais arriver. Cependant Gilette imagina comment il seroit possible de parvenir à son but, & se décida enfin à aller trouver le Comte. Elle fit le voyage, déguisée en Pelerine, accompagnée d'une femme-de-chambre & d'un de ses cousins. Arrivée à Florence, elle se logea chez une veuve, où elle ne tarda pas à voir passer le Comte Bertrand avec une grande suite. Elle fit semblant de ne pas le connoître, & demanda à la veuve qui il étoit. Celle-ci lui raconta, entr'autres, qu'il étoit très-amoureux d'une de ses voisines, jeune, belle & vertueuse, mais pauvre, & que sa mère avoit grand soin de la souftraire à ses pourfuites. Gilette se découvrit à la mère de sa rivale, & la persuada, en lui promettant une forte récompense, d'envoyer chez le Comte au nom de sa fille, pour lui annoncer qu'elle céderoit à ses vœux ; & qu'en preuve de l'amour qu'il avoit pour elle, elle le prioit de lui envoyer l'anneau qu'il portoit au doigt : ce qui se fit. Bertrand envoya l'anneau, & vint à l'heure fixée dans la maison de la veuve, où Gilette le reçut dans ses bras, en place de son Amante. La tromperie réussit, & ces visites furent souvent répétées. La grossesse qui suivit, fut l'accomplissement des souhaits de Gilette : elle récompensa richement la fille & la mère, & s'en retourna chez la veuve. Bertrand apprenant que sa femme avoit quitté le Roussillon, se laissa vaincre par les prières de ses Vassaux, & revint dans sa patrie. Cependant Gilette accoucha de deux fils, qui ressembloient beaucoup à leur père. Peu de tems après ses couches, elle revint en Roussillon, & y arriva le jour que son époux donnoit un grand festin pour célébrer son arrivée. Sous son habit de Pélerine elle vint au milieu de la compagnie, portant ses deux enfans sur ses bras, se jetta aux pieds du Comte, lui donna l'anneau, & lui raconta tout. Bertrand, surpris & touché de cette aventure, reçut Gilette pour son épouse, & vécut content & heureux avec elle.

On voit que Shakespear a suivi cette Nouvelle dans la partie sérieuse de sa Comédie. La partie comique paroît être toute de son invention. Mais il a fait aussi dans le cours de cette Histoire, quelques petits changemens & quelques augmentations, que le besoin qu'il avoit d'une enveloppe dramatique sembloit probablement exiger ou justifier. La mort prétendue d'Hélène sert à resserrer d'autant plus le nœud de l'intrigue, & à en rendre le dénouement plus inattendu & plus intéressant. Le Comte, qui avoit agi d'une manière si légère & si cruelle envers Hélène, méritoit pour un tems la punition de ce soupçon, & des reproches qu'on lui faisoit à cette occasion. Et comment pouvoit-il se comporter autrement envers son Roi qu'il avoit indigné?

Rien n'est si touchant, si séduisant, que les scènes entre Hélène & la Comtesse, que ses monologues, son procédé envers Bertrand, envers le Roi, envers la veuve, &c. Comme aussi l'instigation de Diane à accuser Bertrand auprès du Roi, n'avilit point du tout le caractère d'Hélène. Les dédains & la conduite de Bertrand méritoient bien la petite vengeance du léger embarras où il se trouve par-là, & qui finit bientôt par la plus heureuse issue. Une épouse auffi méprifée, fi maltraitée, avoit plus de droit, avec tant de titres, d'exiger l'amour du Comte, qu'elle n'avoit de fujet de l'implorer à genoux; & le caractère d'Hélène en eft annobli.

La première répugnance de Bertrand peut fe juftifier par la contrainte avec laquelle on l'a forcé à recevoir une époufe. Mais qui peut excufer fon procédé ultérieur envers une perfonne qui facrifie tout pour lui?

PERSONNAGES.

LE ROI DE FRANCE.
Le Duc de FLORENCE.
BERTRAND, *Comte de Roussillon.*
LAFEU, *vieux Courtisan.*
PAROLLES(†), *parasite à la suite de Bertrand, lâche, mais vain, & plein de prétentions à la bravoure.*
Plusieurs jeunes SEIGNEURS *François, qui servent avec Bertrand dans la guerre de Florence.*
Un INTENDANT, *Un* PAYSAN, *ou valet bouffon.* } *au service de la Comtesse de Roussillon.*
La Comtesse de ROUSSILLON, *mère de Bertrand.*
HÉLÈNE, *fille de Gérard de Narbonne, fameux Médecin, mort depuis quelque tems.*
Une veuve de Florence.
DIANE, *fille de cette veuve.*
VIOLENTA(¶), MARIANA, } *voisines & amies de la veuve.*
SEIGNEURS, *de la Cour du Roi, Officiers, Soldats, &c.*

(†) On devroit écrire ce nom, Paroles : c'est un être tout composé de mots & de sons vains & sans effet. *Steevens.*

(¶) Violenta est un personnage qui ne paroît qu'une fois sur la scène, & qui y est absolument muet. *Steevens.*

La Scène est partie en France, partie en Toscane.

TOUT

TOUT EST BIEN
QUI FINIT BIEN,
COMÉDIE.

ACTE PREMIER.

SCENE PREMIERE.

Le Théatre représente la maison de la Comtesse de Roussillon, en France.

BERTRAND, *la Comtesse de* ROUSSILLON, HÉLENE & LAFEU, *tous en deuil.*

LA COMTESSE.

EN laissant mon fils partir & se séparer de moi, j'enterre un second époux.

Tome XVII. Seconde Part.   B

BERTRAND.

Et moi, en m'éloignant de vous, Madame, je pleure de nouveau la mort de mon père. Mais il me faut obéir aux ordres du Roi. A présent que je suis sous la garde (†) de Sa Majesté, je suis plus que jamais dans sa dépendance.

LAFEU.

Vous, Madame, vous retrouverez un époux dans la bonté du Roi (*A Bertrand*). Et vous, Monsieur, un second père. Un Roi, qui dans tous les tems est si universellement bon, doit nécessairement conserver pour vous sa bienfaisance. Vos vertus la feroient naître dans un cœur auquel elle seroit étrangère : ce n'est pas pour la tarir dans le cœur d'où elle coule avec tant d'abondance.

LA COMTESSE.

Que peut-on espérer de la guérison du Roi ?

LAFEU.

Madame, il a congédié tous ses Médecins, lassé

(†) La Garde noble étoit une branche du gouvernement féodal, & qui pouvoit également être supposée tenir à la constitution de la France aussi bien qu'à celle de l'Angleterre, où elle eut lieu jusqu'au règne de Charles II. C'est par le droit de cette prérogative, que le Roi pouvoit forcer Roussillon d'épouser Hélène. *Hawkins.*

COMÉDIE.

d'être sous l'empire de leurs remèdes, & de pousser les jours avec l'espérance, & de ne trouver à la fin d'autre avantage, que de perdre avec le tems l'espérance même.

LA COMTESSE, *montrant Hélène*.

Cette jeune personne avoit un père (oh, *avoit* (†)! que ce mot réveille une triste pensée !) dont la science égaloit presque la probité. S'il avoit poussé la science aussi loin que sa vertu, il auroit rendu la Nature immortelle; & la Mort, n'ayant plus de victimes, eût été forcée de déposer sa faulx oisive (1). Plût à Dieu que pour le bonheur du Roi, il fût encore vivant ! Je crois, qu'il auroit été la mort de sa maladie.

LAFEU.

Comment l'appelliez-vous, Madame, cet homme dont vous parlez ?

LA COMTESSE.

Il étoit fameux, Monsieur, dans son Art ; & il avoit bien mérité de l'être. — Gérard de Narbonne.

LAFEU.

C'étoit vraiment un habile homme, Madame. Le Roi parla de lui dernièrement, avec beaucoup d'éloges

---

(1) Ce mot lui rappelle la perte de son mari.

& de regrets. Si la science humaine pouvoit aller jusqu'à garantir du trépas, il vivroit encore.

BERTRAND.

Quel est le mal, mon cher Lafeu, qui mine les jours du Roi ?

LAFEU.

Une fistule, Seigneur.

BERTRAND.

Je n'avois jamais entendu parler de ce mal.

LAFEU.

Je voudrois bien qu'il fût encore inconnu. — Cette jeune personne étoit donc la fille de Gérard de Narbonne ?

LA COMTESSE.

Sa seule enfant, Seigneur, & léguée à mes soins. J'ai d'elle toutes les bonnes espérances que promet son éducation. Elle possède cet heureux caractère qui embellit encore les beaux dons de la Nature : car lorsqu'un naturel pervers s'orne de qualités estimables, on ne sauroit le louer sans le plaindre. Ces dons deviennent en même-tems ses plus grands ennemis. Dans Hélène, ces qualités sont d'autant plus précieuses, qu'elles sont jointes à une ame simple & sans artifice. Elle a hérité d'un cœur excellent ; mais c'est à elle seule qu'elle est redevable de ses talens & de son mérite. (*Hélène laisse couler des larmes*).

LAFEU.

Vos louanges, Madame, font couler ses larmes.

LA COMTESSE.

C'est de ses larmes qu'une jeune fille devroit toujours assaisonner l'éloge qu'elle entend d'elle. Le souvenir de son père n'approche jamais de son cœur, que la violence de son chagrin ne peigne aussi-tôt la mort sur ses joues. Écartons cette idée, Hélène : allons, plus de larmes : on pourroit croire que vous affectez plus de tristesse, que vous n'en ressentez.

HÉLENE.

J'ai l'air triste en effet; mais je le suis réellement.

LAFEU.

Des regrets modérés sont un tribut que l'on doit aux morts : le chagrin excessif est l'ennemi des vivans.

LA COMTESSE.

Si l'homme combat sa douleur, son chagrin se détruit bientôt par son excès même.

BERTRAND.

Madame, je désire votre bénédiction.

LAFEU.

Comment entendons-nous cela?

LA COMTESSE.

Reçois ma bénédiction, Bertrand. Reſſemble à ton père dans ſes actions comme dans ſes traits. Que la nobleſſe de ton ſang & ta vertu travaillent ſans ceſſe en émulation, cherchent à l'envi à ſe ſurpaſſer, & que la bonté de ton cœur égale l'éclat de ta naiſſance! Aime tous les hommes, fie toi à peu. Ne fais tort à perſonne. Fais craindre plutôt que ſentir ta puiſſance à ton ennemi. Garde ton ami ſous la clef de ta propre vie. Qu'on te reproche ton ſilence, & jamais d'avoir parlé. Que toutes les graces que le Ciel voudra ajouter à ta perfection, & que mes vœux & mes prières importunes pourront en obtenir, pleuvent ſur ta tête! (*A Lafeu*). Adieu, Seigneur. Ce jeune homme eſt un Courtiſan bien novice. Mon cher Lafeu, aidez-le de vos conſeils.

LAFEU.

Il ne peut manquer de recevoir les meilleurs conſeils, ſi ſon amitié veut les écouter.

LA COMTESSE.

Que le Ciel le béniſſe! Adieu; ſois heureux, Bertrand.

COMÉDIE.

BERTRAND, à *Hélène.*

Que tous les vœux qui se formeront dans votre cœur, s'accompliſſent à votre gré! Soyez la conſolation de ma mère, votre digne maîtreſſe, & conſacrez-lui votre eſtime.

LAFEU.

Adieu, ma belle enfant. Vous devez ſoutenir la réputation de votre père.

SCENE II.
HÉLENE, *ſeule.*

OH! que ce fût là mon unique ſoin! — Je ne penſe plus à mon père; & les larmes illuſtres de ces Princes, honorent plus ſa mémoire, que celles que je répands pour lui. — A qui reſſembloit-il donc? J'ai oublié ſes traits. Mon imagination ne conſerve aucune image, que celle de mon cher Bertrand. Je ſuis perdue; il n'y a plus de vie, plus de vie pour moi, ſi Bertrand s'éloigne de ces lieux. Autant vaudroit que je fuſſe épriſe du plus bel aſtre du firmament, & que je ſongeaſſe à l'épouſer; tant Bertrand eſt au-deſſus de moi! Il faut que je me contente de recevoir, à une diſtance immenſe, les obliques rayons de ſa lumière éloignée. Je ne puis arriver juſqu'à ſa ſphère : ainſi l'ambition de mon amour eſt elle-même ſon propre tourment. L'humble biche, qui voudroit s'unir avec le lion, eſt condamnée à mourir de ſon amour. Il m'étoit bien doux, quoique ce fût une cruelle peine, de le voir à toute heure, de m'aſſeoir devant lui, & de pouvoir graver le bel arc de ſes ſourcils, ſon œil brillant, ſes boucles de cheveux, ſur mon cœur, ſur ce cœur qui étoit aſſez grand, pour contenir ſon image toute entière, & en recevoir en détail tous les traits, toutes les perfections. Mais maintenant il eſt loin de moi, & mon amour eſt réduit à adorer les reſtes ſacrés de l'objet que j'idolâtre. — Qui vient ici?

SCENE III.

HÉLENE, PAROLLES *entre*.

HÉLENE.

UN homme de ſa ſuite. J'aime cet homme, parce qu'il tient à Bertrand; & cependant je le connois pour un menteur avéré. Je le regarde comme un ſot au trois-quarts, & comme un lâche parfait. Cependant toutes ces mauvaiſes qualités ſe montrent en lui avec tant d'avantage, qu'elles trouvent un aſyle & des faveurs, tandis que la vertu d'une trempe inflexible ſe morfond & languit expoſée aux injures de l'air. Auſſi

COMÉDIE.

Aussi voyons nous très-souvent la Sagesse nue & indigente aux gages de la Folie, qui regorge de biens,

PAROLLES.
Dieu vous garde, belle *Reine*.

HÉLENE.
Et vous aussi, *Monarque*.

PAROLLES.
Monarque ? Non.

HÉLENE.
Ni *Reine* non plus.

PAROLLES.
Étiez-vous là occupée à méditer sur la virginité ?

HÉLENE.
Oui. Vous avez quelque chose de l'air d'un Guerrier. Il faut que je vous fasse une question : l'homme est l'ennemi de la virginité ; par quel moyen pouvons-nous la défendre contre ses attaques ?

PAROLLES.
Tenez-le à distance de vous.

HÉLENE.
Mais il nous assiége sans cesse ; & notre virginité,

malgré tout son courage, est cependant d'une foible défense. Enseignez-nous donc quelque expédient pour faire une belle résistance.

PAROLLES.

Il n'y en a pas. L'homme qui met le siége devant le Fort, le minera & le fera sauter en l'air.

HÉLENE.

Que le Ciel préserve notre pauvre virginité des mineurs & des bombardiers ! N'y a-t-il pas aussi un art militaire, par lequel les vierges puissent contreminer les hommes ?

PAROLLES *.

Dans la république de la Nature, la politique n'est pas de conserver la virginité ; sa perte augmente le nombre des sujets. Jamais Vierge ne seroit née, s'il n'y avoit pas eu auparavant une virginité de perdue. L'étoffe dont vous avez été formée est celle dont on fait les Vierges. On peut retrouver dix fois sa virginité perdue : la garder toujours, c'est la perdre pour jamais. Allons, c'est une compagne trop froide ; il faut s'en défaire.

HÉLENE.

J'attendrai encore un peu de tems, quand je devrois m'exposer à mourir Vierge.

COMÉDIE.

PAROLLES.

Il y a bien peu de chose à dire en sa faveur : c'est contre l'ordre de la Nature. Parler pour défendre la virginité, c'est accuser sa mère : ce qui est une désobéissance notoire. Se pendre ou mourir Vierge, c'est la même chose; car la virginité se tue elle-même : & l'on devroit l'enterrer hors de la terre bénite, l'enfouir dans les grands chemins, comme une suicide désespérée, qui a offensé la Nature. La virginité engendre la corruption (†) : elle se consume elle-même intérieurement, & se flêtrit & meurt en dévorant sa propre substance. De plus, la virginité est hargneuse, arrogante, vaine, gonflée d'amour-propre ; ce qui est le péché le plus expressément défendu par les Canons. Ne la gardez pas : vous ne pouvez que perdre avec elle. Défaites-vous-en, & dans dix ans vous l'aurez décuplée; ce qui fait un intérêt très-honnête; & encore le principal lui-même n'en vaudra guères moins. Allons, ne gardez pas cela.

HÉLENE.

Mais que faut-il faire, Monsieur, pour la perdre à son gré ?

PAROLLES.

— Attendez : voyons. — Que faire, dites-vous ?

(†) Des vers, comme le fromage.

Ma foi, mal faire : aimer celui qui ne l'aime pas. La virginité est un meuble qui perd son lustre dans le repos : plus on la garde, moins elle vaut : mettez-la vîte dans le commerce, tandis qu'elle est encore de vente : profitez du tems où l'on la recherche. La virginité ressemble à un vieux Courtisan qui porte un habit à l'antique, riche, mais qui n'est plus de mode, comme ces parures & ces cure-dents, qu'on ne porte plus aujourd'hui (**).

HÉLENE.

Ma virginité n'en est pas encore là. — Votre Maître (†) y retrouveroit tout ce qu'il perd, la tendresse d'une mère, l'amour d'une maîtresse, & le zèle d'un ami. — Alors il sera.... Je ne sais pas ce qu'il sera. — Que la main de Dieu le conduise ! — La Cour est une place où l'on vous instruit ; — & Bertrand est un de ceux....

PAROLLES.

Hé bien, quoi ; un de ceux ?

HÉLENE.

A qui je souhaite toute sorte de biens. — Il est bien malheureux que....

(†) C'est-à-dire, *dans mon amour & ma possession.* J'ai suivi dans ce passage obscur, le sens de Steevens.

COMÉDIE.

PAROLLES.

Malheureux ! Quoi ?

HÉLENE.

Que nos vœux n'aient pas un corps, un être qu'on puisse rendre sensible, afin que nous, qui sommes nés pauvres, & dont les basses étoiles bornent notre puissance aux seuls désirs, nous pûssions transmettre leurs effets jusqu'à nos amis absens, & montrer visible à leurs yeux, ce qui reste une pensée invisible dans notre sein, & dont ils ne peuvent jamais nous remercier.

SCENE IV.

Les mêmes. Un PAGE *entre.*

LE PAGE.

Monsieur Parolles, mon Maître vous demande.

PAROLLES.

Adieu, ma petite Hélène. Si je puis me ressouvenir de toi, je songerai à toi, quand je serai à la Cour.

HÉLENE.

Monsieur Parolles, vous êtes né sous une étoile bien charitable.

PAROLLES.

Je suis né sous Mars, moi.

HÉLENE.

Oui ; c'est sous Mars même que je vous crois né.

PAROLLES.

Et pourquoi plutôt sous Mars ?

HÉLENE.

Vous avez soutenu tant de guerres, qu'il faut absolument que vous soyez né sous la planette de Mars.

PAROLLES.

Et lorsqu'il étoit la planette prédominante.

HÉLENE.

Dites plutôt; lorsqu'il étoit rétrograde.

PAROLLES.

Pourquoi jugez-vous ainsi ?

HÉLENE.

Vous savez si bien rétrograder, quand vous combattez.

PAROLLES.

C'est pour prendre plus d'avantage.

HÉLENE.

C'est aussi pour son avantage que l'on fuit, quand la

COMÉDIE. 23

crainte conseille de chercher sa sûreté. Mais ce mêlange de courage & de peur qui est en vous, est une vertu dont l'aîle est bien rapide, & dont le vol me plaît infiniment.

PAROLLES.

J'ai la tête si occupée d'affaires, que je ne suis pas en état de vous donner une réponse piquante. Je serai à mon retour un parfait Courtisan, & mon instruction servira à vous naturaliser, si vous êtes en état de recevoir les conseils d'un homme de Cour, & de comprendre les avis qu'il vous confiera. Autrement, vous mourrez dans votre ingratitude, & votre ignorance vous perdra. Quand vous aurez du loisir, récitez vos prières; & quand vous n'en aurez point, souvenez-vous de vos amis : procurez-vous un bon mari, & traitez-le comme il vous traitera : & là-dessus, adieu.

(Il sort).

SCENE V.

HÉLENE, *seule*.

Souvent ces forces & ces ressources (†), que nous attribuons au Ciel, résident en nous-mêmes. Le Destin nous laisse libres dans nos actions; il ne recule

---

(†) Ces réflexions sont propres à encourager les hommes à déployer toutes leurs forces & toute leur activité, pour avancer

nos projets, que lorfque nous fommes pareffeux nous-mêmes, & trop lents à les exécuter. Quelle eft cette Puiffance qui fait monter mon amour vers un Aftre fi élevé au-deffus de moi; qui me laiffe entrevoir de loin fa fplendeur, en m'ôtant toute efpérance de raffaffier mon œil du plaifir de le voir de près? Souvent deux êtres entre lefquels la Fortune a jetté un efpace immenfe, la Nature les réunit comme deux moitiés d'un même tout, & les fait s'embraffer, comme s'ils étoient nés dans le même berceau. Les entreprifes extraordinaires font impoffibles pour ceux qui mefurent leur difficulté fur le rapport de leurs fens, & qui, jugeant fur les communes apparences, s'imaginent que tout ce qu'ils n'ont point encore vu, n'arrivera point. Quelle Amante vit-on jamais employer tous fes efforts pour faire connoître fon mérite, qui ait échoué dans fes amours ? La maladie du Roi.— Mon projet peut tromper mon efpoir; mais ma réfolution eft fixe & bien arrêtée, & jamais elle ne m'abandonnera.

---

leur fortune & leur bien-être, à marcher vers leur indépendance & leur repos, par les efforts courageux de leur induftrie; au lieu de ramper aux portes de la Providence, & de lui demander l'aumône en gémiffant. *Miftriff. Griffith.*

SCENE VI.

COMÉDIE.

SCENE VI.

Le Théatre représente la Cour de France.

On joue une fanfare. LE ROI *paroît avec sa suite ; il tient quelques lettres dans ses mains.*

LE ROI.

Les Florentins & les Siennois en sont venus aux mains. Ils ont combattu avec un avantage égal, & ils continuent la guerre avec courage.

Ier SEIGNEUR.

C'est ce qu'on dit, Sire.

LE ROI.

Mais il n'y a rien de si croyable. Nous recevons la confirmation de cette nouvelle par mon cousin d'Autriche, qui m'assure que les Florentins vont nous demander un prompt secours. Cet ami, qui nous est tendrement attaché, préjuge lui-même leur proposition, & il semble désirer que nous les refusions.

Ier SEIGNEUR.

Son amour & sa prudence, dont il a donné de si grandes preuves à Votre Majesté, méritent bien qu'on lui accorde la plus grande confiance.

Tome XVII. Seconde Part.   D

LE ROI.

Il a décidé notre réponse, & Florence est refusée; avant même qu'elle ait demandé. Mais pour nos Gentilshommes qui désirent essayer du service Toscan, je les laisse entiérement libres de se ranger de l'un ou de l'autre parti.

II.me SEIGNEUR.

Cela peut servir d'école militaire à notre jeune Noblesse, qui brûle d'agir & de signaler sa valeur.

LE ROI.

Qui vient à nous?

SCENE VII.

Les précédens. BERTRAND, LA FEU, PAROLLES.

I.er SEIGNEUR.

C'est le Comte de Roussillon, Sire, le jeune Bertrand.

LE ROI.

Jeune homme, tu portes la physionomie de ton père. La Nature libérale ne t'a point ébauché à la hâte: elle a pris plaisir à te former, & à finir en toi son

COMÉDIE.

ouvrage. Puisses-tu hériter aussi des vertus morales de ton père ! Sois le bien-venu à Paris.

BERTRAND.

Que Votre Majesté daigne recevoir mes actions de grace, & l'hommage de mon respect !

LE ROI.

Oh ! si j'avois encore aujourd'hui cette vigueur de corps & de santé que je me sentois, lorsque jadis, ton père & moi, nous essayâmes nos premières armes ensemble, dans la société d'une étroite amitié ! Il étoit exercé à fond dans toutes les manœuvres du service de ce tems là, & il avoit été formé par les plus braves Capitaines. Il résista long-tems aux fatigues de la guerre : mais à la fin, la hideuse vieillesse nous a saisis tous deux, & nous a jettés à l'écart, loin du champ des exploits. Je sens mes maux s'adoucir, & mes forces revenir, quand je parle de votre bon père. Dans sa jeunesse, il avoit cet esprit caustique, que je suis à portée de remarquer dans nos jeunes Seigneurs. Ils peuvent railler, tant que leurs propres railleries retombent sur leur personne obscure encore & sans gloire, avant qu'ils puissent cacher leurs défauts & leur légéreté dans l'éclat de leur réputation (†). Mais lui, il

---

(†) Excellente observation. Les saillies folles & piquantes, & les légères offenses, ne sont pardonnées par le genre-humain,

D ij

étoit un Courtisan si parfait, qu'il n'avoit rien de dédaigneux ni d'insultant dans ses railleries ou son orgueil. S'il s'y glissoit quelquefois de l'amertume ou de l'injure, ce n'étoit jamais que pour repousser l'injure de son égal, qui l'avoit provoqué. Son honneur lui servoit, pour ainsi dire, de cadran, qui lui marquoit la minute précise où il devoit parler, & sa langue obéissoit à sa direction. Ceux qui étoient au-dessous de lui, il les traitoit comme des créatures d'une autre classe (†), & il abaissoit l'élévation de sa grandeur jusqu'à leurs rangs inférieurs. Ils les rendoit fiers par son humilité (¶), & il s'humilioit encore dans le gracieux accueil qu'il faisoit à leurs louanges mal-adroites. Voilà l'homme qui devroit servir de modèle à la jeunesse de notre tems ; & s'il étoit bien suivi, il leur montreroit qu'ils ne font que rétrograder & dégénérer (§).

---

qu'aux hommes supérieurs qui les couvrent de l'éclat de grandes qualités. *Johnson.*

(†) Il supportoit d'eux ce qu'il n'auroit pas enduré dans ses égaux. *Warburton.*

(¶) On a vu souvent les petits s'enorgueillir de l'humilité des Grands avec eux ; & quelquefois aussi les Grands pourroient s'humilier des éloges des petits, qui les louent sans conviction & sans discernement. *Johnson.*

(§) Voilà un beau caractère, & le portrait du brave Militaire, uni au Courtisan vertueux. — Tout ce discours porte aussi une

COMÉDIE.

BERTRAND.

La mémoire de ses vertus, Sire, est gravée en caractères plus glorieux, dans votre cœur, que sur sa tombe, & son épitaphe est moins honorable pour son nom, que les éloges de mon Roi.

LE ROI.

Oh! si j'étois encore avec lui! — Il avoit toujours coutume de dire... Il me semble l'entendre en ce moment. (Ses paroles chéries ne se dispersoient pas dans mon oreille; elles prenoient racine dans mon cœur, pour porter d'utiles fruits). — Il disoit : « Que je ne vive plus. — Tel étoit le début de son aimable & douce mélancolie, quand il avoit fini son badinage & ses railleries innocentes. — Que je ne vive plus, disoit-il, sitôt que le flambeau de ma vie commencera à s'user; afin que son reste de lueur ne soit pas un objet de risée pour ces jeunes étourdis, dont l'esprit superbe dédaigne tout ce qui n'est pas nouveau, dont tout le jugement se borne à être le père & le créateur de modes & de toilettes, & dont la constance expire même avant ces modes passagères »! C'étoit

---

agréable & naïve empreinte du vieillard & d'un vieux ami. Toutes ces parenthèses, par lesquelles le Roi coupe son récit, conviennent parfaitement à la narration d'un vieillard. Rien de ce qui est dans la Nature, n'échappe à Shakespear. *Mistriss. Griffith.*

là son désir; & c'est le vœu que je forme aussi après lui : puisque je ne puis plus apporter à la ruche, ni cire, ni miel, je voudrois en être promptement congédié, pour céder la place à l'abeille, qui est en état d'agir & de travailler (†).

IIme SEIGNEUR.

Vous êtes aimé, Sire ; & ceux qui seroient le plus jaloux d'occuper votre place, seront les premiers à regretter que vous n'y soyez plus.

LE ROI.

Je remplis une place, je le sais... — Combien y a-t-il, Comte, que le Médecin de votre père est mort ? — Il étoit très-renommé.

BERTRAND.

Sire, il y a environ six mois.

LE ROI.

Ah ! s'il étoit vivant, j'essayerois encore de lui. — Prêtez-moi votre bras. — Tous les autres Médecins m'ont usé à force de remèdes. Que la Nature & la maladie se disputent maintenant l'événement à leur loisir. — Soyez le bien-venu, Comte; mon fils ne m'est pas plus cher que vous.

(†) Rien n'est si simple, & en même-tems si touchant, que cette scène & ce discours du Roi.

COMÉDIE.

BERTRAND.

J'en rends graces à Votre Majesté.

SCENE VIII.

La Scène se passe dans un appartement du Palais du Comte.

LA COMTESSE, *son* INTENDANT, *& un* BOUFFON (†).

LA COMTESSE.

JE suis prête à vous entendre à préfent : que penfez-vous de cette jeune femme-de-chambre ?

(†) Le *clown*, *fol* ou *bouffon*, dans Shakefpear, eft ordinairement un railleur privilégié, ou un fol domeftique. Il ne faut pas nous étonner de trouver ce caractère dans plufieurs de fes Pièces, puifque de fon tems on entretenoit des fols dans les grandes familles, pour égayer la maifon. Dans un tableau de la famille de Thomas Morus, par Hans Holbein, le feul domeftique qui foit repréfenté, eft le *fol Patifon*; preuve de l'intime familiarité où les admettoient non-feulement les Grands, mais les Savans & les Sages auffi. Dans quelques Pièces, tout domeftique ou payfan libre & pétulant dans fon propos, eft appellé *clown*. Dans le regiftre du Lord Stanhope de Harrington, Tréforier de la Chambre du Roi Jacques premier, depuis 1613 jufqu'en 1616, on lit : Tom

L'INTENDANT.

Madame, je désirerois que l'on pût trouver dans le journal de mes services passés, tous les soins que j'ai pris pour tâcher de vous contenter ; car nous blessons notre modestie, & nous ternissons l'éclat de nos services, en les publiant nous-mêmes.

LA COMTESSE, *appercevant le bouffon.*

Que fait ici ce maraut ? Retirez-vous, l'ami : toutes les plaintes que j'ai entendues sur votre compte, je ne les crois pas toutes... non...mais c'est la faute de ma lenteur à croire, si je ne les crois pas ; car je sais que vous ne manquez pas de folie pour oser commettre ces méchancetés, & que vous avez aussi autant d'adresse qu'il faut, pour les commettre subtilement.

LE BOUFFON.

Vous n'ignorez pas, Madame, que je suis un pauvre diable.

LA COMTESSE.

C'est bon, l'ami.

(Thomas) Derry, fol de Sa Majesté, à 2 sols par jour. — Payé à Jean Mawe, pour la nourriture & logement de Thomas Derry, bouffon de Sa Majesté, pour treize semaines, 10 liv. 18 s. 6 den. *Steevens* & *Johnson.*

LE BOUFFON,

COMÉDIE.

LE BOUFFON.

Non, Madame, il n'eſt pas bon que je ſois pauvre, quoique la plupart des riches ſoient damnés. Mais ſi je puis obtenir le conſentement de Votre Alteſſe pour me marier, la jeune Iſabeau & moi, nous ferons comme nous pourrons.

LA COMTESSE.

Tu veux donc aller mendier?

LE BOUFFON.

Je ne demande rien, Madame, que votre conſentement dans cette affaire.

LA COMTESSE.

Dans quelle affaire?

LE BOUFFON.

Dans l'affaire d'Iſabeau & la mienne. Service n'eſt pas héritage. Et je crois bien que je n'obtiendrai jamais la bénédiction de Dieu, avant qu'il ſorte un rejetton de mon corps; car, comme on dit, les enfans ſont une bénédiction de Dieu.

LA COMTESSE.

Dis-moi ta raiſon, pourquoi tu veux te marier?

LE BOUFFON.

Mon pauvre corps, Madame, le demande: je ſuis

pouſſé par l'aiguillon de Satan, & il faut qu'il aille, celui que le Diable pouſſe (†).

LA COMTESSE.

Sont-ce-là toutes les raiſons de Monſieur?

LE BOUFFON.

Vraiment, Madame, j'en ai encore d'autres, & de pieuſes; qu'elles ſoient ce qu'elles voudront.

LA COMTESSE.

Peut-on les ſavoir?

LE BOUFFON.

J'ai été, Madame, une créature corrompue, comme vous & tous ceux qui ſont de chair & de ſang; &, en vérité, je me marie, afin de pouvoir me repentir....

LA COMTESSE.

De ton mariage, bien plus vite que de ta méchanceté.

LE BOUFFON.

Je ſuis abſolument dépourvu d'amis, Madame, & j'eſpere m'en procurer par ma femme.

(†) On connoît ce proverbe: Marie-toi en hâte, & repens-toi à loiſir.

COMÉDIE.

LA COMTESSE.

Malheureux, de tels amis sont tes ennemis.

LE BOUFFON.

Vous n'avez, Madame, qu'une connoissance superficielle de ce que sont les grands amis : ces gens-là viennent faire pour moi, ce que je suis las de faire moi-même. Celui qui laboure ma terre, épargne mon attelage; & me laisse en recueillir la moisson : si je suis cocu, il est mon valet : celui qui réjouit ma femme, est le bienfaiteur de ma chair & de mon sang; celui qui fait du bien à ma chair & à mon sang, aime ma chair & mon sang; celui qui aime ma chair & mon sang, est mon ami : *Ergo*, celui qui caresse ma femme, est mon ami. Si les hommes pouvoient se trouver contents de ce qu'ils font, il n'y auroit aucune crainte à avoir dans le mariage : car le jeune Charton le puritain, & le vieux Poysam le papiste, quoique leurs cœurs diffèrent en religion, leurs têtes à tous les deux n'en font qu'une. Ils peuvent jouer de la corne ensemble, comme le meilleur bélier d'un troupeau.

LA COMTESSE.

Auras-tu toujours la bouche sale & calomnieuse, coquin que tu es?

E ij

LE BOUFFON.

Je suis un Prophète, (†) Madame, & je dis la vérité par le plus court chemin ; car je répéterai toujours la chanson que les hommes trouveront bien vraie : « Le mariage vous vient par destinée, & le » coucou chante par nature ».

LA COMTESSE.

Retirez-vous ; je ne veux plus avoir de paroles avec vous.

L'INTENDANT.

Voudriez-vous, Madame, lui dire d'appeller Hélene : j'ai à vous parler d'elle ?

(†) Ce fut une superstition de tous les siècles & de tous les peuples, que les fous de naissance avoient en eux quelque chose de divin. Ils étoient, d'après cette idée, tenus pour sacrés : on sait quelle vénération les Turcs ont encore pour eux aujourd'hui, & ou ne les honora pas moins jadis en France, comme on peut en juger par le vieux mot *benêt*, employé pour désigner un fou de naissance, & équivalent à *bénit*. Pantagruel, dans Rabelais, conseille en conséquence à Panurge d'aller consulter le fol Triboulet, comme un Oracle, d'où il prend occasion de lancer un trait de satyre contre le Conseil privé de François premier : *Par l'avis, Conseil, prédiction des fols, vous sçavez quants Princes, &c. ont esté conservez,* &c. Warburton.

COMÉDIE.

LA COMTESSE.

L'ami, dites à ma Femme-de-chambre que je voudrois lui parler; c'est Hélene que je demande.

LE BOUFFON, *au nom d'Hélene, se rappelle une ancienne Ballade, qu'il chante.*

« Quoi, dit-elle, étoit-ce cette belle figure qui fut cause que les Grecs saccagèrent Troye » ? Folle entreprise ! folle entreprise ! Et ce méchant Paris étoit la joie du Roi Priam ! Elle soupira en s'arrêtant, en s'arrêtant elle soupira & prononça cette sentence : « parmi neuf mauvaises s'il y en a une bonne, il y en a donc une bonne sur dix (†). »

LA COMTESSE.

Quoi, une bonne femme sur dix ! Vous altérez la chanson, faquin (¶).

(†) Ceci a rapport aux dix fils de Priam, qui tous s'étoient bien conduits, à l'exception du seul Páris. Quoiqu'il eût eu cinquante fils, il n'en avoit, à cette triste époque, plus que dix ; *Agathon, Antiphon, Déiphobe, Dius, Hector, Hélènus, Hippothous, Pammon, Pâris* & *Polites. Warburton.*

(¶) La balade disoit, neuf bonnes sur dix.

S'il y en a une mauvaise entre neuf bonnes,
Ce n'est qu'une de mauvaise sur dix.

LE BOUFFON.

Une bonne femme sur dix, c'est corriger la chanson en mieux, Madame. Si le bon Dieu vouloit pourvoir ainsi le monde toute l'année, je ne me plaindrois pas de la dîme des femmes, si j'étois le Curé. Une sur dix ! vraiment, s'il nous naiffoit feulement une bonne femme à l'apparition de chaque comete, à chaque tremblement de terre, la lotterie des hommes feroit bien améliorée (†); mais à préfent un homme pourroit plutôt vivre après avoir arraché son cœur, qu'il n'attrappera une bonne femme.

LA COMTESSE.

Veux-tu fortir de ma préfence, miférable, & faire ce que je commande ?

LE BOUFFON.

Dieu veuille qu'un homme puiffe obéir aux ordres

(†) Allufion probablement à un fermon du Docteur Chadderton, fous le règne d'Élifabeth, cité par Harrington. Chadderton, dans un fermon de mariage, fit cette comparaifon. « Le choix d'une femme eft plein de hafards & de danger : c'eft comme qui, dans un baril plein de ferpens, auroit à y démêler un poiffon. L'homme qui échappera au dard des ferpens, & qui rencontrera le poiffon, pourra s'eftimer né fous une heureufe étoile; mais qu'il ne fe vante pas encore trop de fon bonheur, le poiffon pourroit bien être une anguille », *Gray*.

d'une femme sans faire de malheur : mais l'honnêteté de l'homme l'empêchera d'en faire. Quoique cette honnêteté ne soit pas la vertu d'un puritain, ... elle ne veut cependant faire de mal à personne ; & elle consentira plutôt à porter le surplis de l'humilité sur la robe noire d'un cœur gonflé d'orgueil (†). Sérieusement je pars : mon message est de dire à Hélene de venir ici.
(*Il sort*).

(†) Voici l'explication de tout ce passage, qui en a besoin, par l'obscurité de l'allusion qui en fait le sens & le piquant.

Le bouffon répond à l'ordre de la Comtesse, dans la pétulance de son caractère, qu'en homme qui exécute les ordres d'une femme, il court grand risque de mal faire : que cependant lui, il ne fera tort à personne, par un effet de sa propre honnêteté, qui sans être la vertu des Puritains, n'en sera pas plus mal-faisante, & même sera plus docile qu'eux, en obéissant aux injonctions de ses supérieurs, malgré sa répugnance pour la servitude & la sujétion. — Il y a ici une allusion satyrique contre la secte des Puritains, qui s'obstinoient à refuser l'usage des habits Ecclésiastiques ; sujet de contestation, qui en ce tems-là fut la principale cause de la rupture de leur union avec l'Église Anglicane : le Poëte veut peut-être encore insinuer, que la pure & modeste blancheur du surplis n'étoit qu'un voile de l'orgueil. La raison, dit comiquement un Auteur, pour laquelle les Puritains ne peuvent souffrir le surplis, c'est qu'il est fait de l'étoffe dans laquelle vous commettez votre vilain péché, la profane toile de Hollande. *Théobald*.

SCENE IX.
LA COMTESSE, L'INTENDANT.

LA COMTESSE.

HÉ bien! maintenant, qu'avez-vous à me dire?

L'INTENDANT.

Je sais, Madame, que vous aimez tendrement votre Femme-de-chambre.

LA COMTESSE.

Oui je l'aime: son Père l'a léguée à mes soins; &, elle-même, sans le privilège d'aucune autre considération, a des droits légitimes à l'amitié qu'elle trouve en moi. Je lui dois bien plus qu'il ne lui a été payé, & je lui payerai plus qu'elle ne demandera.

L'INTENDANT.

Madame, je me trouvai dernierement beaucoup plus près d'elle, qu'elle ne l'eût desiré, je pense. Elle étoit seule, elle se parloit à elle-même, & confioit ses secrets à ses propres oreilles. Elle pensoit, j'oserois le jurer pour elle, qu'il n'y en avoit point d'étrangéres qui pût les entendre. Le sujet de son entretien, c'étoit qu'elle aimoit votre fils. « La Fortune, disoit-elle, n'est point une Déesse, puisqu'elle

COMÉDIE.

a mis une si grande différence entre son rang & le mien : l'Amour n'est point un Dieu, puisqu'il ne veut montrer son pouvoir que lorsque la naissance & les biens sont égaux : Diane n'est point la Reine des Vierges, puisqu'elle a pu permettre que son infortunée Chevalière soit surprise sans défense à la premiere attaque, & qu'elle la laisse sans espoir de rançon ». Elle disoit cela de l'accent le plus triste & le plus affecté, dont j'aie jamais entendu se plaindre une jeune fille. J'ai cru, Madame, qu'il étoit de mon devoir de vous en instruire sur le champ, puisqu'il vous importe un peu de le savoir, à cause du malheur qui pourroit en arriver.

LA COMTESSE.

Vous avez rempli le devoir d'un honnête homme : mais gardez ce secret pour vous seul. Plusieurs remarques semblables à la vôtre, m'avoient déja instruite de ce mystere, mais elles étoient toutes si incertaines, que je ne pouvois ni les croire, ni les rejetter non plus tout à fait. Laissez-moi, je vous prie : cachez bien tout ceci au fond de votre ame : je vous remercie de l'honnêteté de votre confidence ; je vous en dirai davantage une autre fois.

(*L'Intendant sort*).

SCENE X.

LA COMTESSE; HÉLENE *entre.*

LA COMTESSE, *à quelque distance d'elle.*

Voila comme j'étois, quand j'étois jeune. Si nous écoutons la nature, ces foiblesses sont notre lot ; cette épine est inséparablement attachée à la rose de notre jeunesse. Notre sang est à nous, & ceci est né dans notre sang. Partout où la forte passion de l'amour s'imprime dans un jeune cœur, c'est la marque & le sceau de la vérité de la nature. Le souvenir de ces beaux jours, qui sont passés pour moi, me rappelle les mêmes fautes ! Ah ! je ne croyois pas alors que ce fussent là des fautes. —Je le vois bien maintenant : son œil en est malade, presque éteint.

HÉLENE.

Que desirez-vous de moi, Madame ?

LA COMTESSE.

Tu sais, Hélene, que je suis une mère pour toi.

HÉLENE.

Vous êtes mon honorable maîtresse.

LA COMTESSE.

Non, mais une mère. Pourquoi ne m'appelles-tu pas ta mère ? Lorsque j'ai prononcé le nom de mère, j'ai cru que tu venois de voir un serpent. Qu'y a-t-il donc dans ce nom de mère, pour qu'il te fasse tressaillir ? Oui, je vous le dis, je suis votre mère, & je vous mets au nombre des enfans que j'ai portés dans mon sein. On a vu souvent l'adoption le disputer en tendresse à la nature ; & notre choix nous donne une tige naturelle, provenue de semences étrangeres. Tu n'as jamais oppressé mon sein des douleurs de mère, & cependant je te montre toute la tendresse d'une mère. Au nom de Dieu, jeune fille, ton sang se glaceroit-il d'horreur, si tu m'appellois ta mère ? Et pourquoi donc ce trouble, & cette rosée de pleurs qui inonde le globe brillant de tes yeux ? Pourquoi ?... Parceque tu es ma fille ?

HÉLENE.

Parce que je ne le suis pas.

LA COMTESSE.

Je te dis que je suis ta mère.

HÉLENE.

Pardonnez-moi, Madame, le Comte de Roussillon ne peut être mon frere ; je suis d'une naissance obscure, & lui d'une famille illuſtre ; mes parens ſont inconnus, les ſiens ſont tous nobles : il eſt mon maître, mon cher Seigneur, & je vis pour le ſervir, & je veux mourir ſon humble vaſſale. Il ne faut pas qu'il ſoit mon frère.

LA COMTESSE.

Ni moi votre mere, ſans doute?

HÉLENE.

Vous, ma mère, Madame ! ô plût à Dieu ! (pourvu que Monſeigneur votre fils ne ſoit pas mon frere) plût à Dieu que vous fuſſiez en effet ma mere, ou que vous fuſſiez la mère de tous deux; je ne le déſire pas plus, que je ne déſire le Ciel (†); oui, pourvu que je ne ſois pas ſa sœur. Ne ſeroit-il donc pas poſſible, que je fuſſe votre fille, ſans qu'il fût mon frere ?

LA COMTESSE.

Oui, Hélene, tu peux être ma belle-fille. A Dieu ne plaiſe, que ce ſoient là tes vues! Les noms de fille & de mère, font une ſi vive impreſſion ſur ton ſang! Quoi ! tu palis encore !.... Mes ſoupçons ont enfin ſurpris le ſecret de ton amour. Je pénètre maintenant le

---

(†) C'eſt-à-dire *autant*, elle enveloppe ſon ſentiment exprès dans cette ambiguité. *Hanmer.*

COMÉDIE. 45

myftère de ton penchant pour la folitude, & je découvre enfin la fource de tes larmes amères. Maintenant il eft plus clair que le jour, que tu aimes mon fils. Il feroit honteux de vouloir diffimuler un fecret que ta paffion trahit & publie, & de vouloir me dire que tu ne l'aimes pas : ainfi, dis-le-moi; avoue-moi que cela eft vrai : car vois, tes joues, par leur rougeur, fe l'avouent l'une à l'autre, & tes yeux le voient éclater fi manifeftement dans ta conduite, qu'ils le difent auffi dans leur langage. Il n'y a que la mauvaife honte & une obftination d'enfer qui enchaînent ta langue, pour rendre la vérité fufpecte. Parle : cela eft-il vrai ? — Si cela eft, tu as fait un très-beau choix (†). Si cela n'eft pas, jure que je me trompe : cependant je te l'ordonne au nom du Ciel, dont j'attends pour toi la protection & les fecours : dis-moi la vérité.

HÉLENE.

Ma bonne & chère Maîtreffe, daignez me pardonner.

LA COMTESSE.

Aimez-vous mon fils ?

HÉLENE.

Votre pardon, ma généreufe Maîtreffe.

(†) Tu as dévidé un joli peloton.

LA COMTESSE.

Aimez-vous mon fils?

HÉLENE.

Ne l'aimez-vous pas, vous, Madame?

LA COMTESSE.

Point de détours. Mon amour pour lui eſt fondé ſur un lien que perſonne n'ignore. Allons, allons, découvre-moi l'état de ton cœur, car ton trouble le trahit & l'accuſe.

HÉLENE, *tombant à ſes pieds.*

Hé bien, à vos genoux je l'avoue devant le Ciel & devant vous, Madame, que j'aime votre fils plus encore que vous, & qu'après le Ciel, c'eſt lui que j'aime le plus. Mes amis étoient pauvres, mais honnêtes; mon amour eſt honnête comme eux. N'en ſoyez pas offenſée; car il ne fait aucun tort à celui qui eſt aimé de moi. Je ne le pourſuis point par aucunes avances préſomptueuſes; je ne voudrois pas même l'obtenir avant de le mériter, & cependant je ne ſais pas comment je pourrai le mériter jamais. Je ſais que j'aime en vain; je lutte contre l'eſpérance, & cependant j'ai beau verſer les flots de mon amour dans ce crible perfide & fuyant, jamais je ne m'apperçois qu'il diminue. — Ainſi, ſemblable à l'Indien, religieuse dans mon erreur, j'adore le Soleil, qui regarde son adorateur, mais qui ne sait rien de plus de lui. Ma chère Maîtresse, ne me rendez pas votre haine pour mon amour, parce que j'aime ce que vous aimez. Mais vous-même, Madame, dont l'honorable vieillesse annonce une jeunesse vertueuse, si jamais vous avez brûlé d'une flamme si pure, de desirs si chastes, & d'un amour si tendre, que vous étiez à la fois & Diane & Vénus, ôh! accordez votre pitié à celle dont l'état est si malheureux, qu'elle ne peut que prêter & donner, où elle est sûre de toujours perdre; à celle qui ne cherche point à trouver ce que ses vœux recherchent, mais qui, semblable à l'énigme, chérit le voile qui la couvre, & qui cache sa langueur (†).

LA COMTESSE.

N'aviez-vous pas dernièrement le projet d'aller à Paris? Parlez-moi franchement.

HÉLENE.

Oui, Madame, je me proposois d'y aller.

LA COMTESSE.

Et pourquoi? Dites la vérité.

(†) Une ancienne épigramme françoise compare la femme à une énigme: elle finit par ces mots;

Elle cesse de vivre, alors qu'on la devine.

HÉLENE.

Je dirai la vérité, j'en jure par la grace du Ciel même. Vous savez que mon père m'a laissé quelques recettes d'un effet merveilleux & éprouvé, que sa vaste science & son expérience connue avoient recueillies pour des spécifiques souverains, & qu'il me recommanda de les garder avec soin, & de ne les donner qu'avec réserve & mystère, comme des ordonnances qui renfermoient en elles de bien plus grandes vertus, qu'on n'en pouvoit juger sur l'apparence & la lecture. Parmi ces recettes, il y a un remède, dont la bonté est reconnue pour guérir les maladies de langueur désespérées, telles que celle dont le Roi est condamné à périr.

LA COMTESSE.

Étoit-ce-là votre motif pour aller à Paris? Répondez.

HÉLENE.

C'est votre noble fils, Madame, qui m'a fait naître cette idée : autrement, Paris & la Médecine, & le Roi, ne me seroient peut-être jamais venus dans la pensée.

LA COMTESSE.

Mais, Hélène, si tu offrois au Roi tes prétendus secours, penses-tu qu'il les accepteroit? Le Roi &
ses

ses Médecins sont d'accord sur ce point. Lui, il est persuadé qu'ils ne peuvent le guérir; eux le sont aussi, qu'ils ne peuvent le guérir. Quelle confiance auroient-ils dans une pauvre jeune fille sans études & sans connoissances, lorsqu'eux-mêmes, après avoir épuisé toute la science des Écoles, ils ont abandonné le mal à lui-même?

HÉLENE.

Je compte, fondée sur un secret pressentiment, encore plus que sur la science de mon père, qui étoit pourtant le plus habile de sa profession, que sa bienfaisante recette, qui fait mon héritage, sera bénie, pour mon bonheur, par une heureuse étoile du Ciel. Et vous, Madame, si vous voulez me permettre de tenter son succès, je répondrai sur ma vie, que je perdrai sans regret, de la guérison du Roi, pour tel jour & à telle heure.

LA COMTESSE.

Le crois-tu?

HÉLENE.

Oui, Madame, & j'en suis convaincue.

LA COMTESSE.

Hé bien, Hélène, tu auras mon consentement; mon amitié, ma bourse, une suite, & mes pressantes recommandations à tous mes amis, qui sont à

Tome XVII. Seconde Part.   G

la Cour. Je resterai ici, & je prierai Dieu de bénir ton entreprise. Pars dès demain matin, & sois sûre que tous les secours que je puis te donner, ne te manqueront pas.

(Elles sortent).

COMÉDIE.

ACTE II.

SCENE PREMIERE.

Le Théatre représente la Cour de France.

LE ROI *paroît au milieu de deux jeunes Seigneurs, qui prennent congé de lui, & partent pour la guerre de Florence.* BERTRAND & PAROLLES.

(*Fanfare de cors*).

LE ROI.

Adieu, jeunes Chevaliers. Ne perdez jamais de vue ces principes d'un Guerrier. Adieu, noble jeunesse. Partagez mon conseil entre vous. Si chacun de vous se l'approprie tout entier, c'est un présent d'une nature à s'étendre, à proportion qu'il est reçu, & il suffira pour tous deux.

Ier SEIGNEUR.

C'est notre espérance, Sire, qu'après nous être formés dans le métier de la guerre, nous reviendrons à votre Cour, & que nous trouverons la santé de Votre Majesté bien rétablie.

LE ROI.

Non, non; cela est impossible : & cependant mon cœur ne veut pas se l'avouer, qu'il est atteint d'une maladie incurable qui mine mes jours. Adieu, jeunes Guerriers. Soit que je vive, ou que je meure, montrez-vous de vrais enfans des vaillans François. Que la haute (†) Italie reconnoisse, à sa propre confusion, elle qui n'a hérité que des débris de la dernière Monarchie (¶), que vous êtes venus, non pas pour montrer de vaines prétentions à l'honneur, mais pour en prendre possession en maîtres : tandis que le plus brave de ses aspirans en perd la trace, tâchez de le voir & de le trouver d'un œil infaillible, afin que la Renommée puisse faire retentir le monde de votre nom. Encore une fois, adieu, & prospérez.

IIme SEIGNEUR.

Que la santé soit aux ordres de Votre Majesté !

LE ROI.

Et ces jeunes Italiennes, défiez-vous d'elles. On

(†) La partie située près de la mer Adriatique. La basse étoit située près de la mer Toscane. Les Sénois, dont la Capitale étoit Arminium, aujourd'hui Rimini, habitoient la haute Italie.

(¶) L'Empire Romain.

COMÉDIE. 53

dit que nos François n'ont point de langue pour les refuser, lorsqu'elles demandent : prenez garde d'être captifs, avant d'être soldats.

LES DEUX SEIGNEURS.

Vos sages avis sont gravés dans nos cœurs reconnoissans.

LE ROI.

Adieu. (*A quelqu'un de ses gens*). Venez à moi. (*On le conduit sur un lit de repos caché dans le fond de la scène*).

SCENE II.

Les mêmes.

Ier SEIGNEUR, *à Bertrand*.

O mon cher Bertrand, faut-il que nous vous laissions derrière nous!

PAROLLES.

Il n'y a pas de sa faute : le jeune galant.....

IIme SEIGNEUR.

Oh! c'est une superbe campagne.

PAROLLES.

Admirable. J'ai vu ces guerres.

BERTRAND.

On m'ordonne de rester ici, & l'on m'écarte, en me criant aux oreilles : *Trop jeune, l'année prochaine, il est trop tôt encore.*

PAROLLES.

Si votre cœur tient si fort à cette envie ; hé bien, jeune homme, dérobez-vous bravement, & partez sans congé.

BERTRAND.

On me force à rester ici pour être le complaisant de quelque femelle (†), & faire crier ma fine chaussure sur un parquet uni (¶), jusqu'à ce que tout l'honneur soit enlevé du champ où il s'acquiert, & sans user d'épée que pour danser. — Par le Ciel, je m'évaderai !

Ier SEIGNEUR.

Il est honorable de s'évader ainsi.

PAROLLES.

Hasardez cet écart, Comte.

IIme SEIGNEUR.

Je suis votre second ; adieu.

(†) Le cheval de volée d'une jupe.
(¶) Sur un plancher de maçonnerie.

COMÉDIE.

BERTRAND.

Je tiens attaché à vous ; & deux membres violemment arrachés de leur tronc, ne se séparent pas avec plus de douleur.

Ier SEIGNEUR, *à Parolles*.

Adieu, Capitaine.

IIme SEIGNEUR.

Salut, mon aimable M. Parolles.

PAROLLES.

Nobles Héros, mon épée & les vôtres sont de la même famille. Mes braves & brillans Seigneurs ! Un mot, mes braves cœurs. — Vous trouverez dans le Régiment des Spiniens, un certain Capitaine Spurio, avec sa cicatrice ici sur la joue gauche, une marque de guerre, que cette mienne épée lui a gravée sur le visage : dites-lui que je suis en bonne santé, & retenez bien les récits qu'il vous fera de moi.

IIme SEIGNEUR.

Nous n'y manquerons pas, noble Officier. (*Les deux Seigneurs sortent*).

PAROLLES.

Que Mars vous chérisse & vous adopte comme ses nourrissons !

SCENE III.

BERTRAND, PAROLLES.

PAROLLES.

Quel parti prenez-vous?

BERTRAND.

De rester. — Le Roi....

PAROLLES.

Étendez-donc plus loin vos politesses avec ces nobles Seigneurs : vous vous êtes renfermé dans une formule d'adieu trop froide & trop laconique : soyez plus démonstratif & plus affectueux avec eux ; car ce sont les coryphées de la mode ; ils sont les modèles du beau langage, de la belle démarche ; ils savent s'asseoir à table, & possèdent tous les gestes, toutes les graces du jour, & qui sont les plus généralement en vogue : & quand ce seroit le Diable qui conduiroit la mesure, ce seroit eux qu'il faudroit imiter & suivre : courez les rejoindre, & mettez plus de chaleur & de cérémonial dans vos adieux.

BERTRAND.

C'est ce que je veux faire.

PAROLLES.

COMÉDIE.

PAROLLES.

De braves gens! & qui ont tout l'air de devenir de fortes & brillantes épées.

(*Ils sortent*).

SCENE IV.

LE ROI, *couché sur son lit de repos.*
LAFEU.

LAFEU, *se prosternant devant lui.*

PARDON, mon Souverain, pour moi & mes nouvelles.

LE ROI.

Je vous l'accorderai, si vous vous levez.

LAFEU, *se relevant.*

Vous voyez donc debout devant vous, un homme, qui a acheté (†) son pardon. Je voudrois, Sire, que vous vous fussiez mis à genoux pour demander mon pardon, & que vous pussiez, à mon commandement, vous relever comme moi.

(†) Autre leçon: Qui apporte son pardon avec lui. *Steevens.*
Tome XVII. Seconde Part.   H

LE ROI.

Je le voudrois aussi : je t'aurois brisé la cervelle, & je t'en aurois demandé pardon après.

LAFEU.

D'honneur ; c'eût été cette fois bien mal-à-propos. — Mon cher Souverain, voici ce dont il s'agit : voulez-vous être guéri de votre infirmité ?

LE ROI.

Non.

LAFEU.

(†) J'ai vu un Médecin, qui est capable de faire entrer la vie dans une pierre, d'animer un rocher, & de vous faire danser la plus vive canarie (¶), avec feu & du pas le plus précipité. Son simple toucher auroit la vertu de ressusciter le Roi Pepin : oui, de faire prendre au grand Charlemagne une plume en main, pour lui écrire à elle-même une Épître d'amour.

LE ROI.

Que voulez-vous dire, par *elle-même* ?

(†) *Oh! vous ne voulez pas manger de grappes, mon Royal Renard ? Oh! mais vous voudrez bien manger des miennes, si mon Royal Renard peut y atteindre.* Hanmer & Warburton ont retranché ces deux lignes de leur édition, comme n'étant pas de Shakespear.

(¶) Danse Françoise en vogue alors.

COMÉDIE.

LAFEU.

Je veux dire, un Docteur femelle. — Sire, il y en a un d'arrivé à votre Cour, si vous voulez la voir. — Sur ma foi, sur mon honneur, si de ce fol & plaisant début, je puis revenir à vous parler sérieusement, j'ai eu un entretien avec un individu, qui par son sexe, par sa jeunesse, par la déclaration du motif de son voyage, par ses sages discours & la constance de sa résolution, m'a plus étonné, plus confondu, que je n'ose l'avouer, dans la crainte du reproche de crédulité & de foiblesse. — Voulez-vous la voir, Sire, (car elle le demande avec instance), & savoir ce qu'elle veut faire? Après, moquez-vous bien de moi.

LE ROI.

Allons, bon Lafeu, introduis ta merveille, afin que nous puissions partager ton admiration, ou te guérir de la tienne, en admirant nous-mêmes ta folie.

LAFEU.

Oh! je vous convaincrai, & cela avant que la journée soit passée. (*Lafeu sort*).

LE ROI.

Voilà toujours ses grands prologues, pour aboutir à des riens.

SCENE V.

LE ROI, LAFEU *revient, & introduit* **HÉLENE.**

LAFEU, *à Hélène.*

Allons, entrez.

LE ROI.

Cela n'iroit pas plus vîte, quand il auroit des aîles.

LAFEU, *à Hélène.*

Allons, avancez. Voilà Sa Majesté : déclarez-lui vos intentions. Vous avez un minois fripon & perfide ; mais Sa Majesté ne craint guères ces sortes de traîtres. Je suis ici l'oncle de Cresside (†), en osant vous laisser tous deux seuls ensemble. Adieu, que tout aille bien.

(*Il sort*).

___

(†) C'est-à-dire, je ressemble à Pandare. On se souvient de son rôle, dans la Tragédie de Troïle & Cresside.

COMÉDIE. 61

SCENE VI.
LE ROI; HÉLENE.
LE ROI.

Hé bien, ma Belle, est-ce à moi que vous avez affaire?

HÉLENE.

Oui, mon digne Souverain. Gérard de Narbonne étoit mon père, bien connu dans l'art qu'il professoit.

LE ROI.

Je l'ai connu.

HÉLENE.

Je puis donc me dispenser de vous faire son éloge: il suffit de le connoître. — A ses derniers momens, sur son lit de mort, il me donna plusieurs recettes; une entr'autres, qui étoit le fruit le plus précieux de sa longue pratique, & la fille favorite de sa longue expérience, & il m'ordonna de serrer ce trésor, comme un troisième œil, plus cher, plus infaillible que les deux miens. Je la garde en effet avec le plus grand soin: & ayant ouï-dire, que Votre Majesté étoit atteinte de la funeste maladie, dont la cure a fait le plus d'honneur à la vertu victorieuse du remède que m'a laissé mon tendre père, je suis venue vous l'offrir avec mes secours, dans l'humilité du dévouement le plus profond.

LE ROI.

Nous vous rendons graces, jeune Beauté ; mais nous ne pouvons être si crédule en guérison, lorsque nos plus savans Docteurs nous abandonnent, & que le Collége entier des Médecins assemblé a décidé, que tous les efforts de l'art ne pouvoient rien pour retirer la Nature de son incurable langueur. —Je dis, que nous ne devons pas déshonorer notre jugement, ni nous laisser corrompre par une folle espérance, au point de prostituer à des Empyriques notre maladie jugée incurable : un Roi ne doit pas détruire, par une foiblesse, sa réputation, en donnant son estime à un secours insensé, lorsqu'il est persuadé qu'il ne faut plus songer à aucun secours.

HÉLENE.

Mon zèle & mes bonnes intentions m'indemniseront de mes peines. Je ne vous importunerai pas davantage de mes instances, pour vous faire accepter mes secours; & je demande humblement à Votre Majesté, la grace d'une légère part à son estime, en prenant congé d'Elle.

LE ROI.

Je ne peux vous donner moins, si je veux passer pour reconnoissant. Vous avez eu la volonté de me secourir : je vous dois & vous donne les remercîmens qu'un homme, à l'article de la mort, doit à ceux qui font des vœux pour fa vie. Mais vous n'avez aucune connoiſſance de ce que je fai, moi, parfaitement : je connois tout mon danger, & vous ne connoiſſez point de remède.

HÉLENE.

Je vous en offre un, qui n'entraîne aucun danger dans ſon eſſai, puiſque vous avez placé votre repos dans l'opinion que votre mal étoit incurable. — Celui qui opère les plus grands prodiges, les accomplit ſouvent par la main du plus foible miniſtre : ainſi la Sainte Écriture nous montre des oracles de ſageſſe, ſortant de la bouche de l'enfance, dans des cas où les Juges conſommés n'étoient eux-mêmes que des enfans. Tandis que les plus ſages des mortels nioient les miracles, on a vu de grands déluges ſortir de foibles ſources, & de vaſtes mers ſe tarir. Souvent l'attente échoue, où elle promettoit le plus ; & ſouvent elle réuſſit, dans les cas où l'eſpérance eſt morte, & où règne le déſeſpoir.

LE ROI.

Je ne dois point vous écouter. Adieu, obligeante fille. Vos peines n'étant pas employées, c'eſt à vous de vous en payer. Des offres, qu'on n'accepte point, recueillent un remercîment pour leur ſalaire.

HÉLENE.

Ainſi un ſervice inſpiré par le Ciel, eſt traverſé par un ſeul mot d'un mortel. Il n'en eſt pas de celui qui connoît toutes choſes, comme de nous, foibles créatures, qui ne pouvons aſſeoir nos conjectures que ſur les apparences. Mais c'eſt en nous un excès de pré‑ ſomption, lorſque nous regardons le ſecours du Ciel comme l'ouvrage de l'homme. Roi chéri, donnez votre conſentement à mon zèle : faites l'épreuve du Ciel, & non pas de moi. Je ne ſuis point un impoſ‑ teur, qui proclame une offre avec audace, & cache dans ſon cœur une autre vue. Mais ſachez que je crois, & croyez auſſi que je ſais, qu'il eſt certain que mon art n'eſt pas ſans puiſſance, ni vous ſans eſpoir de guériſon.

LE ROI.

Parlez-vous avec tant de confiance? En combien de tems eſpérez-vous me guérir?

HÉLENE.

Si l'Auteur ſuprême des graces me ſeconde, avant que les chevaux du Soleil aient fait parcourir à ſon char enflammé deux fois la révolution d'un jour; avant que l'humide Heſperus ait deux fois éteint ſa lampe aſſoupiſſante dans les ſombres vapeurs de l'Oc‑ cident; avant que le ſablier du Pilote lui ait marqué

vingt‑

COMÉDIE.

vingt-quatre fois l'écoulement rapide des minutes, ce qu'il y a d'infirme dans les parties saines de votre corps, sera dissipé : la santé reprendra son libre cours, & le mal sera détruit.

LE ROI.

Quel gage oses-tu hasarder de ta certitude & de ta confiance ?

HÉLENE.

La peine de l'impudence, qui est la hardiesse d'une prostituée ; mon honneur & mon nom diffamés dans des balades flétrissantes, accablés de toutes les ignominies, & pour comble de misères, mon corps tourmenté des plus cruelles tortures, jusqu'à perdre la vie (†).

LE ROI.

Il me semble que j'entends un Esprit céleste parler par ta bouche, & que je sens dans ton foible organe l'accent de sa voix puissante. Ce qui paroîtroit impossible au jugement ordinaire de la raison, paroît raisonnable & possible à celui qui t'entend. Ta vie est d'un grand prix ; car tout ce que la vie a de précieux, tout ce

---

(†) Je suis ici la leçon de Malone. Celle de Steevens est : « le reproche d'impudence, mon nom chansonné dans d'injurieuses balades, ma réputation diffamée de mille autres manières, & excepté la dernière des horreurs (le viol), la fin de ma vie dans les plus cruels tourmens ».

qui attache à elle, tu le possèdes. Jeunesse, beauté, sagesse, courage, vertu, tout ce que le bonheur & le printems (†) de l'âge peuvent donner d'avantages, hasarder tous ces biens, c'est de ta part un indice évident, ou d'une science infinie, ou du plus monstrueux désespoir. Aimable Praticienne, je veux essayer de ton remède, qui, si je meurs, te donne la mort.

HÉLENE.

Si je ne remplis pas ma promesse dans le tems fixé, ou que j'échoue dans le succès que j'ai annoncé, faites-moi mourir sans pitié; & ma mort sera bien méritée. Si je ne vous guéris pas, je le paierai de ma vie; mais si je vous guéris, quelle récompense me promettez-vous ?

LE ROI.

Faites votre demande.

HÉLENE.

Mais me l'accorderez-vous ?

LE ROI.

Oui, j'en jure par mon sceptre, & par toutes mes espérances dans le Ciel!

(†) Tyrhwit lit *pride*, *l'orgueil*; c'est-à-dire, le suprême degré de la fortune.

COMÉDIE. 67

HÉLENE.

Hé bien, vous me ferez don, de votre main Royale, de l'époux que je vous demanderai, & qu'il sera en votre pouvoir de me procurer. Loin de moi l'arrogante présomption de le choisir dans le sang Royal de France, & de vouloir perpétuer la bassesse de mon nom obscur par un rejetton, par une image de votre Auguste famille : mais j'aurai la liberté de demander, & vous celle de me donner, un de vos Vassaux, que je connois bien.

LE ROI.

Voilà ma main : tes promesses remplies d'abord, ta volonté sera obéie & exécutée par mes soins : ainsi choisis à ton gré ton tems; car moi, décidé à être ton patient, je me repose entièrement sur toi. Je devrois te questionner davantage... quoique, quand j'en saurois davantage, je ne pourrois pas avoir plus de confiance en toi... Je pourrois te demander d'où tu viens, qui t'a conduite à ma Cour;... mais sois-y la bienvenue, sans autres questions, & pleinement accueillie, sans aucun doute ni scrupule. —Donne-moi quelque soulagement. — Oh! si tes succès égalent tes promesses, ma récompense égalera ton bienfait.

(Ils sortent).

SCENE VII.

La Scène est dans le Roussillon.

LA COMTESSE, LE BOUFFON.

LA COMTESSE.

Viens-ça, l'ami. Je veux voir jusqu'à quel degré s'étend ton savoir vivre.

LE BOUFFON.

Je vais vous montrer, que je suis fort bien nourri & fort mal élevé. Je sai que je n'ai affaire qu'avec la Cour.

LA COMTESSE.

Comment, *qu'avec la Cour ?* Et à quel autre lieu attaches-tu donc plus d'importance, pour nommer la Cour avec tant de mépris : *qu'avec la Cour*, dis-tu ?

LE BOUFFON.

En vérité, Madame, si Dieu prête à un homme quelques mœurs, il peut bien les mettre indifféremment de côté à la Cour. Celui qui ne sait pas faire la révérence, ôter son chapeau, baiser sa main, & dire des riens, n'a ni jambes, ni mains, ni bouche, ni tête, & ma foi, cet homme, à dire vrai, n'étoit pas

COMÉDIE. 69

fait pour la Cour : mais, pour moi, j'ai une réponse qui peut servir à tout le monde.

LA COMTESSE.

Vraiment, c'est là une bien bonne réponse, que celle qui peut aller à toutes les questions.

LE BOUFFON.

C'est une selle à tous chevaux (†), bonne aux croupes maigres, grasses, étroites, larges, à toutes les croupes enfin.

LA COMTESSE.

Et ta réponse sera bonne pour toutes les questions ?

LE BOUFFON.

Aussi bonne que le sont les honoraires pour un Avocat (¶), que votre tête Françoise l'est pour votre bonnet de taffetas (§); que l'anneau de jonc de Tabitha (*)

(†) Le proverbe Anglois est : *C'est une chaise de Barbier, qui va à tous les derrières ; pointus, ronds, charnus, à toutes les formes enfin.* J'ai mis l'équivalent.

(¶) Dix *groats*, ou pièces à la chèvre.

(§) Ou bien, que votre écu François, pour votre fille de joie en taffetas.

(*) *Tom* est l'homme, & *Tib* ou *Tabitha* est la femme. Allusion à une ancienne coutume de se marier avec un anneau de jonc, tant en Angleterre qu'ailleurs. Breval, dans ses antiquités de Paris, en fait mention comme d'une sorte d'épousailles usitée en France, par ceux qui vouloient vivre ensemble dans l'état de

pour l'index de Tom, une gauffre pour le Mardi-gras, une danse moresque pour le jour de Mai, la cheville pour le trou, le cocu pour ses cornes, une méchante diablesse pour un mari bourru, les lèvres de la None pour la bouche du Moine; enfin, que le *pudding* pour la peau qui l'enveloppe.

LA COMTESSE.

As-tu, te dis-je, une pareille réponse qui s'ajuste à toutes les questions ?

LE BOUFFON.

Oui, depuis la bassesse de votre Duc jusqu'au dernier des bas-Officiers du guet, elle conviendra à toutes les questions.

LA COMTESSE.

Ce doit être une réponse d'une prodigieuse étendue, pour faire ainsi face à toutes les demandes.

---

concubinage. Mais en Angleterre, elle n'étoit guères pratiquée que par les séducteurs, pour corrompre les jeunes personnes auxquelles ils portoient leur amour. Richard Poore, Evêque de Salisbury, défendit les anneaux de jonc; par la raison que quelques esprits étoient assez foibles, pour s'imaginer que ces mariages de plaisanterie formoient un lien & un mariage réel : on fit sur cet abus une chanson qui fut chantée d'abord par Miss Davis. Elle jouoit le rôle de Célénie, dans la Pièce de Davenant, intitulée, *les Rivaux* ; & le Roi Charles II fut si charmé de son chant & de son jeu, qu'il l'enleva au Théatre, pour en faire sa Maîtresse. *Hawkins.*

COMÉDIE.

LE BOUFFON.

Une bagatelle, en vérité, si les Savans vouloient l'apprécier à sa juste valeur. La voici, avec toutes ses dépendances. Demandez-moi si je suis un Courtisan : il ne vous en coûtera rien pour apprendre.

LA COMTESSE.

Allons, redevenons jeunes, si nous pouvons. — Je vais faire la folle en te faisant la question, dans l'espérance que ta réponse me rendra plus sage. Allons, je vous prie, l'ami, dites-moi, êtes-vous un Courtisan?

LE BOUFFON.

O mon Dieu, Monsieur (†) *!* — Voilà un moyen bien simple d'expédier les questionneurs. — Allons, encore, encore, une centaine de questions.

LA COMTESSE.

Monsieur, je suis un de vos amis dévoués, qui vous chérit tendrement.

LE BOUFFON.

O mon Dieu, Monsieur ! — Allons, serré, ne me ménagez pas.

(†) Satyre assez comique de cette vaine exclamation, fort en vogue alors à la Cour, & qu'on répétoit à tout propos. *Warburton*.

LA COMTESSE.

Je pense bien, Monsieur, que vous ne pouvez pas manger de ce mets grossier.

LE BOUFFON.

O mon Dieu, Monsieur ! — Allons, embarrassez-moi, je vous ferai face.

LA COMTESSE.

Vous avez été châtié ces jours derniers, Monsieur, à ce que je crois.

LE BOUFFON.

O mon Dieu, Monsieur ! — Allons, ne m'épargnez pas.

LA COMTESSE.

Criez-vous, *ô mon Dieu, Monsieur,* & ne m'épargnez pas, lorsqu'on vous châtie ? Vraiment, votre *ô mon Dieu, Monsieur,* va on ne peut pas mieux dans cette occasion ; ce seroit fort bien répondre au fouet, quand on ne feroit que vous lier pour le recevoir.

LE BOUFFON.

Je n'ai jamais eu tant de malheur dans ma vie, & dans mon *ô mon Dieu, Monsieur :* je vois bien à présent, que les choses peuvent servir long-tems, mais pas toujours.

LA COMTESSE.

COMÉDIE.

LA COMTESSE.

Je fais là vraiment le rôle d'une belle ménagère du tems, de le dépenser en vains propos avec un fou (†).

LE BOUFFON.

O mon Dieu, Monsieur! — Tenez, voilà que la réponse revient bien là.

LA COMTESSE.

Allons, l'ami, à votre affaire : donnez cette lettre à Hélène, & pressez-la de me faire réponse sur le champ : recommandez-moi à mes parens, à mon fils : ce n'est pas beaucoup....

LE BOUFFON.

Oui, ne pas beaucoup vous recommander à eux?

LA COMTESSE.

Ce n'est pas beaucoup de peine pour vous, voilà ce que je veux dire. Vous m'entendez?

LE BOUFFON.

Avec le plus grand fruit : je suis là, avant que mes jambes y soient.

(†) Elle se reproche sa légèreté, en badinant avec ce bouffon, comme une ridicule tentative pour revenir à la jeunesse. *Johnson.*

LA COMTESSE.

Allons, hâte-toi d'en revenir ici.

(*Ils sortent*).

SCENE VIII.

La Scène est à la Cour de France.

BERTRAND, LAFEU, PAROLLES.

LAFEU.

On dit que le tems des miracles est passé; & nous avons nos Seigneurs les Philosophes, pour faire de tous les phénomènes surnaturels & sans cause visible, des événemens naturels & familiers. Il arrive de-là que nous nous jouons des prodiges les plus effrayans, nous retranchant dans une science illusoire, lorsque nous devrions nous soumettre humblement devant ces objets inconnus de terreur.

PAROLLES.

Oui, c'est une des plus rares merveilles, qui ait éclaté dans nos tems modernes.

BERTRAND.

Oh! sans doute!

COMÉDIE.

LAFEU.
D'être abandonné des gens de l'Art.
PAROLLES.
C'est ce que je dis.
LAFEU.
De Galien & de Paracelse (†) à la fois, de tous les Savans Docteurs & Jurés experts (¶).
PAROLLES.
Oui, c'est ce que je dis.
LAFEU.
Qui l'ont abandonné, comme incurable.
PAROLLES.
Oui vraiment : c'est ce que je dis aussi.
LAFEU.
Sans espoir ni remède....

(†) *Authentick*, de la formule des lettres : *Authenticè licentiatus. Musgrave.*

(¶) Paracelse, quoique ce ne fût guères qu'un ignorant & un enthousiaste, étoit alors si fort en vogue, que même auprès des gens instruits, il luttoit de crédit & de réputation avec Galien. C'étoit le Médecin à la mode.

PAROLLES.

Oui, comme un homme qui seroit assuré de....

LAFEU.

Une vie incertaine, & une mort inévitable.

PAROLLES.

C'est cela même : vous avez raison : j'en aurois dit autant.

LAFEU.

Je puis dire, que c'est là un phénomène tout nouveau dans le monde.

PAROLLES.

C'en est un en effet : si vous voulez le voir en représentation, vous le lirez dans.... Quel est le titre de cette brochure?...

LAFEU.

Représentation d'un effet céleste dans un Acteur de la terre (†).

PAROLLES.

C'est justement là ce que je voulois dire (¶) : c'est cela même.

(†) Titre ridicule de quelque ouvrage du tems.
(¶) Tout le comique de cette scène roule sur les prétentions de Parolles à la science & aux sentimens qu'il n'a pas. *Johnson.*

COMEDIE.

LAFEU.

En vérité, le Dauphin n'eſt pas plus ſain ni plus vigoureux. — En vérité, je parle relativement à....

PAROLLES.

Oh! cela eſt étrange, très-étrange : voilà toute l'hiſtoire & l'embarraſſant de la choſe, & il faut être d'un eſprit bien pervers, pour ne pas reconnoître dans cet événement....

LAFEU.

La main du Ciel même.

PAROLLES.

Oui, c'eſt ce que je dis.

LAFEU.

Par le plus foible....

PAROLLES.

Et le plus débile Miniſtre : un grand pouvoir, une puiſſance extraordinaire, qui devroit en vérité produire encore ſur nous d'autres effets, que la ſimple guériſon du Roi ; comme par exemple....

LAFEU.

Une reconnoiſſance univerſelle.

PAROLLES.

Je voulois le dire : vous avez bien raifon. — Voici le Roi qui vient.

SCENE IX.

Les mêmes. LE ROI, HÉLENE, *fuite.*

LAFEU.

Frais & difpos (†)! J'en aimerai encore mieux les jeunes filles, tant qu'il me reftera une dent dans la bouche. Hé mais, il eft en état de danfer une *courante* avec elle.

PAROLLES, *reconnoiffant Hélène.*

Mort du vinaigre ! n'eft-ce pas-là Hélène ?

LAFEU.

Devant Dieu, je le penfe.

LE ROI.

Allez, faites venir ici tous les Seigneurs de ma Cour. (*A Hélène*). Affeyez-vous, mon Ange confer-

---

(†) *Luftick* eft le mot de l'original. Et comme c'eft un mot Hollandois, *luftigh*, équivalent à *lufty*, vigoureux, Lafeu ajoute après ce mot, *comme dit l'Hollandois*.

vateur, à côté de votre patient; & de cette main rajeunie, où vous avez rappellé la vie & le sentiment, recevez une seconde fois la confirmation de ma promesse : je suis prêt à vous faire le don que vous désirez, & je n'attends de vous qu'un mot, qui le nomme.

SCENE X.

Les précédens. Plusieurs SEIGNEURS *entrent.*

LE ROI, *continuant.*

Bel Ange, promenez vos regards autour de vous : cette troupe de jeunes & nobles Seigneurs sont à ma disposition, & je puis exercer sur eux la puissance d'un Souverain, & l'autorité d'un père : faites librement votre choix : vous avez tout pouvoir de choisir, & eux n'en ont aucun pour vous refuser.

HÉLENE.

Que le sort fasse tomber à chacun de vous une belle & vertueuse Amante, quand il plaira à l'Amour !

PAROLLES.

Qu'une seule pour chacun (†) !

(†) Tyrhwitt pense que cette phrase est une plaisanterie qui doit être dans la bouche de Parolles.

LAFEU.

Je donnerois mon cheval bai à la queue retroussée, & tout son harnois, pour que ma bouche fût aussi bien garnie de dents que celles de ces jeunes bacheliers, & pour que ma barbe fût aussi courte.

LE ROI, *à Hélène.*

Considérez-les bien tous : il n'en est pas un parmi eux, qui ne sorte d'une noble race.

HÉLENE.

Noble jeunesse, le Ciel a, par mon ministère, rendu la santé au Roi.

TOUS LES SEIGNEURS.

Nous le voyons, & nous en remercions le Ciel pour vous.

HÉLENE.

Je ne suis qu'une jeune & simple Vierge, & je déclare que c'est là ma plus grande richesse. — Si c'est le bon plaisir de Votre Majesté, j'aurai bientôt fait mon choix. — La rougeur qui se peint sur mes joues, semble me dire en secret : « Je rougis de ce que tu vas faire un choix, qui t'attirera un refus ; & alors, que la pâleur s'établisse pour toujours sur ton visage ; car je n'y remonterai plus pour le colorer ».

LE ROI.

COMÉDIE. 81

LE ROI.

Faites votre choix; & je vous protefte, que celui qui refufera votre amour, perdra le mien.

HÉLENE.

Hé bien, Diane, de ce moment je déferte tes autels, & mes foupirs s'élèveront tous vers le suprême Amour, vers ce Dieu fouverain. (*A un des Seigneurs*). Seigneur, voulez-vous écouter ma requête?

Ier SEIGNEUR.

Oui, & vous l'accorder auffi.

HÉLENE.

Je vous rends graces; je n'ai rien à ajouter.

LAFEU.

J'aimerois mieux être au nombre des objets de fon choix, que de tirer ma vie au fort fur la chance d'un befet (†).

HÉLENE, *à un autre Seigneur*.

L'orgueil de la Nobleffe, qui étincelle dans vos beaux yeux, me fait une réponfe menaçante, avant même que j'aie parlé. Puiffe l'amour vous envoyer une bonne fortune vingt fois au-deffus du mérite & de l'humble tendreffe de celle qui vous adreffe ce vœu!

(†) Les deux unités des dés, ou les deux as; terme de jeu.

IIme SEIGNEUR.

Je n'aspire à rien de mieux, si vous voulez.

HÉLENE.

Recevez mon vœu, & que l'amour l'exauce pour vous! C'est ainsi que je prends congé de vous.

LAFEU.

Est-ce qu'ils la refusent tous (†)? S'ils étoient mes enfans, je voudrois les faire châtier, ou je les enverrais au grand Sultan, pour les faire tous eunuques.

HÉLENE, *à un autre Seigneur.*

Ne craignez point que je prenne votre main : je ne vous ferai jamais aucune injure, par égard pour vous. Que le Ciel béniffe vos défirs ! & si jamais vous vous mariez, puissiez-vous trouver une plus belle compagne dans votre lit nuptial!

LAFEU.

Ces jeunes gens font des automates de glace : aucun ne veut d'elle : ce font des bâtards des Anglois; jamais ils n'eurent des François pour peres.

(†) Aucun n'a refusé Hélène, ni ne la refuse ensuite, que Bertrand : mais Lafeu & Parolles font à une certaine distance des autres sur la Scène; ils voyent ce qui se passe entre Hélène & les Seigneurs, mais sans entendre ce qui se dit. *Johnson.*

COMÉDIE.

HÉLENE, *à un autre Seigneur.*

Vous êtes trop jeune, trop heureux, & trop noble, pour adopter un fils formé de mon sang.

IVme SEIGNEUR.

Je ne crois pas cela, ma belle.

LAFEU.

Il reste encore une bonne grappe (†)... Je suis sûr que ton père buvoit d'un vin généreux. — Mais si tu n'es pas un imbécille, je suis, moi, un jeune homme de quatorze ans : je te connois déja pour ce que tu vaux.

HÉLENE, *à Bertrand.*

Je n'ose vous dire, que je vous prends pour moi : c'est moi qui me donne toute entière à vous, & qui me soumets à vous servir toute ma vie. — Voilà mon choix.

LE ROI, *à Bertrand.*

Hé bien, jeune Bertrand, accepte-la ; elle est ta femme.

BERTRAND.

Ma femme, mon Souverain ? J'oserai conjurer

(†) Le vieux Lafeu, supposant qu'Hélène a été refusée, & jettant les yeux sur Bertrand qui restoit, dit : *Il y en a encore un, dans les veines duquel son pere a versé de bon sang ; — mais je t'ai connu assez long-tems, pour te connoître pour un âne.* Johnson.

Votre Majesté de me donner, dans un pareil choix, la liberté de m'en rapporter à mes propres yeux.

LE ROI.

Ignores-tu donc, Bertrand, ce qu'elle a fait pour moi?

BERTRAND.

Je le sais, mon bon Roi; mais je ne crois pas savoir jamais pourquoi je dois l'épouser.

LE ROI.

Tu sais qu'elle m'a retiré du lit de douleur où je languissois.

BERTRAND.

Mais faut-il, Seigneur, que ma ruine soit la suite nécessaire de votre rétablissement? Je la connois très-bien : elle a été élevée à la charge de mon père. La fille d'un pauvre Médecin être ma femme! Que plutôt l'opprobre me couvre & efface mon nom pour toujours!

LE ROI.

Tu ne dédaignes en elle que son état, que je peux, moi, créer & illustrer. Il est bien étrange que notre sang à tous, qui pour la couleur, le poids & la chaleur, mêlé ensemble, n'offriroit aucune trace de distinction, prétende cependant se séparer, dans les hommes, par de si vastes différences. Si cette belle

COMÉDIE.

possède tout ce qu'il y a de mérite & de vertus, & que tu n'aies d'autre raison de tes dédains, que parce qu'elle est la fille d'un pauvre Médecin, tu te dégoûtes donc de la vertu, pour un vain nom? Ne juge pas ainsi, Bertrand. Quand la vertu sort d'une source obscure, son obscurité est illustrée par les actions & le mérite de l'homme. L'honneur sans la vertu, & qui n'est formé que de vains titres de grandeur & de noblesse, n'est qu'une enflure hydropique. Ce qui est bon par lui-même, est bon, sans nom & sans titre (†); & ce qui est vil, reste toujours vil malgré les titres. Le prix des choses dépend de leur mérite intérieur, & non de leur dénomination. Elle est jeune, sage, belle ; elle a reçu cet héritage en ligne directe de la Nature ; & ces qualités forment le véritable honneur. L'opprobre de l'honneur est celui qui se prétend fils de l'honneur, & qui ne ressemble pas à son père. Nos honneurs prospèrent, lorsque nous les faisons dériver de nos actions, plutôt que de nos ancêtres. Quant à ce nom, l'*honneur*, ce n'est qu'un vil témoin suborné sur les tombeaux, un trophée imposteur sur les pierres sépulcrales, & souvent aussi ce mot garde un silence ingrat sur des tombes, où la poussière & un coupable (¶)

(†) Autre sens de Steevens ; *même dans l'état le plus obscur.*

(¶) Qui reproche aux vivans leur négligence & leur indifférence pour les morts illustres sur les inscriptions sépulcrales. *Mistriss. Griffith*

oubli enfeveliffent d'honorables & vertueufes cendres. Qu'ai-je befoin d'en dire plus ? Si tu peux aimer cette jeune perfonne, comme Vierge, je puis créer tout le refte : elle & fa vertu, c'eft fa dot perfonnelle : les honneurs & les richeffes viendront de moi (†).

BERTRAND.

Je ne puis l'aimer, & je ne ferai pas d'efforts fur moi-même, pour y parvenir.

LE ROI.

Tu te fais injure à toi-même, en héfitant fi long-tems fur ce choix.

HÉLENE.

Sire, je fuis joyeufe de vous voir bien rétabli : que le refte devienne ce qu'il plaira au fort.

LE ROI.

Mon honneur engagé eft en péril : il faut, pour l'en dégager, que je déploie mon pouvoir. Allons, prends fa main, hautain & dédaigneux jeune homme, qui es indigne de ce beau don ; toi qui repouffes d'un œil

---

(†) Ce difcours du Roi renferme nombre de penfées morales & philofophiques fur le mérite & la vertu, & fur les loix févères que l'orgueil & la vanité des hommes ont établies contre leur propre bonheur & leurs jouiffances. *Quàm temerè in nofmet legem fancimus iniquam !* dit Horace. *Miftriff. Griffith.*

insultant & mon amitié & son mérite; toi qui ne t'avises pas de songer, qu'elle & moi, placés dans la balance, nous t'enlèverions jusqu'au fléau; toi qui ne veux pas savoir, qu'il dépend de nous de transplanter tes honneurs où il nous plaira de les faire croître : contiens tes mépris : obéis à notre volonté, qui travaille pour ton bien : n'écoute point ton vain orgueil : rends sur le champ, pour l'avantage de ta propre fortune, l'hommage d'obéissance que ton devoir nous doit, & que notre autorité exige, ou je t'effacerai pour jamais de mon souvenir, & t'abandonnerai aux vertiges de ton âge & à la ruineuse témérité de la jeunesse & de l'ignorance, déployant sur toi ma haine & ma vengeance. Comme elles seront justes, elles seront sans pitié. Parle : ta réponse.

BERTRAND.

Pardon, mon gracieux Souverain : je soumets mon amour au choix de vos yeux. Lorsque je considère quelle riche création de grandeurs, & quel immense lot d'honneur vont s'attacher où vous l'ordonnez, je trouve que cette fille, qui d'abord étoit très-rabaissée dans la fierté de mes pensées, est maintenant l'objet des louanges du Roi, & par-là ennoblie ; c'est comme si elle sortoit d'un illustre berceau.

LE ROI.

Prends sa main, & dis-lui, qu'elle est ton épouse :

je te promets, en grandeurs & en fortune, une dot égale aux tiennes, si elle ne les surpasse pas.

BERTRAND.

J'accepte & je prends sa main.

LE ROI.

Que le bonheur & la faveur du Roi sourient à ce contrat! Toutes les formalités nécessaires pour le rendre parfait, seront accomplies dès ce soir : la fête peut souffrir un plus long délai, & attendre nos amis absens. Bertrand, si tu l'aimes, ton amour est un hommage sacré rendu à ton Roi : autrement, ton amitié pour moi s'égare, & manque son but.

(*Tous sortent, excepté Parolles & Lafeu*).

SCENE XI.

LAFEU, PAROLLES.

LAFEU.

Entendez-vous, Monsieur? Un mot, s'il vous plaît.

PAROLLES.

Que désirez-vous, Seigneur?

LAFEU.

Votre Seigneur & Maître a bien fait de se rétracter.

PAROLLES.

PAROLLES.

Se rétracter ? Mon Maître, Seigneur ?

LAFEU.

Oui : eſt-ce que je ne parle pas une langue intelligible ?

PAROLLES.

Une langue fort dure à l'oreille, & qu'on ne peut entendre ſans effuſion de ſang. — *Mon Maître !*

LAFEU.

Quoi donc ? Etes-vous l'égal & le camarade du Comte de Rouſſillon ?

PAROLLES.

De quelque Comte que ce ſoit, de tous les Comtes, de tout ce qui eſt homme.

LAFEU.

De tout ce qui eſt l'*homme* du Comte; mais *le Maître du Comte*, c'eſt un autre ſtyle.

PAROLLES.

Vous êtes trop vieux, Monſieur : que cela vous ſuffiſe, vous êtes trop vieux.

LAFEU.

Il faut vous dire, mon bel ami, que j'ai le titre

d'homme, moi; titre auquel jamais l'âge ne pourra vous faire parvenir, vous.

PAROLLES.

Ce que j'oserois bien, je n'ose pas le faire.

LAFEU.

Je vous ai cru, pendant deux repas, un assez joli garçon, & du sens : vous avez fait tant de récits de vos voyages : cela pouvoit passer ; mais les écharpes & les rubans, dont vous êtes couvert, m'ont de plus d'une manière dissuadé, & je ne vous crois pas un vaisseau d'une riche cargaison. — Je t'ai trouvé à présent, & si je te perds, je ne m'en embarrasse guères; & cependant tu n'es bon à rien qu'à démentir (†), & encore tu n'en vaux guères la peine.

PAROLLES.

Si vous n'étiez pas couvert du privilége de l'âge...

LAFEU.

Ne vous plongez pas trop avant dans la colère, de peur de trop hâter votre fatale épreuve ; & si une fois.... Que Dieu ait pitié de toi, poltron! — Allons, mon beau sépulcre blanchi, fort bien : je n'ai pas besoin de t'ouvrir, je vois tout au travers de toi. — Donne moi ta main.

(†) Qu'à prendre au mot, suivant Eschemburg.

PAROLLES.

Seigneur, vous me faites-là un indigne traitement!

LAFEU.

Oui, & c'est de tout mon cœur; & tu en es bien digne.

PAROLLES.

Je ne l'ai pas mérité, Seigneur.

LAFEU.

Oh! pleinement, en tout point, & je n'en rabattrois pas un iota.

PAROLLES.

Allons, je serai plus sage....

LAFEU.

Oui, le plutôt que tu pourras; car autrement tu t'en trouverois mal (†). —Si jamais on te lie dans ton écharpe, & qu'on te châtie, tu éprouveras alors ce que c'est que d'allier la fierté & la servitude. J'ai envie d'entretenir ma connoissance avec toi, ou plutôt mon étude de toi, afin que je puisse dire, au besoin, « voilà un homme que je connois ».

PAROLLES.

Seigneur, vous me vexez d'une manière intolérable.

_____

(†) Tu as furieusement à tirer le vaisseau en sens contraire.

LAFEU.

Je voudrois te faire éprouver les tourmens de l'enfer, & que ma vigueur pour le faire fût éternelle; mais ma vigueur est passée, & cependant il m'en reste assez pour me faire justice de toi, de la manière que la foiblesse de l'âge peut me le permettre (†).

(*Il sort*).

SCENE XII.

PAROLLES, *seul*.

Allons, tu as un fils, qui me lavera de cet affront, hideux & dégoûtant vieillard. — Allons, il faut que je me contienne : mais il n'y a pas moyen de se contraindre. Je le châtierai, sur ma vie, si je peux jamais le rencontrer à propos, fût-il deux fois plus grand Seigneur. Je n'aurai pas plus de pitié de sa vieillesse, que je n'en aurois de... Je le châtierai, pourvu que je le puisse joindre encore une fois (¶).

(†) Tel est le sens de Warburton. Celui de Steevens est tiré d'une équivoque sur le mot *past*, ma vigueur est passée; mais je serai *passé* par toi; c'est-à-dire, *excusé*, *pardonné*, de quelque manière que je te provoque.

(¶) Un lâche cherche à se cacher à lui-même sa poltronnerie, & s'exhorte à être brave. Ce trait est dans la nature. *Warburton.*

COMÉDIE.

SCENE XIII.
PAROLLES; LAFEU *revient*.

LAFEU.

L'ami, votre Seigneur & Maître est marié : voilà des nouvelles pour vous. Vous avez une nouvelle Maîtresse.

PAROLLES.

Je dois franchement conjurer votre Seigneurie de vouloir bien m'épargner vos insultes. Lui, il est mon digne Seigneur : mais l'Etre que je sers, & qui est au-dessus de moi, voilà mon maître.

LAFEU.

Qui ? Dieu ?

PAROLLES.

Oui, Monsieur.

LAFEU.

C'est le diable, qui est ton maître. Pourquoi croises-tu ainsi tes bras ? Veux-tu faire de tes manches une paire de chausses ? Les autres valets en font-ils autant (†) ? Sur mon honneur, si j'étois plus jeune

---

(†) Tu ferois bien mieux de mettre ta partie inférieure où est ton nez.

seulement de deux heures, je te bâtonnerois. Il me semble que tu es un objet de reproche & de scandale universel, & que chacun devroit te châtier. Je crois que tu as été créé pour être en butte aux nasardes de tous les hommes.

PAROLLES.

C'est de votre part, Seigneur, un acharnement à m'outrager, qui est bien dur, & que je ne mérite pas.

LAFEU.

Allez, allez : vous avez été battu en Italie pour avoir arraché un fruit d'un grenadier : vous êtes un vagabond, & non pas un honnête voyageur : vous faites plus l'impertinent avec les gens de qualité & les personnages d'honneur, que les armoiries de votre naissance ne vous donnent droit de le faire. Vous ne méritez pas un seul mot de plus, sans quoi je vous appellerois un drôle : je vous laisse-là.

(Lafeu sort).

COMÉDIE.

SCENE XIV.
PAROLLES, BERTRAND.

PAROLLES.

C'est bon, c'est bon : oui, oui, bon, bon : gardons-en le secret quelque tems.

BERTRAND.

Perdu & condamné aux chagrins pour toujours !

PAROLLES.

Qu'avez-vous, mon cher cœur ?

BERTRAND.

Quoique je l'aie solemnellement juré devant le Prêtre, je ne partagerai jamais son lit.

PAROLLES.

Quoi ? quoi donc, mon cher ami ?

BERTRAND.

O mon cher Parolles, ils m'ont marié ! — Je veux aller aux guerres de Toscane, & jamais je ne la recevrai dans mon lit.

PAROLLES.

La France est un vrai cul-de-sac (†) : elle ne mérite

(†) Un chenil.

pas d'être foulée du pied d'un homme d'honneur. A la guerre !

BERTRAND.

Voilà des lettres de ma mère : ce qu'elles contiennent, je ne le fai pas encore.

PAROLLES.

Il faudroit le favoir. — A la guerre, jeune homme, à la guerre ! Il tient dans le néant fon honneur invifible, celui qui refte dans fes foyers à careffer fa créature, dépenfant dans fes bras fa vigueur virile, qui devroit réprimer les bonds & la fougue d'un ardent courfier de Mars. Aux pays étrangers ! La France eft une étable, & nous, qui y demeurons, de vraies bêtes de fomme. Allons ; à la guerre !

BERTRAND.

Oui, j'irai. — Je l'enverrai dans mon Château ; j'informerai ma mère de mon averfion pour elle, & de la caufe de mon évafion ; j'écrirai au Roi ce que je n'ai pas ofé lui dire en face : le don qu'il vient de me faire, me fervira à m'équiper pour les guerres d'Italie, où les braves combattent. Le champ de bataille eft un afyle de paix, en comparaifon d'une maifon mélancolique & d'une époufe déteftée.

PAROLLES.

Cette fantaifie vous durera-t-elle ? En êtes-vous bien fûr ?

BERTRAND.

BERTRAND.

Venez avec moi à mon appartement, & aidez-moi de vos conseils. Je vais la congédier sur le champ. Demain je pars pour la guerre, & elle pour le veuvage & la solitude.

PAROLLES.

Oh! comme les balles rebondissent! quel vacarme elles font! — Cela est dur. — Un jeune homme marié, est un homme perdu : ainsi, partez, & quittez-la bravement : allez. Le Roi vous a fait outrage. — Mais, chut! c'est comme cela...

(Ils sortent).

SCENE XV.

HÉLENE, LE BOUFFON, *qui lui a apporté des nouvelles de la Comtesse*, PAROLLES.

HÉLENE.

MA mère me félicite & m'exprime sa tendresse(†).

(†) *Hélène.* Est-elle bien ?
Le Bouffon. Elle n'est pas bien, mais elle jouit de la santé : elle est fort gaie, mais elle n'est pas bien; mais Dieu soit loué,

PAROLLES.

Salut, mon heureuse Dame!

HÉLENE.

Je me flatte d'avoir votre aveu pour ma bonne fortune.

PAROLLES.

Vous avez mes vœux pour qu'elle augmente; & mes vœux encore pour qu'elle dute. (*Au Bouffon*). Ha, mon vaurien! comment se porte ma vieille Dame?

LE BOUFFON.

De manière que si vous aviez ses rides, & moi ses écus, je voudrois qu'elle fût comme vous dites.

PAROLLES.

Hé, je ne dis rien.

de ce qu'elle est fort bien, & de ce qu'elle n'a besoin de rien au monde; mais elle n'est pas bien.

Hélène. Si elle est bien, quel mal a-t-elle donc, pour n'être pas bien?

Le Bouffon. Sans mentir, elle est bien, si ce n'est à deux choses près.

Hélène. Quelles sont ces deux choses?

Le Bouffon. L'une, qu'elle n'est pas dans le Ciel, où Dieu veuille l'envoyer promptement! l'autre, qu'elle est sur la terre, d'où Dieu veuille la congédier promptement!

COMÉDIE.

LE BOUFFON.

Vraiment, vous n'en êtes que plus sage; car souvent la langue d'un homme est la ruine de son Maître : ne dire rien, ne faire rien, ne savoir rien, & n'avoir rien, font une grande partie de vos titres, qui sont à-peu-près l'équivalent de rien.

PAROLLES.

Loin de moi, tu es un coquin.

LE BOUFFON.

Vous auriez dû dire, Monsieur, devant un coquin, tu es un coquin; c'est-à-dire, devant moi tu es un coquin, & ç'auroit été la vérité.

PAROLLES.

Va, va, tu es un rusé coquin : je t'ai trouvé (†).

LE BOUFFON.

Me trouvez-vous en vous-même, Monsieur? ou bien, vous a-t-on appris à me trouver? La recherche, Monsieur, étoit des plus profitables; & vous pourriez trouver beaucoup du fou en vous, au grand plaisir du monde, & à l'augmentation de ses risées.

PAROLLES.

Un bon drôle, en vérité, & bien nourri! —Madame,

(†) C'est-à-dire, je te connois.

mon Seigneur va partir ce foir. Une affaire des plus férieufes l'appelle : il fait tous les grands priviléges & les droits de l'amour, que la circonftance réclame pour vous, & qui vous font dus; mais il eft contraint, malgré lui, de remettre à un autre tems à vous fatisfaire. Cette privation & ce délai font rachetés par les douceurs qui vont fe préparer dans cet intervalle forcé, & qui inonderont de joie l'heure fortunée qui le terminera : oui, ce délai vous procurera un déluge de jouiffances.

HÉLENE.

Quelles font fes autres intentions ?

PAROLLES.

Que vous preniez inceffamment congé du Roi, & que vous donniez à ce départ précipité, le motif de votre propre avantage, appuyé de toutes les raifons que vous pourrez trouver, pour rendre cette néceffité vraifemblable.

HÉLENE.

Sont-ce-là tous fes ordres ?

PAROLLES.

Il demande, qu'après avoir obtenu ce congé, vous vous conformiez fur le champ à fes autres intentions.

HÉLENE.

En tout je fuis foumife à fa volonté.

PAROLLES.

Je vais l'en assurer de votre part. (*Parolles sort*).

HÉLENE.

Je vous en prie. — Viens, toi. (*Au Bouffon*).
(*Ils sortent*).

SCENE XVI.
LAFEU, BERTRAND.

LAFEU.

Mais, j'espère que vous ne le regardez pas comme un Guerrier.

BERTRAND.

Comme un Guerrier, Seigneur, & qui a fait ses preuves de courage.

LAFEU.

Vous le tenez de sa bouche ?

BERTRAND.

Et de bien d'autres témoignages qui le confirment.

L A F E U.

Allons, mon cadran ne va donc pas bien : j'ai pris ce lion pour un daim (†).

BERTRAND.

Je vous affure, Seigneur, qu'il a de grandes connoiffances, & qu'il n'a pas moins de bravoure.

L A F E U.

J'ai donc péché contre fon expérience, & prévariqué contre fa valeur ; & je fuis à cet égard dans l'état le plus dangereux ; car je ne puis trouver dans mon cœur aucune volonté de m'en repentir. — Le voici qui vient : je vous en prie, réconciliez-nous : je veux rechercher fon amitié.

(†) J'ai pris cette alouette pour un traquet ; efpèce d'oifeau qui fait fon nid à terre. *Terraneola & rubetra, avis alaudæ fimilis, dicta terraneola, quod non in arboribus, fed in terrâ verfetur & nidificet.* Steevens.

COMÉDIE. 103

SCENE XVII.

Les mêmes. PAROLLES, *toujours élégant, & mis en petit-Maître.*

PAROLLES.

Tout cela se fera, Monsieur.

LAFEU, *à Bertrand.*

Je vous en prie, Monsieur, dites-moi quel est son Tailleur?

PAROLLES.

Monsieur?

LAFEU.

Oh! je le connois bien. Oui, Monsieur; c'est vraiment, Monsieur, un bon ouvrier, un fort bon Tailleur.

BERTRAND, *bas à Parolles.*

Est-elle allée trouver le Roi?

PAROLLES.

Elle y est allée.

BERTRAND.

Partira-t-elle ce soir?

PAROLLES.

Comme vous le lui avez ordonné.

BERTRAND.

J'ai écrit mes lettres, enfermé mon tréfor dans ma caffette, donné mes ordres pour nos chevaux; & ce foir, à l'heure où je devrois prendre poffeffion de ma nouvelle époufe... & , avant que je commence...

LAFEU.

Un bon & honnête voyageur eft de quelque prix à la fin d'un dîner ; mais un homme qui débite trois menfonges, & dit une vérité connue de tout le monde pour faire paffer un millier de balivernes, mérite d'être écouté une fois, & fuftigé trois. (*A Parolles*). Dieu vous affifte, Capitaine !

BERTRAND, à *Parolles.*

Y auroit-il quelque méfintelligence entre ce noble Seigneur & vous ?

PAROLLES.

Je ne fai pas comment j'ai mérité de tomber dans la difgrace de ce noble Seigneur.

LAFEU.

Vous avez fait un tour d'adreffe pour y tomber & vous y enfoncer tout entier, en bottes & éperons, comme le bouffon qui faute dans un vafte & profond pâté;

pâté (†) ; & vous en refortirez promptement, plutôt que de fouffrir qu'on vous demande raifon de ce que vous reftez dedans.

BERTRAND.

Il fe pourroit, que vous vous fuffiez mépris fur fon compte, Seigneur.

LAFEU.

Et je m'y méprendrai toujours, quand je le furprendrois en prières. — Adieu, Seigneur, & croyez ce que je vous dis, qu'il n'y a point d'amande dans cette noix légère : toute l'ame de cet homme eft dans fes habits : ne vous fiez pas à lui dans aucune affaire de conféquence; j'ai apprivoifé de ces animaux-là, & je connois leur naturel. (*A Parolles*). Adieu, Monfieur, j'ai mieux parlé de vous, que vous n'avez mérité, & que vous ne mériterez de moi ; mais il faut rendre le bien pour le mal. (*Il fort*).

PAROLLES.

Un futile & méchant vieillard !

BERTRAND.

Je le crois tel.

(†) Satyre contre une folle coutume pratiquée dans les fêtes de Londres, où un baladin ou bouffon fautoit à pieds joints dans un large & profond pâté au lait ; ce qui faifoit beaucoup rire la populace. *Théobald.*

PAROLLES.

Hé mais, ne le connoissez-vous pas?

BERTRAND.

Oui, je le connois bien, & l'opinion commune lui donne du mérite. — J'apperçois mon entrave.

SCENE XVIII.

Les mêmes. HÉLENE.

HÉLENE.

J'AI, Monsieur, suivant l'ordre que vous m'en avez donné, parlé au Roi, & j'ai obtenu son agrément pour partir sur le champ. Seulement il désire avoir un entretien avec vous.

BERTRAND.

J'obéirai à ses désirs. — Il ne faut pas, Hélène, vous étonner de mon procédé, qui ne paroît pas s'accorder avec les circonstances, & qui ne remplit pas l'office qu'elles exigent de moi. Je n'étois pas préparé à cet événement : voilà pourquoi vous me trouvez si mal en ordre : cela m'engage à vous prier de vous mettre en route sur le champ pour mes terres, & de vous contenter d'en être surprise, plutôt que de me demander le motif de cette prière ; car mes raisons sont meilleures qu'elles ne paroissent, & mes affaires sont d'une nécessité plus pressante qu'il ne le semble, à la première vue, à vous qui ne les connoissez pas. —Cette lettre pour ma mère. (*Il lui remet une lettre*). Il se passera deux jours avant que je vous revoie. Adieu, je vous abandonne à votre prudence.

HÉLENE.

Monsieur, je ne puis vous répondre autre chose, sinon que je suis votre humble & soumise épouse.

BERTRAND.

Allons, allons, ne parlons plus de cela.

HÉLENE.

Et que je chercherai toujours, par tous mes efforts, à réparer ce que l'étoile de ma naissance a laissé en moi de défectueux, pour égaler mon grand bonheur.

BERTRAND.

Laissons cela : je suis extrêmement pressé. Adieu ; partez pour mes terres.

HÉLENE.

Je vous prie, Monsieur, permettez....

BERTRAND.

Hé bien, que voulez-vous dire ?

HÉLENE.

Je ne suis pas digne du trésor que je possède, & je n'ose pas dire qu'il est à moi : & cependant il est à moi; mais, comme un voleur timide, je voudrois bien surprendre adroitement ce que la loi m'accorde de droit.

BERTRAND.

Que voulez-vous avoir ?

HÉLENE.

Quelque chose —, & à peine autant —; rien, dans le fond. — Je ne voudrois pas vous dire ce que je voudrois, Seigneur. — Mais pourtant, si —. Les étrangers & les ennemis se séparent, & ne s'embrassent pas.

BERTRAND.

Je vous en prie, ne perdez pas de tems : mais, vîte à cheval.

HÉLENE.

Je n'enfreindrai pas vos ordres, Seigneur.

(*Hélène sort*).

BERTRAND, *à Parolles*, *d'un air fort empressé*.

Où sont mes autres gens (†), Monsieur ? (*A Hélène*). Adieu. (*Hélène sort*). Va dans ma maison, où je ne

---

(†) Bertrand fait l'homme pressé, afin de se débarrasser plus vîte d'Hélène, que son amour retenoit toujours là. *Théobald*.

rentrerai de ma vie, tant que je pourrai manier mon épée, ou entendre le son du tambour. — Allons, partons, & songeons à sortir de France.

PAROLLES.

Bravo, du courage !

(*Ils sortent*).

ACTE III.

SCENE PREMIERE.

Le Duc de FLORENCE, *deux* SEI-
GNEURS *François; Gardes. Fanfares.*

LE DUC.

Ainsi vous voilà inftruit de point en point des raiſons fondamentales de cette guerre, dont les grands intérêts ont déja fait verſer bien du ſang, qui n'a fait qu'augmenter la ſoif d'en répandre.

Iᵉʳ SEIGNEUR.

La querelle paroît juſte, ſacrée, de la part de votre Alteſſe ; mais de la part des ennemis, elle ſemble inique & odieuſe.

LE DUC.

C'eſt ce qui augmente mon étonnement, que notre couſin le Roi de France puiſſe, dans une cauſe auſſi juſte, fermer ſon cœur à nos juſtes prières, & nous refuſer du ſecours.

COMÉDIE.

IIme SEIGNEUR.

Mon noble Prince, je ne puis vous éclairer sur les vrais motifs de notre Gouvernement, ni en parler que comme un homme ordinaire, qui n'est pas dans le secret des affaires, & qui arrange l'auguste Conseil des Rois sur ses imparfaites & aveugles notions : aussi je n'ose pas vous dire ce que j'en pense, d'autant moins que je me suis vu trompé dans mes incertaines conjectures, aussi souvent que j'ai tenté d'en faire, pour pénétrer le mystère de l'État.

LE DUC.

Au reste, que la France en agisse à son plaisir.

IIme SEIGNEUR.

Mais je suis sûr du moins que notre jeunesse Françoise, qui se déplaît & dépérit dans le repos, va accourir ici en foule tous les jours, pour se guérir de sa langueur.

LE DUC.

Ils seront bien reçus; & tous les honneurs que peut répandre ma puissance, iront s'attacher sur eux. Vous connoissez vos postes. Quand les premiers de l'armée tombent, c'est pour votre avantage; leur chûte vous élève à leur place. — Demain au champ de bataille.

(Ils sortent).

SCENE II.

La Scène est en France, dans le Roussillon.

LA COMTESSE, LE BOUFFON.

LA COMTESSE.

Tout est arrivé comme je l'ai désiré, excepté qu'il ne revient point avec elle.

LE BOUFFON.

Sur ma foi, je pense que mon jeune Maître est un homme fort mélancolique.

LA COMTESSE.

Et sur quel fondement, je te prie?

LE BOUFFON.

Hé, c'est qu'il regardoit ses bottes, & puis chantoit; qu'il rajustoit sa fraise, & puis chantoit; qu'il faisoit des questions, puis chantoit; qu'il se curoit les dents, & chantoit encore. J'ai connu un homme avec ce tic de mélancolie, qui a vendu une belle terre pour une chanson.

LA COMTESSE.

COMÉDIE.

LA COMTESSE.

Voyons ce qu'il écrit, & quand il se propose de revenir.

LE BOUFFON.

Je n'ai plus de goût pour Isabeau, depuis que je suis allé à la Cour. Nos *vieilles morues* & nos Isabeau de campagne ne ressemblent en rien à vos morues sèches & à vos Isabelles de Cour. La cervelle de mon cupidon est fêlée, & je commence à aimer les femmes, comme un vieillard aime l'argent, sans appétit ni plaisir.

LA COMTESSE, *ouvrant la lettre.*

Qu'avons-nous ici ?

LE BOUFFON.

Précisément ce que vous avez-là. (*Il sort*).

LA COMTESSE *lit la lettre.*

Je vous envoie une belle-fille : elle a guéri le Roi & m'a perdu. Je l'ai épousée, mais je lui ai refusé mon lit, & j'ai juré que ce refus seroit éternel. On ne manquera pas de vous informer que je me suis évadé de France. Apprenez-le donc de moi, avant de le savoir par le bruit public. Si le monde est assez vaste, je mettrai toujours une vaste distance entre elle & moi. Agréez mon respect,

Votre fils infortuné, BERTRAND.

Cela n'eſt pas bien, téméraire & indiſciplinable jeune homme, de fuir ainſi les faveurs d'un ſi bon Roi, d'attirer ſon indignation ſur ta tête, en mépriſant une jeune fille trop vertueuſe pour être dédaignée, même d'un Monarque.

LE BOUFFON, *rentre.*

Oh! Madame, il y a là-bas de triſtes nouvelles entre deux Officiers & ma jeune Maîtreſſe.

LA COMTESSE.

Hé! qu'y a-t-il donc?

LE BOUFFON.

Et cependant il y a auſſi quelque choſe de conſolant dans les nouvelles; oui, de conſolant : votre fils ne ſera pas tué auſſi-tôt que je le penſois.

LA COMTESSE.

Et pourquoi feroit-il tué?

LE BOUFFON.

Non, Madame, pas ſitôt tué, dans le cas où il ſe fera ſauvé, comme j'entends dire qu'il s'eſt ſauvé. Le danger étoit de reſter auprès de ſa femme : c'eſt la perte des hommes, quoique ce ſoit le moyen d'avoir des enfans. Les voici qui viennent ; ils vous en diront davantage. Pour moi, je ſais ſeulement que votre fils s'eſt ſauvé.

SCENE III.

Les précédens. HÉLENE *entre, accompagnée de deux* GENTILSHOMMES.

Ier GENTILHOMME.

Salut, chère Comtesse.

HÉLENE.

Madame, mon époux est parti, parti pour toujours!

IIme GENTILHOMME.

Ne dites pas cela.

LA COMTESSE.

Armez-vous de patience, ma chère Hélène.—Eh! je vous prie, Messieurs, parlez. J'ai senti tant de secousses de joie & de douleur, que le premier aspect & le choc imprévu de l'une ou de l'autre, ne peuvent plus étonner mon ame, ni me faire descendre à la foiblesse d'une femme.— Où est mon fils, je vous prie?

IIme GENTILHOMME.

Madame, il est allé servir dans les guerres du Duc de Florence. Nous l'avons rencontré dans le pays d'où nous revenons; & après avoir remis quelques dépêches dont nous sommes chargés pour la Cour, nous y retournons.

HÉLENE.

Jettez les yeux sur cette lettre, Madame. Voici mon congé :

Quand tu auras obtenu l'anneau que je porte à mon doigt, & qui n'en sortira jamais, & que tu me montreras un de tes fils dont j'aurai été le père, alors *appelle-moi ton mari. Mais cet* alors *, je le nomme* jamais.

C'est là une terrible sentence !

LA COMTESSE.

Avez-vous apporté cette lettre, Messieurs ?

Ier GENTILHOMME.

Oui, Madame ; & d'après ce qu'elle contient, nous regrettons nos peines.

LA COMTESSE.

Je t'en conjure, chère Hélène, prends courage. Si tu gardes pour toi seule toutes ces douleurs, tu m'en voles la moitié. Il étoit mon fils, mais j'efface son nom de mon cœur, & toi tu seras mon unique enfant. — Il est donc allé du côté de Florence ?

IIme GENTILHOMME.

Oui, Madame.

LA COMTESSE.

Et pour être guerrier ?

IIme GENTILHOMME.

Tels sont en effet ses nobles desseins, & je suis persuadé, que le Duc lui rendra tous les honneurs convenables.

LA COMTESSE.

Y retournez-vous ?

Ier GENTILHOMME.

Oui, Madame, & avec la plus grande diligence.

HÉLENE, lisant.

Jusqu'à ce que je n'y aie plus de femme, la France ne me sera rien.

Que cela est amer !

LA COMTESSE.

Y a-t-il cela dans la lettre ?

HÉLENE.

Oui, Madame.

Ier GENTILHOMME.

Ce n'est peut-être qu'un écart de sa main, auquel son cœur n'a pas consenti.

LA COMTESSE.

La France ne lui sera rien, tant qu'il y aura une femme? Il n'y a qu'elle seule en France, qui soit trop bonne pour lui ; & elle méritoit un Prince que vingt jeunes étourdis, comme lui, suivissent avec respect, & dont ils reconnussent à toute heure l'épouse pour leur souveraine maîtresse. —Quelle suite avoit-il avec lui ?

Ier GENTILHOMME.

Un seul domestique, & un Gentilhomme que j'ai connu jadis.

LA COMTESSE.

Parolles, n'est-ce pas?

Ier GENTILHOMME.

Oui, Madame, c'est lui-même.

LA COMTESSE.

C'est une ame corrompue & pleine de scélératesse. Mon fils, séduit par ses conseils, pervertit un caractère né honnète & bon.

Ier GENTILHOMME.

En effet, Madame, cet homme a beaucoup de méchanceté, dont il sait tirer bon parti.

LA COMTESSE.

Soyez les bienvenus, Messieurs. Je vous prie,

COMÉDIE.

quand vous reverrez mon fils, de lui dire que son épée ne peut jamais acquérir autant d'honneur, qu'il en perd aujourd'hui. Je vais lui en écrire davantage, & je vous prierai de lui remettre ma lettre.

II.ᵐᵉ GENTILHOMME

Nous sommes prêts à vous servir, Madame, dans cette occasion & dans toutes les affaires les plus importantes dont il vous plaira nous charger.

LA COMTESSE.

A condition qu'en échange de vos offres gracieuses, vous recevrez les miennes. Voulez-vous m'accompagner ?

(*Ils sortent*).

SCENE IV.

HÉLENE, *seule*.

TANT que j'y aurai une femme, la France ne me sera rien ! Je n'aurai rien en France, jusqu'à ce que je n'y aie plus de femme ! Tu n'en auras plus, Roussillon ; tu n'en auras plus en France. Reprends-y donc tout ce que tu y possédois. Pauvre Comte ! Est-ce moi qui te bannis de ta patrie, & qui expose tes membres délicats aux fureurs de la guerre qui n'épargne perfonne? Eft-ce moi qui t'exile d'une Cour agréable, où tu étois l'objet des plus beaux yeux, pour t'expofer en butte aux coups des moufquets enflammés ? O toi, meffager de la mort, plomb meurtrier, qui voles rapidement fur des aîles de feu, détourne-toi, & manque ton but! Perce l'air invulnérable, & qui referme fa bleffure en fifflant, & ne touche pas mon cher Bertrand. Quiconque vife à fa vie, c'eft moi qui arme & dirige fon bras contre lui : quiconque avance le fer levé contre fon fein intrépide, c'eft moi, malheureufe, qui l'excite à l'affaffiner. Et quoique ce ne foit pas ma main qui lui porte le coup mortel, je fuis cependant la caufe & l'auteur de fa mort. Il auroit mieux valu pour moi, que je rencontraffe le lion féroce, quand il rugit preffé par la faim. Il auroit mieux valu que toutes les calamités de la nature fuffent tombées fur ma tête. Non, reviens dans ta patrie, Rouffillon ; quitte ces lieux funeftes, où l'honneur ne recueille des dangers que des bleffures, & où fouvent il perd la vie & tout avec elle. Je veux m'éloigner de ta demeure. C'eft mon féjour en ces lieux qui t'en exile. Y refterois-je, pour t'empêcher d'y revenir ? Non, non, quand on refpireroit dans ton Château l'air délicieux du paradis même, & que j'y ferois fervie par des Anges, je veux le quitter. Puiffe la Renommée touchée de pitié, t'annoncer ma fuite, & confoler ton cœur par cette nouvelle! O nuit,

viens ;

COMÉDIE.

viens; & toi, jour, hâte-toi de finir! car à la faveur des ténèbres, je vais fuir de ces lieux, comme un coupable.

SCENE V.

La Scène est à la Cour du Duc de Florence.

Fanfares. Le Duc de FLORENCE, BERTRAND, *tambours & trompettes, soldats.*

LE DUC.

Vous serez le Commandant de notre Cavalerie; & remplis des plus hautes espérances dans le succès que promet la fortune de vos armes, nous vous donnons une des premières places dans notre estime & notre confiance.

BERTRAND.

Prince, c'est un fardeau trop pesant pour ma foiblesse; cependant pour vous prouver mon attachement, je m'efforcerai de le soutenir jusqu'à la dernière extrémité.

LE DUC.

Partez donc, jeune Héros, & que la fortune se

déclare votre amante, & ceigne votre casque fortuné du laurier de la victoire !

BERTRAND.

Ce jour même, ô Dieu Mars, je me range sous tes drapeaux. Rends-moi seulement égal à mes vœux & à mes pensées, & tu auras en moi un amant de ta trompette guerrière, & un ennemi de l'Amour.

SCENE VI.

La Scène est en France dans le Roussillon, au Château de Bertrand.

LA COMTESSE, L'INTENDANT.

LA COMTESSE.

Hélas! & pourquoi avez-vous pris cette lettre de sa main? Ne deviez-vous pas vous douter qu'elle alloit faire ce qu'elle a fait, dès-lors qu'elle m'envoyoit une lettre. Relisez-la moi encore.

L'INTENDANT, *lit la lettre d'Hélène.*

Je vais en pélerinage à St. Jacques (†). *Un amour*

(†) On ne connoît point de lieu de pélerinage en Italie, qui soit consacré à St. Jacques : on n'a jamais parlé que de St. Jacques

ambitieux ma rendue criminelle. Pour expier mes fautes par un saint vœu, je veux marcher pieds nuds sur la terre dure & froide. Hâtez-vous, hâtez-vous d'écrire, pour que mon très-cher maître, votre fils, puisse se retirer de la sanglante carrière des combats. Bénissez son retour, & qu'il jouisse près de vous des douceurs de la paix, tandis que moi, loin de lui, je bénirai son nom par les plus ardentes prières. Dites-lui de me pardonner toutes les peines que je lui ai causées. C'est moi, sa fatale Junon (†), *qui l'ai chassé d'une Cour où il étoit chéri, pour exposer ses jours au milieu des camps ennemis, où le danger & la mort marchent sur les pas des Héros. Il est trop bon & trop beau pour être ma victime & celle de la mort, de la mort que je vais chercher moi-même, pour le laisser libre.*

LA COMTESSE.

O Dieu, quelle amertume perce dans ses plus douces paroles! Rinaldo, vous n'avez jamais tant manqué de réflexion, qu'en la laissant partir ainsi. Si je lui avois parlé, je l'aurois bien détournée de ses

---

de Compostelle, en Espagne. Shakespear auroit pu choisir un autre Saint, Florence étant un peu hors de la route du Roussillon à Compostelle. *Johnson.*

(†) On sait que Junon poursuivoit le jeune Hercule par jalousie contre sa mère Alcmène, & que ce fut par l'ordre de cette Déesse, qu'il entreprit ses douze travaux. *Gray.*

projets, sur lesquels elle a ainsi prévenu ma connoissance.

L'INTENDANT.

Pardonnez, Madame : si je vous eusse donné la lettre cette nuit, on auroit pu courir après Hélène; & cependant elle écrit que toute poursuite seroit vaine.

LA COMTESSE.

Quel Ange s'intéressera à cet indigne époux ? Il ne peut prospérer, à moins que les prières de cette fille vertueuse, que le Ciel se plaît à entendre & à exaucer, ne le sauvent des vengeances de la justice suprême. Écris : oh ! écris, Rinaldo, à cet époux si indigne d'une belle épouse. Que chaque mot soit plein de son mérite, qu'il pèse, lui, trop légèrement. Fais-lui sentir vivement mon extrême douleur, quoiqu'il y soit bien peu sensible. Dépêche vers lui le courier le plus prompt & le plus intelligent. Peut-être quand il apprendra qu'elle s'en est allée, voudra-t-il revenir; & j'espère qu'aussi-tôt que cette pauvre infortunée apprendra son retour, elle hâtera aussi le sien dans ces lieux, conduite par le plus pur amour. Non, je ne puis démêler dans mes sentimens lequel des deux, d'elle ou de lui, est le plus cher à mon cœur. Fais partir ce courier. Mon ame est accablée de douleur, & mon âge n'est que foiblesse. Ma tristesse voudroit des larmes, mais l'excès de la douleur me force de parler.

(*Ils sortent*).

SCENE VII.

La Scène est auprès des murs de Florence.

Une Femme de Florence, veuve & âgée, DIANE, VIOLENTA, MARIANA, *& plusieurs autres Citoyens. On entend au loin une musique guerrière.*

LA VEUVE.

Hâtez-vous donc, venez; car s'ils approchent plus près de la ville, nous perdrons tout le coup-d'œil.

DIANE.

On dit, que le Comte François nous a rendu les plus grands & les plus honorables services.

LA VEUVE.

On rapporte qu'il a pris le plus grand Capitaine des ennemis, & que de sa propre main il a tué le frère du Duc. — Nous avons perdu nos peines; ils ont pris un chemin opposé. Écoutez, vous pouvez en juger au son de leurs trompettes.

MARIANA.

Allons, retournons-nous-en, & contentons-nous du récit qu'on nous en fera. Et vous, Diane, gardez-vous bien de ce Comte François. L'honneur d'une fille est sa gloire, & il n'y a point d'héritage ni de dot aussi riche que l'innocence.

LA VEUVE.

J'ai raconté à ma voisine, combien vous avez été sollicitée par un Gentilhomme de sa compagnie.

MARIANA.

Je connois ce pervers : que l'enfer le confonde ! Un certain Parolles, un infâme agent que le jeune Comte emploie dans ces sortes de séductions. Défie-toi d'eux, Diane. Leurs promesses, leurs séductions, leurs sermens, leurs présens, & tous ces instrumens de la débauche, ne sont point ce qu'on veut les faire croire. Plus d'une jeune fille a été séduite par ces artifices, & le malheur veut que l'exemple de tant de naufrages de la vertu, ne sauroit persuader celles qui viennent après : elles ne sentent le danger qu'au moment où elles sont prises elles-mêmes dans le piége qui les menaçoit. J'espère que je n'ai pas besoin de vous avertir davantage ; car je suis persuadée que votre vertu vous conservera dans le bon chemin où vous êtes, quand même il n'y auroit d'autre danger à craindre que la perte de l'innocence.

DIANE.

Vous n'avez rien à craindre pour moi.

SCENE VIII.

Les précédentes. HÉLENE *arrive, déguisée en Pélerine.*

LA VEUVE, *à sa fille.*

JE l'espère. — Regarde, voici une Pélerine. Je suis sûre, qu'elle vient loger dans ma maison. Ils ont coutume de s'envoyer ici les uns les autres. Je veux la questionner. — Dieu vous garde, belle Pélerine! A quel Saint s'adresse votre vœu?

HÉLENE.

A St. Jacques le grand (†). Enseignez-moi, je vous prie, où logent les Pélerins errans (¶).

(†) C'est St. Jacques le mineur. Autre circonstance que le Poëte a négligée. *Eschemburg.*

(¶) Le mot est *palmers* : nom dérivé du bâton ou branche de palmier que pottèrent les Pélerins de cette classe, sur-tout lorsqu'ils alloient visiter la terre Sainte à Jérusalem. Les *palmers* n'avoient point d'habitation fixe, voyageoient en tous lieux indistinctement, devoient professer la plus exacte pauvreté, & ne pou-

LA VEUVE.

A l'image St. François, ici du côté du port.

HÉLENE.

Est-ce là mon chemin? (*On entend au loin une marche guerrière*).

LA VEUVE.

Oui précisément. Entendez-vous? Ils viennent de ce côté. Si vous voulez attendre, Sainte Pélerine, que les troupes soient passées, je vous conduirai à l'endroit où vous logerez, d'autant mieux que je crois connoître votre Hôtesse, aussi-bien que moi-même.

HÉLENE.

Est-ce vous?

LA VEUVE.

Sous votre bon plaisir, belle Pélerine.

HÉLENE.

Je vous en remercie, & j'attendrai ici votre loisir.

LA VEUVE.

Vous arrivez, je crois, de France?

---

voient quitter leur état : au lieu que les *Pélerins* avoient une demeure fixe, ne visitoient qu'un certain lieu, pouvoient subsister à leur frais, & quitter à leur gré la profession d'Hermite.

HÉLENE.

COMÉDIE.

HÉLENE.

Il est vrai; j'en arrive.

LA VEUVE.

Vous allez voir ici un de vos compatriotes, qui a fait de grands exploits.

HÉLENE.

Quel est son nom, je vous prie?

LA VEUVE.

Le Comte de Roussillon. Le connoissez-vous?

HÉLENE.

Seulement par ouï-dire. Je sais qu'il a une grande réputation; mais sa figure, je ne la connois pas.

LA VEUVE.

Quel qu'il soit, il passe ici pour un brave guerrier. Il s'est évadé de France, à ce qu'on dit, parce que le Roi l'a marié contre son inclination. Croyez-vous que cela soit vrai?

HÉLENE.

Oui, sûrement; c'est la pure vérité; je connois sa femme.

DIANE.

Il y a ici un Gentilhomme de la suite du Comte, qui dit bien du mal d'elle.

HÉLENE.

Comment s'appelle-t-il?
DIANE.
M. Parolles.
HÉLENE.

Oh! je crois comme lui, qu'en fait de mérite & de réputation, auprès de ceux du Comte lui-même, son nom ne peut pas être cité. Quant à son épouse, son mérite est d'une vertu modeste & intacte, contre laquelle je n'ai jamais entendu faire aucun reproche.

LA VEUVE.

Ah! la pauvre Dame! C'est un esclavage bien douloureux, que d'être la femme d'un époux qui nous déteste. Ah! oui. La pauvre infortunée! En quelque lieu qu'elle soit, son cœur doit beaucoup souffrir. — Si cette jeune fille vouloit, il ne tiendroit qu'à elle de lui faire un tour bien cruel.

HÉLENE.

Que voulez-vous dire? Seroit-ce, que le Comte amoureux de ses charmes, la follicite au vice?

LA VEUVE.

Oui, il fait tous ses efforts : il emploie tous les agens qui peuvent corrompre le tendre cœur d'une jeune fille ; mais elle est bien armée contre ses séductions, & elle oppose à ses attaques la résistance la plus vertueuse.

SCENE IX.

Les mêmes. Des trompettes & des drapeaux. BERTRAND, PAROLLES, *passent, suivis d'Officiers & de Soldats.*

MARIANA.

Que les Dieux la préservent de ce malheur!

LA VEUVE.

Les voilà; ils viennent. Celui-ci est Antonio, le fils aîné du Prince : celui-là est Escalus.

HÉLENE.

Quel est donc le François?

DIANE.

Là; celui qui porte ce superbe panache. C'est un très-joli homme. Je voudrois bien qu'il aimât sa femme. S'il étoit plus honnête, il seroit bien plus aimable. N'est-ce pas un beau jeune homme?

HÉLENE.

Il me plaît beaucoup.

DIANE.

C'est bien dommage qu'il ne soit pas honnête. Voyez-vous cet homme là-bas, c'est le scélérat qui l'entraîne à la débauche. Si j'étois la femme du Comte, je tuerois ce vil corrupteur.

HÉLENE.

Où donc est-il ?

DIANE.

Hé, ce fat orné d'écharpes. Pourquoi donc a-t-il l'air si triste ?

HÉLENE.

Il a peut-être été blessé au combat.

PAROLLES.

Perdre notre tambour !

MARIANA.

Il a certainement quelque idée qui le tourmente. Voyez ; il nous a reconnues.

LA VEUVE.

Que le bourreau l'éttrangle ! (*Bertrand & Parolles sortent*).

MARIANA.

Et pour votre politesse, je vous souhaite les menottes (†).

(†) Le *ring-career* est un anneau qu'on vous passe au col.

COMÉDIE.

LA VEUVE.

Les troupes font paſſées. Venez, belle Pélerine, je vous conduirai à l'endroit où vous logerez. Nous avons déja à la maiſon quatre ou cinq pénitens, qui ont fait vœu d'aller à St. Jacques.

HÉLENE.

Je vous remercie humblement. Je déſirerois beaucoup, que vous, Madame, & votre aimable fille, vous vouluſſiez bien ſouper avec moi ce ſoir. Je me chargerai des frais & des remercîmens ; & pour être encore plus reconnoiſſante, je donnerai à cette jeune perſonne quelques conſeils dignes de ſon attention.

TOUTES DEUX ENSEMBLE.

Nous acceptons vos offres bien volontiers.

SCENE X.

BERTRAND, *deux jeunes* **SEIGNEURS**
François.

I.er SEIGNEUR.

JE vous en conjure, mon cher Comte, mettez-le à cette épreuve : laiſſez-le aller à l'expédition qu'il propoſe.

IIme SEIGNEUR.

Si nous ne découvrons pas qu'il est un lâche, ne m'honorez plus de votre estime.

Ier SEIGNEUR.

Sur mon honneur, ce n'est qu'un ballon gonflé de vent.

BERTRAND.

Pensez-vous donc que je me trompe à ce point sur son compte?

Ier SEIGNEUR.

Croyez ce que je vous dis, Seigneur, d'après ma propre connoissance, & sans aucun motif d'envie ni de malice, & avec la même vérité que si je vous parlois de mon parent. C'est un insigne poltron, un déterminé & éternel menteur, qui manque autant de fois à sa parole, qu'il y a d'heures dans le jour : en un mot, un misérable, qui n'a pas une seule bonne qualité pour mériter vos soins & vos bienfaits.

IIme SEIGNEUR.

Il seroit bon cependant que vous le connussiez, de peur que vous reposant trop sur une valeur qu'il n'a point, il ne puisse quelquefois, dans une affaire importante & de confiance, trahir votre espérance, & vous manquer au milieu du danger.

COMÉDIE.

BERTRAND.

Je voudrois bien connoître quelque moyen de l'éprouver.

IIme SEIGNEUR.

Il n'y en a pas de meilleur que de lui laisser tenter de regagner son tambour. Vous entendez avec quelle présomption il se vante de le reprendre sur l'ennemi.

Ier SEIGNEUR.

Et moi, avec une troupe de Florentins, je veux le surprendre tout-à-coup. J'aurai des soldats qu'il ne distinguera point des troupes ennemies. Nous le lierons, nous lui banderons les yeux, de sorte qu'il s'imaginera qu'on le conduit dans le camp ennemi, lorsque nous l'amènerons dans votre tente même. Veuillez seulement être présent à son interrogatoire; si, dans l'espoir de sauver sa vie, & par le sentiment de la plus lâche peur, il ne s'offre pas à vous trahir & à révéler tout ce qu'il sait contre vous, & s'il ne l'affirme pas avec serment sur le péril de sa tête, n'ayez jamais, Seigneur, la moindre confiance en moi.

IIme SEIGNEUR.

Oh! seulement pour le plaisir de rire & de nous amuser, laissez-le aller à la recherche de son tambour. Il se vante d'avoir imaginé un stratagême pour le r'avoir. Lorsque nous vous aurons découvert sa lâcheté, que vous aurez vu le fond de son cœur, & à quel vil métal se réduira ce lingot d'or faux dans l'épreuve du creuset, si vous ne lui infligez pas alors le traitement qu'il mérite, si vous ne le chassez pas honteusement (†), il est impossible qu'on puisse jamais vous détacher de votre prévention pour lui. Le voici qui vient.

SCENE XI.

Les précédens. PAROLLES.

Ier SEIGNEUR.

OH! pour nous donner le plaisir de rire, ne l'empêchez pas d'accomplir son dessein. Laissez-le chercher son tambour de toutes les manières qu'il voudra.

(†) Mot à mot : « si vous ne lui faites pas la réception de *Tom Drum* ». Holinshed, en parlant de l'excessive & extravagante hospitalité de Patrice Scarsefield, Maire de Dublin, en 1551, dit, que son portier ou tout Officier de sa maison, n'auroit pas osé, pour ses deux oreilles, faire la réception de Tom Drum, au dernier aventurier qui se seroit présenté à son Hôtel ; c'est-à-dire, le tirer par la tête pour le faire entrer, & le pousser par les épaules pour le faire sortir. *Théobald.*

BERTRAND,

COMÉDIE.

BERTRAND, *à Parolles*.

Eh bien, comment vous trouvez-vous, Monsieur ? Ce tambour vous tient donc bien fort au cœur !

IIme SEIGNEUR.

Et que diable, qu'il le laisse aller. Au bout du compte, ce n'est qu'un tambour.

PAROLLES.

Qu'un tambour ! N'est-ce qu'un tambour, qu'un tambour ainsi perdu ? Le beau commandement ! tomber sur les aîles de notre armée avec notre propre cavalerie, & enfoncer nos propres bataillons !

IIme SEIGNEUR.

On ne doit point blâmer le Général qui a commandé : c'est un de ces malheurs de la guerre, que César lui-même n'auroit pu prévenir, s'il eût été là notre Général.

BERTRAND.

Nous n'avons cependant pas tant à nous plaindre du succès de nos armes. Il est vrai qu'il y a quelque déshonneur à avoir perdu ce tambour ; mais enfin, il n'y a plus moyen de le r'avoir.

PAROLLES.

On auroit pu le r'avoir.

BERTRAND.

On l'auroit pu! Mais on ne le peut pas à présent.

PAROLLES.

On pourroit encore le r'avoir. S'il n'étoit pas aussi rare d'attribuer le prix du service à celui qui l'a mérité, je l'aurois, ce tambour, lui ou un autre, ou mon épitaphe.

BERTRAND.

Mais si vous en avez envie, Monsieur; si vous croyez avoir quelque bonne ruse qui puisse ramener dans nos mains cet instrument d'honneur, hé bien, soyez assez généreux pour l'entreprendre. Allons, courage; je récompenserai cette tentative, comme un exploit glorieux. Si vous réussissez, le Duc en parlera, & vous paiera ce service tout ce qu'il pourra valoir, & d'une manière convenable à sa grandeur.

PAROLLES.

Je jure par mon épée, que je l'entreprendrai.

BERTRAND.

Mais il ne faut pas à présent vous endormir là-dessus.

PAROLLES.

Je veux m'en occuper dès ce soir; je veux méditer

COMÉDIE. 139

mes projets (†), m'encourager dans la certitude de mon succès, faire mes apprêts homicides pour vaincre ou mourir; & sur le minuit, prêtez l'oreille, & vous entendrez parler de moi.

BERTRAND.

Puis-je hardiment annoncer au Prince que vous êtes parti pour ce coup de main ?

PAROLLES.

Je ne sais pas encore quel sera le succès, Seigneur: mais pour le tenter, je vous le jure.

BERTRAND.

Je sais que tu es brave ; & je répondrois de la possibilité de ta valeur guerrière. Allons, prospère.

PAROLLES.

Je n'aime pas le grand nombre de paroles, moi.
(*Il sort*).

(†) Il y a dans le texte, *mon dilême* ; c'est-à-dire, la résolution que j'ai prise de ravoir mon tambour, ou de mourir.

S ij

SCÈNE XII.

Les mêmes.

Iʳ SEIGNEUR.

Non, pas plus que le poisson n'aime l'eau. Cet homme n'est-il pas bien singulier, Seigneur, de paroître entreprendre avec une si grande confiance une chose où il sent cependant bien qu'on ne peut réussir? Il se damne à jurer qu'il le fera, & il aimeroit mieux être damné que de le faire.

IIᵐᵉ SEIGNEUR.

Vous ne le connoissez pas encore, cher Comte, comme nous le connoissons. Il est bien vrai qu'il aura le talent de s'insinuer dans la faveur d'un chef, & que pendant quelque tems il saura échaper à bien des occasions de se découvrir ; mais quand vous l'aurez une fois connu, ce sera pour toujours.

BERTRAND.

Quoi ! vous pensez qu'il ne fera rien de ce qu'il s'est engagé si sérieusement d'entreprendre ?

IIᵐᵉ SEIGNEUR.

Rien au monde; & de plus, il s'en reviendra avec une invention de sa tête, & il vous y coudra deux ou trois menfonges affez vraifemblables. Mais nous avons déja fatigué le cerf (†), & vous le verrez tomber cette nuit. En vérité, noble Seigneur, il ne mérite pas vos bontés.

Ier SEIGNEUR.

Nous vous amuferons un peu du renard, avant que de lui retourner la peau fur les oreilles. Il a déja été pénétré par le vieux Seigneur Lafeu. Quand on lui aura ôté fon mafque, vous me direz alors quel lâche coquin vous trouverez dans ce Parolles, & vous verrez cela pas plus tard que cette nuit même.

IIme SEIGNEUR.

Il faut que j'aille tendre mes piéges : il y fera pris.

BERTRAND.

Et votre frère va venir avec moi.

IIme SEIGNEUR.

Si vous le trouvez bon, Seigneur, je vais prendre congé de vous.

(*Il fort*).

_____

(†) *Imbofs'd*, fe dit du cerf écumant & laffé de fuir. *Tollet.*

SCENE XIII.

BERTRAND, & *l'autre* SEIGNEUR.

BERTRAND.

JE veux maintenant vous conduire dans la maison, & vous montrer la jeune fille dont je vous ai déja parlé.

Ier SEIGNEUR.

Mais vous me disiez qu'elle étoit vertueuse.

BERTRAND.

C'est là son seul défaut; je ne lui ai encore parlé qu'une fois, & je l'ai trouvée extraordinairement froide. Je lui ai envoyé, par ce même faquin dont nous suivons la trace (†), des présens & des lettres qu'elle a renvoyés; & voilà tout ce que j'ai fait jusqu'ici. C'est une céleste créature. Voulez-vous la venir voir avec moi ?

Ier SEIGNEUR.

Très-volontiers, Seigneur.

(*Ils sortent*).

(†) Sur lequel nous avons le vent ; c'est-à-dire, le dessus.

COMÉDIE.

SCENE XIV.

La Scène est dans la maison de la veuve.

HÉLENE, LA VEUVE.

HÉLENE.

Si vous doutez encore que je sois sa femme, je ne sais plus comment vous donner d'autres preuves, à moins que je ne détruise entièrement mes projets (†).

LA VEUVE.

Quoique j'aie perdu ma fortune, je n'en suis pas moins bien née, & je ne connois rien à ces sortes d'intrigues là, & je ne voudrois pas aujourd'hui ternir ma réputation par une action honteuse.

HÉLENE.

Je ne voudrois pas non plus vous y exposer. Croyez d'abord que le Comte est mon époux, & que tout ce que je vous ai confié sous la foi du secret, est vrai dans tous les points. D'après cela, vous voyez que vous ne pouvez faire un crime en me prêtant l'officieux secours que je vous demande.

(†) Si elle étoit obligée de se découvrir nommément au Comte. *Warburton.*

LA VEUVE.

Je suis obligée de vous croire; car vous m'avez donné des preuves convaincantes que vous jouissez d'une fortune distinguée.

HÉLENE.

Acceptez cette bourse d'or, & laissez-moi acheter à ce prix les secours de votre amitié, que je récompenserai & récompenserai encore, si par leur moyen je puis parvenir au succès. Le Comte fait la cour à votre fille; il tend des piéges pour surprendre sa beauté, & il se propose de ne pas quitter, qu'il n'en ait fait la conquête. Qu'elle consente maintenant à tout ce que nous lui dirons sur la maniere dont elle doit se conduire. Le jeune voluptueux, dont le sang bouillonne, ne lui refusera rien de ce qu'elle lui demandera. Or, vous saurez que le Comte porte un anneau qui a passé dans sa maison de père en fils, depuis quatre ou cinq générations. Cet anneau est d'un grand prix à ses yeux; mais dans le délire de sa passion, pour acheter l'objet de ses désirs, il ne lui paroîtra pas un trop grand sacrifice, quoiqu'il soit certain qu'il s'en repentira après.

LA VEUVE.

Je vois à présent le but que vous vous proposez.

HÉLENE.

COMÉDIE.

HÉLENE.

Vous voyez donc combien il est honnête & légitime. Je désire seulement que votre fille lui demande cet anneau, avant de faire semblant de se rendre à ses instances ; qu'elle lui assigne un rendez-vous ; enfin qu'elle me laisse à sa place employer le tems de ce rendez-vous pendant son innocente & chaste absence : & après, pour prix de sa complaisance, j'ajouterai pour sa dot mille écus d'or à ce qui s'est déja passé entre nous.

LA VEUVE.

J'y consens. Enseignez maintenant à ma fille comment il faut qu'elle se conduise pour que le rendez-vous, l'heure & le lieu, tout s'accorde dans cette innocente supercherie. Toutes les nuits il vient avec des instrumens de toute espèce, & des chansons qu'il a composées pour elle, bien au-dessus de ce qu'elle mérite. Nous avons beau dire & beau faire pour l'écarter de nos fenêtres, il s'obstine à y rester, comme s'il ne pouvoit vivre éloigné d'elle.

HÉLENE.

Hé bien, dès ce soir il faut tenter notre stratagème. S'il réussit, ce sera une mauvaise intention dans une action honnête & légitime, & une intention vertueuse dans une action licite ; ni l'un ni l'autre ne pécheront : & cependant il y aura un crime de commis (†). Mais allons nous occuper de notre projet.

(†) Le deffein de Bertrand eft criminel, & il ne fait qu'un acte légitime. Le deffein & l'action d'Hélène font tous deux licites; & en cela ni l'un ni l'autre ne font un crime : & cependant du côté de Bertrand, il y avoit un crime; l'intention de commettre un adultère, dont cependant il fut innocent, n'ayant affaire qu'à fon époufe. *Tollet.*

COMÉDIE.

ACTE IV.

SCENE PREMIERE.

Le Théatre repréfente une partie du camp François, à Florence.

Un des OFFICIERS *François entre fur la fcène, fuivi de cinq ou fix* SOLDATS*, qui fe mettent en embufcade.*

LE CAPITAINE.

IL ne peut venir par d'autre chemin que par le coin de cette haie. Lorfque vous fondrez fur lui, accompagnez votre affaut du plus formidable langage que vous pourrez imaginer; quand vous ne vous entendriez pas vous-mêmes, il n'importe; car il faut que nous faffions femblant de ne pas entendre le fien; excepté un de nous, que nous produirons comme interprète.

UN SOLDAT.

Cher Capitaine, laiffez-moi être l'interprète.

LE CAPITAINE.

N'es-tu pas connu de lui ? Ne connoît-il pas ta voix ?

LE SOLDAT.

Non, mon Capitaine ; je vous le garantis.

LE CAPITAINE.

Mais quel jargon grossier nous parleras-tu dans ta fonction d'interprète ?

LE SOLDAT.

Comme celui que vous me parlerez.

LE CAPITAINE.

Il faut qu'il nous prenne pour quelque bande d'étrangers, à la solde de l'ennemi. N'oublions pas qu'il a une légère teinture de tous les langages des pays circonvoisins : ainsi, il faut que chacun de nous parle un jargon à sa fantaisie, sans savoir ce que nous nous dirons l'un à l'autre. Tout ce que nous devons bien entendre & bien savoir, c'est le projet que nous avons en tête. Croassement de corbeau, ou tout autre cri sauvage, sera bon de reste. — Quant à vous, Monsieur l'interprète, il faut que vous sachiez bien dissimuler. — Mais, ventre à terre ! le voici qui vient, pour voler au tems deux heures de paresse &

COMÉDIE. 149

de sommeil, & retourner ensuite débiter, avec les sermens les plus sacrés, les mensonges qu'il forge.

SCENE II.

Les Soldats & le Capitaine, couchés en embuscade. PAROLLES.

PAROLLES.

Dix heures! Dans trois heures d'ici, il sera assez tems de retourner au quartier. Qu'est-ce que je dirai que j'ai fait? Il faut que ce soit quelque invention bien plausible, & qui se fasse croire: on commence à me deviner, & les disgraces ont tout nouvellement frappé à ma porte. Je trouve que ma langue est trop hardie, trop téméraire: mais mon cœur a toujours la crainte du Dieu Mars devant les yeux, & il ne soutient pas ce que hasarde ma langue.

LE CAPITAINE, *à part.*

Voilà la première vérité dont ta langue se soit jamais rendue coupable.

PAROLLES.

Qui diable m'engageroit à entreprendre la reprise de ce tambour, en connoissant l'impossibilité, & sachant que je n'en avois nulle envie? — Il faut que je me donne moi-même quelques bleſſures, & que je diſe, que je les ai reçues dans l'action ; mais de légères bleſſures ne ſuffiroient pas pour perſuader. Ils me diront : *quoi ! vous en êtes échappé à ſi bon marché ?* — Et de grandes bleſſures, je n'oſe pas me les faire. Pourquoi ? quelle preuve aura-t-on ? — Ma langue, il faut que je vous mette dans la bouche d'une harangère, & que j'en achete une de la mule de Bajazet (†), ſi votre babil me jette dans les dangers.

LE CAPITAINE, *à part.*

Eſt-il poſſible qu'il ſe connoiſſe ſi bien, & qu'il ſoit ce qu'il eſt ?

PAROLLES.

Je voudrois que les lambeaux de mon habit coupés puſſent me ſervir, me ſuffire, ou le tronçon de mon épée Eſpagnole caſſée.

LE CAPITAINE, *à part.*

Ce moyen ne peut pas aller.

PAROLLES.

Ou ma barbe grillée ; & puis dire : c'eſt dans la ruſe de guerre que j'ai employée.

(†) Dans un de nos vieux Contes Turcs, il y a une pompeuſe deſcription de Bajazet allant au Divan, monté ſur une mule. *Steevens.*

Warburton lit *mute*, d'un muet du Sérail.

LE CAPITAINE, *à part*.

Cela ne vaut pas mieux.

PAROLLES.

Ou de noyer mes habits, & puis dire, que j'ai été dépouillé.

LE CAPITAINE, *à part*.

Cela est assez difficile.

PAROLLES.

Quand je jurerois que j'ai sauté par une fenêtre de la Citadelle...

LE CAPITAINE, *à part*.

A combien de profondeur ?

PAROLLES, *continuant*.

A trente brasses.

LE CAPITAINE, *à part*.

Trois des plus grands sermens auroient encore peine à persuader cela.

PAROLLES.

Je voudrois avoir quelque tambour des ennemis; & alors je jurerois que c'est le même que j'ai repris.

LE CAPITAINE, *à part*.

Tu vas en entendre retentir un tout-à-l'heure.

(*Un tambour bat*).

PAROLLES, *étonné.*

Un tambour des ennemis !

LE CAPITAINE, *fondant sur lui avec sa troupe, & criant dans un jargon barbare & terrible.*

Throca movousus, cargo, cargo, cargo.

TOUS ENSEMBLE.

Cargo, cargo, villianda par corbo, cargo.

PAROLLES.

Oh ! rançon, rançon. — Ne me bandez pas les yeux.
(*Ils le saisissent, & lui bandent les yeux*).

L'INTERPRETE.

Boskos thromuldo boskos.

PAROLLES.

Oui, je sai que vous êtes du Régiment de Muskos, & je perdrai la vie faute de savoir cette langue. S'il est parmi vous quelque Allemand, quelque Danois, quelque bas-Hollandois, Italien, ou François, qu'il me parle ; je lui découvrirai des secrets qui feront la perte des Florentins.

L'INTERPRETE.

Boskos vauvado... Je t'entends, & je puis parler ta langue. *Kerely bonto* : songe à ta religion ; car dix-sept poignards sont pointés contre ton sein.

PAROLLES.

COMÉDIE.

PAROLLES.
Oh!
L'INTERPRETE.
Oh! ta prière, ta prière, ta prière. — *Mancha revanca Dulche.*
LE CAPITAINE.
Ofchorbi dulchos volivorco. —
L'INTERPRETE.
Le Général veut bien t'épargner encore; & les yeux ainsi bandés, il te fera conduire, pour recueillir de toi tes secrets : peut-être pourras-tu donner quelque connoissance importante, qui te vaudra la vie.
PAROLLES.
Oh! laissez-moi vivre, & je vous dévoilerai tous les secrets du camp, leurs forces, leurs desseins : oui, je vous dirai des choses qui vous étonneront.
L'INTERPRETE.
Mais le feras-tu fidèlement ?
PAROLLES.
Si je ne le fais pas, que je sois damné!
L'INTERPRETE.
Acorda linta. Allons, marche : on te permet de marcher. (*Il sort avec Parolles*).
(*On entend une courte alarme derrière le Théatre*).

Tome XVII. Seconde Part.   V

SCENE III.

Le CAPITAINE, *& ses autres* SOLDATS.

LE CAPITAINE, *à l'un d'eux*.

VA annoncer au Comte de Roussillon, & à mon frère, que nous avons pris le coq de bruyère, & que nous le tiendrons emmuselé, jusqu'à ce que nous ayons de leurs nouvelles.

LE SOLDAT.

Capitaine, j'y vais.

LE CAPITAINE.

— Il nous trahira tous, en nous parlant à nous-mêmes. — Dis-leur cela.

LE SOLDAT.

Je n'y manquerai pas, Capitaine.

LE CAPITAINE.

Jusqu'alors je le tiendrai dans les ténèbres, & bien enfermé.

(*Ils sortent*).

SCENE IV.

La maison de la veuve.

BERTRAND, DIANE.

BERTRAND.

On m'a dit que votre nom étoit *Fontibel*.

LA VEUVE.

Non, mon brave Seigneur ; c'est *Diane*.

BERTRAND.

Vous portez le nom d'une Déesse, & vous méritez encore mieux. Mais, bel Ange, l'Amour n'a-t-il aucuns droits sur votre belle personne ? Si la vive flamme de la jeunesse n'échauffe pas votre cœur, vous n'êtes pas une jeune fille, mais un marbre froid. Quand vous serez morte, vous serez précisément telle que vous êtes à présent ; car vous êtes froide & insensible ; & à présent vous devriez être telle qu'étoit votre mère, lorsqu'elle engendra un si bel enfant.

DIANE.

Elle ne cessa pas d'être honnête alors.

BERTRAND.

Vous le feriez comme elle.

DIANE.

Non : ma mère ne fit que remplir un devoir ; le devoir, Seigneur, que vous devez à votre épouse.

BERTRAND.

Ne parlons pas de cela. — Je vous en prie, ne vous obstinez pas à combattre ma résolution décidée (†) : j'ai été uni à elle par contrainte ; mais vous, je vous aime par la douce contrainte de l'amour, & je vous dévoue pour toujours l'hommage de mes services.

DIANE.

Oui, vous êtes à notre service, tant que nous vous plaisons ; mais lorsqu'une fois vous avez nos roses, vous nous laissez les épines nues pour nous déchirer, & vous insultez à notre disgrace.

BERTRAND.

Combien ai-je fait de sermens !....

DIANE.

Ce n'est pas le nombre des sermens, qui fait la vérité : la vérité est dans un vœu simple & sincère. Qu'y a-t-il de sacré, qui ne soit pas intéressé & com-

---

(†) C'est-à-dire, ma résolution de ne jamais co-habiter avec Hélène ; résolution qu'il lui avoit déclarée dans la lettre qu'il lui avoit écrite. *Steevens*.

COMÉDIE.

promis dans nos fermens? Nous ne jurons pas feulement par un objet refpectable & faint: nous atteftons ce qu'il y a de plus grand & de plus divin. Dites-moi, je vous prie, fi je jurois par les attributs fuprêmes de (†) Jupiter, que je vous aime tendrement, en croiriez-vous mes fermens, fi je vous aimois mal? Jurer à quelqu'un qu'on l'aime, eft un ferment fans foi & fans folidité, lorfqu'on ne jure que pour lui faire un outrage. Ainfi vos fermens ne font que de vaines paroles & de frivoles proteftations, qui ne font pas marquées d'un fceau inviolable, du moins, fuivant mon opinion.

BERTRAND.

Changez, changez d'opinion. Ne foyez pas fi faintement cruelle : l'amour eft facré, & jamais ma fincérité ne connut l'artifice & les rufes dont vous accufez les hommes. Ne vous éloignez point de moi; mais cédez au défir de mon cœur languiffant, & qu'un mot du vôtre va ranimer. Dites que vous êtes à moi, & ce qu'eft mon amour au commencement, il le fera toujours.

DIANE.

Je vois que les hommes, dans ces fortes d'affaires, forgent des efpérances, que nous ne pouvons jamais remplir. — Donnez-moi cet anneau.

(†) Autre leçon : *de l'Amour*. Johnfon.

BERTRAND.

Je vous le prêterai, ma chère; mais il n'eſt pas en mon pouvoir de le donner ſans retour.

DIANE.

Vous ne voulez pas me le donner, Seigneur?

BERTRAND.

C'eſt un gage d'honneur qui appartient à notre famille, & qu'un legs ſucceſſif m'a tranſmis de mes ancêtres: ce ſeroit m'expoſer à des reproches injurieux dans le monde, que de le perdre.

DIANE.

Mon honneur reſſemble à votre anneau: ma chaſteté eſt le joyau de notre famille, qui m'a été tranſmis par mes ancêtres; & ce ſeroit m'expoſer à des reproches injurieux dans le monde, que de le perdre: ainſi, votre propre prudence avertit la mienne d'appeller l'honneur à mon ſecours, pour me défendre contre vos vaines attaques.

BERTRAND.

Tenez, voilà mon anneau. Que tous les tréſors de ma famille, que mon honneur & ma vie ſoient à vous; je ſuis déſormais ſoumis à vos ordres.

COMÉDIE.

DIANE.

Quand l'heure de minuit sera venue, frappez à la fenêtre de ma chambre. Je prendrai mes précautions, pour que ma mère n'entende rien. — Maintenant, je vous impose une condition sous la foi sacrée de la vérité : c'est, lorsque vous aurez conquis mon lit encore vierge, de n'y rester qu'une heure, & de ne pas me parler. J'en ai les plus fortes raisons ; vous les saurez ensuite, lorsque cette bague vous sera rendue ; & dans la nuit, je mettrai à votre doigt un autre anneau, qui dans la suite des tems puisse attester à l'avenir notre union passée. Adieu, jusqu'à l'heure marquée : n'y manquez pas. Vous avez conquis en moi une épouse, quoique toutes mes espérances de ce côté soient perdues.

BERTRAND.

J'ai conquis en vous un Ciel sur la terre. (*Il sort*).

SCENE V.
DIANE, *seule*.

OBTIENS donc de longs jours, pour remercier le Ciel & moi ! car tu pourrois bien finir par-là — Ma mère m'avoit instruite de la manière dont il me feroit sa cour, comme si elle eût été dans son cœur : elle dit que tous les hommes font les mêmes fermens. Il avoit juré de m'époufer quand fa femme feroit morte: & moi, je veux auffi céder à fon défir, quand je ferai enfévelie. Puifque les François font fi trompeurs, fe marie qui voudra : je veux vivre & mourir Vierge ; & je ne crois pas que ce foit un crime de tromper, fous ce mafque, un homme qui vouloit frauduleufement me féduire.

SCENE VI.

Le Théatre repréfente le camp des Florentins.

Deux OFFICIERS *François, avec deux ou trois Soldats.*

Ier OFFICIER.

Vous ne lui avez pas donné la lettre de fa mère ?

IIme OFFICIER.

Je la lui ai remife il y a une heure : il y a dedans quelque chofe qui a fait une vive impreffion fur fon ame : car, en la lifant, il s'eft changé tout-à-coup en un autre homme.

Ier OFFICIER.

COMÉDIE.

1er OFFICIER.

Il s'est attiré un juste blâme, en rejettant de ses bras une épouse si vertueuse, une si aimable Dame.

IIme OFFICIER.

Il a sur-tout encouru la disgrace éternelle du Roi, dont la volonté étoit si bien disposée à faire son bonheur. Je vous ferai une confidence; mais vous la tiendrez renfermée dans le secret de votre ame.

Ier OFFICIER.

Quand vous l'aurez faite, elle est morte, & mon sein en sera le tombeau.

IIme OFFICIER.

Il a débauché ici dans Florence une jeune Demoiselle, de la réputation la plus pure; & cette nuit même il assouvit sa passion sur les ruines de son honneur: il lui a donné son anneau de famille, & il se croit au comble du bonheur d'avoir réussi dans ce pacte odieux.

Ier OFFICIER.

Que Dieu différe à jamais la révolte de nos sens! Quels pauvres êtres nous sommes, lorsqu'il nous abandonne à nous-mêmes!

IIme OFFICIER.

De vrais traîtres à nous-mêmes, Et comme dans le

Tome XVII. Seconde Part.   X

cours ordinaire de toutes les trahisons, nous les voyons toujours se révéler elles-mêmes à force d'indiscrétions, à mesure qu'elles avancent vers leur infâme but; de même lui, qui dans cette action travaille à déshonorer la noblesse de son nom, ne peut se contenir; & dans la joie dont il est rempli, son secret s'épanche de son cœur.

Ier OFFICIER.

N'est-ce pas en nous un vice bien détestable, d'être les hérauts de notre propre honte & de nos desseins criminels ? — Nous n'aurons donc pas sa compagnie ce soir ?

IIme OFFICIER.

Non, jusqu'après minuit; car il ne laissera pas échapper son heure.

Ier OFFICIER.

Elle s'avance à grands pas. — Je voudrois bien qu'il entendît anatomiser son cher favori, afin qu'il pût voir la juste mesure de son jugement, qui lui a fait placer si près de son cœur ce beau portrait du sien.

IIme OFFICIER.

Nous n'irons pas l'importuner, jusqu'à ce qu'il vienne lui-même; car sa présence doit être le châtiment de notre fanfaron.

Iᵉʳ OFFICIER.

En attendant, parlons de cette guerre : qu'en dit-on ?

IIᵐᵉ OFFICIER.

J'entends dire, qu'il y a une ouverture de paix !

Iᵉʳ OFFICIER.

Et même, je vous l'assure, une paix conclue.

IIᵐᵉ OFFICIER.

Que va donc faire le Comte de Roussillon ? Voyagera-t-il plus loin, ou s'il retournera en France ?

Iᵉʳ OFFICIER.

Je vois bien par cette question, que vous n'êtes pas dans sa confidence.

IIᵐᵉ OFFICIER.

Dieu m'en préserve, Monsieur ! car alors j'aurois grande part dans ses actions.

Iᵉʳ OFFICIER.

Sa femme, il y a environ deux mois, a fui de sa maison : son prétexte étoit d'aller faire un pélerinage à St. Jacques le grand. Elle a accompli cette religieuse entreprise avec la piété la plus austère : elle y a fait séjour, & la sensibilité naturelle de son ame est devenue la proie de son chagrin : enfin, elle y a rendu les derniers soupirs, & maintenant elle est avec les Anges dans le Ciel.

IIme OFFICIER.

Sur quoi cette nouvelle est-elle appuyée?

Ier OFFICIER.

En grande partie sur ses propres lettres, qui garantissent la vérité du récit, jusqu'à l'instant de sa mort; & sa mort, qu'elle ne pouvoit pas attester elle-même, est fidèlement confirmée par le Curé du lieu.

IIme OFFICIER.

Le Comte est-il instruit de cet événement?

Ier OFFICIER.

Oui; & dans toutes ses particularités, de point en point, jusqu'à la plus parfaite certitude du fait.

IIme OFFICIER.

Je suis sincèrement affligé, qu'il soit joyeux de cet événement.

Ier OFFICIER.

Comme nous nous empressons quelquefois de nous réjouir de nos pertes ?

IIme OFFICIER.

Et comme nous nous empressons aussi d'autres fois

de déplorer notre avantage ! L'honneur diftingué que fa valeur s'eft acquife ici, va être accueilli dans fa patrie d'une honte auffi grande.

Ier OFFICIER.

La vie de l'homme eft une trame tiffue de bon & mauvais fil mêlé enfemble : nos vertus feroient trop fières, fi nos fautes n'en châtioient pas l'orgueil ; & nos crimes nous porteroient au défefpoir, fi nous n'en étions confolés par nos vertus.

SCENE VII.

Les précédens. Un DOMESTIQUE.

Ier OFFICIER.

Hé BIEN? où eft votre maître ?

LE DOMESTIQUE.

Dans la rue il a rencontré le Duc, dont il a pris folemnellement congé : il va partir ce matin même pour la France. Le Duc lui a offert des lettres de recommandation pour le Roi.

IIme OFFICIER.

A peine fuffiront-elles auprès du Roi irrité, quand la recommandation feroit encore plus forte qu'elle ne peut l'être.

SCENE VIII.
Les mêmes. BERTRAND.

LE Ier OFFICIER, *répondant à l'autre.*

EN effet, elles ne peuvent être trop flatteuses & trop honorables pour adoucir le ressentiment du Roi contre lui. — Voici le Comte qui s'avance. — Hé bien, Comte, ne sommes-nous pas après minuit ?

BERTRAND.

J'ai cette nuit expédié seize affaires, dont chacune avoit pour un mois de besogne, à bien travailler pour en hâter le succès : j'ai pris congé du Duc, fait mes adieux aux grands de sa Cour, enterré une femme, pris mon deuil pour elle, écrit à ma mère, que je retourne en France, préparé mes équipages & ma Suite ; & entre les intervalles de ces diverses expéditions, j'ai pourvu à d'autres petites affaires : la dernière étoit la plus importante ; mais elle n'est pas encore finie.

IIme OFFICIER.

Si elle a quelque difficulté, & que vous partiez d'ici ce matin, il faudra que vous usiez de diligence.

BERTRAND.

Quand je dis que l'affaire n'est pas finie, je veux dire,

que j'ai quelque peur d'en entendre parler dans la suite. — Mais aurons-nous ce dialogue divertissant entre ce faquin & le soldat? — Allons, faites paroître devant nous ce méchant original qui veut se donner pour un modèle : il m'a trompé, comme un oracle à double sens.

11ᵐᵉ OFFICIER.

Qu'on le fasse sortir de sa retraite : le malheureux a passé toute la nuit dans l'entrave des ceps.

BERTRAND.

Il n'y a pas de mal à cela : ses talons l'ont bien mérité, pour avoir usurpé si long-tems les éperons (†) du brave. Comment se porte-t-il ?

Iᵉʳ OFFICIER.

J'ai déja eu l'honneur de vous dire, que ce sont les ceps qui le portent : mais pour vous répondre dans le sens que vous entendez, il pleure comme une jeune villageoise qui a répandu son lait : il s'est confessé à Morgan, qu'il croit être un Religieux, depuis la première lueur de sa mémoire, jusqu'à l'instant fatal où il a été mis aux fers. Et que croyez-vous, qu'il a confessé ?

(†) Les éperons étoient une des marques du Chevalier, & on les arrachoit à celui qu'on dégradoit de cet honneur.

BERTRAND.

Rien qui me concerne, j'espère : a-t-il dit quelque chose de moi ?

IIme OFFICIER.

On a écrit sa confession, & on la lira devant lui. Si vous y êtes intéressé, comme je le crois, il faut que vous ayez la patience de l'entendre.

SCENE IX.

Les précédens. Des Soldats entrent, conduisant PAROLLES *les yeux bandés.*

BERTRAND.

Que la peste le saisisse ! Comme il est affublé ! — Il ne peut rien dire de moi. Silence, silence.

Ier OFFICIER.

Voilà le colin maillard qui vient. (*Haut*). *Porto tartarona.*

L'INTERPRETE, *à Parolles.*

Le Général appelle les bourreaux pour vous donner la question. Quels aveux voulez-vous faire, pour vous en exemter ?

PAROLLES,

COMÉDIE.

PAROLLES.

J'avouerai tout ce que je fai, fans qu'il foit befoin de contrainte. Si vous m'écrafez dans les tortures, je ne pourrai plus rien dire.

L'INTERPRETE.

Bosko chimurco.

IIme OFFICIER.

Boblibindo chicurmurco.

L'INTERPRETE, *à l'Officier.*

Vous êtes un bon & compatiffant Général (*A Parolles*). Notre Général vous ordonne de répondre aux queftions que je vais vous faire, d'après cet écrit.

PAROLLES.

Et j'y répondrai avec vérité, comme il eft vrai que j'efpère vivre.

L'INTERPRETE, *lifant un interrogatoire par écrit.*

D'abord lui demander quelles font les forces de la cavalerie du Duc. Que répondez-vous à cet article?

PAROLLES.

Cinq ou fix mille chevaux environ, mais affoiblis & hors de fervice : les troupes font toutes difperfées, & les Chefs font de fort pauvres militaires : c'eft ce

Tome XVII. Seconde Part. Y

que je certifie fur ma réputation, & fur mon efpoir de fauver ma vie.

L'INTERPRETE.

Coucherai-je par écrit votre réponfe?

PAROLLES.

Oui; je l'appuierai de tel ferment qu'il vous plaira.

BERTRAND.

Oh! cela lui eft bien indifférent! (*A part*). Quel vil & damnable efclave eft ce coquin?

Ier OFFICIER, à *Bertrand*, avec ironie.

Vous vous trompez, Seigneur. Celui que vous voyez eft Monfieur Parolles; ce galant & brave militaire (c'étoit-là fa phrafe ordinaire), qui portoit toute la théorie de la guerre dans le nœud de fon écharpe, & toute la pratique dans le fourreau de fon épée.

IIme OFFICIER.

Je ne me fierai plus jamais à un homme, parce qu'il aura foin de tenir fon épée luifante, ni ne croirai qu'il pofsède toutes les qualités, parce qu'il fera revêtu d'une belle & brillante armure.

L'INTERPRETE, à *Parolles*.

Allons, la réponfe eft écrite.

PAROLLES.

Oui, cinq ou six mille chevaux environ, comme je l'ai dit. — Je veux dire le nombre juste, ou à peu de chose près. Écrivez-le; — car je veux dire la vérité.

Ier OFFICIER.

Il approche en effet beaucoup de la vérité dans le fait.

BERTRAND.

Mais, dans les circonstances où il la dit, la vérité, je ne choisirai pas mes mots pour l'en remercier.

PAROLLES.

De pauvres diables : je vous prie, écrivez-le.

L'INTERPRETE.

Bon; cela est écrit.

PAROLLES.

Je vous en remercie bien. La vérité est la vérité. Ce sont de pauvres hères; cela fait pitié!

L'INTERPRETE, *lisant.*

Lui demander quelle est la force de son infanterie. (*A Parolles*). Que dites-vous à cela?

PAROLLES.

Sur ma foi, Monsieur, comme si je n'avois plus

que cette heure à vivre (†), je dirai la vérité.—Voyons. Spurio, cent cinquante ; Sébastien autant ; Corambus autant ; Guiltian, Cosmo, Lodovick, & Gratii, deux cents cinquante chacun ; ma compagnie, Chitopher, Vaumont, Bentii, chacun deux cents cinquante ; ensorte que toute la troupe, tant sains que malades, ne monte pas, sur ma vie, à une liste de quinze mille hommes : & il y en a la moitié qui n'oseroient pas secouer la neige de leur pourpoint, de crainte de le voir tomber en lambeaux.

BERTRAND.

Que fera-t-on à ce scélérat ?

Ier OFFICIER, *à Bertrand*.

Rien autre chose, que de le remercier. (*A l'Interprète*). Interrogez-le sur mon état, & quel est le crédit dont je jouis dans l'esprit du Duc.

L'INTERPRETE, *à Parolles*.

Allons ; cela est écrit. (*Lisant*). Vous lui demanderez encore s'il y a dans le camp un *Capitaine nommé Dumaine*, un François : quelle est sa réputation & l'opinion qu'en a le Duc ; quelles sont sa valeur, sa probité,

---

(†) Autre leçon : *Comme si j'avois encore cette heure à vivre*; & alors ce seroit la peur qui le troubleroit & le feroit se méprendre ; car il compte bien vivre.

COMÉDIE. 173

& *son expérience dans la guerre ; ou s'il ne croit pas, qu'il fût possible avec de bonnes sommes d'or, de le corrompre & de l'engager à la révolte.* (*A Parolles*). Que répondez-vous à cet article ? En avez-vous quelque connoissance ?

PAROLLES.

Je vous en conjure ; laissez-moi répondre à chaque question de cet article : faites-moi les demandes séparément.

L'INTERPRETE.

Connoissez-vous ce Capitaine Dumaine ?

PAROLLES.

Je le connois : il étoit apprentif boucher dans Paris, d'où il a été chassé ignominieusement pour avoir engrossé une pauvre imbécille de servante du Prévôt, une pauvre innocente, & muette, qui ne pouvoit lui dire, *non*. (*Dumaine, en colère, lève la main, comme pour le frapper*).

BERTRAND.

Allons, avec votre permission : contenez vos mains ; — quoique je sache bien que sa cervelle soit dévouée à la première tuile qui lui tombera sur la tête.

L'INTERPRETE.

Ce Capitaine est-il dans le camp du Duc de Florence ?

PAROLLES.

A ma connoiſſance, il y eſt : un vrai vaurien !

Ier OFFICIER, *à Bertrand, qui le regarde.*

Allons, ne me conſidérez pas tant ; nous allons auſſi entendre parler de votre Seigneurie tout-à-l'heure.

L'INTERPRETE.

Quel cas en fait le Duc ?

PAROLLES.

Le Duc ne le connoît que pour un de mes mauvais Officiers, & il m'écrivit l'autre jour de le renvoyer de la troupe : je crois, que j'ai encore ſa lettre dans ma poche.

L'INTERPRETE.

Nous allons l'y chercher.

PAROLLES.

En conſcience, je ne ſai pas : mais ou elle y eſt, ou elle eſt enfilée avec les autres lettres du Duc, dans ma tente.

L'INTERPRETE, *le fouillant.*

La voici : voici un papier du moins : vous le lirai-je ?

COMÉDIE.

PAROLLES.

Je ne fai pas fi c'eft la lettre, ou non.

BERTRAND, *à demi-voix.*

Notre Interprète fait bien fon rôle.

Ier OFFICIER.

A merveille.

L'INTERPRETE, *lifant.*

Diane. — *Le Comte eft un fol, & chargé d'or...*

PAROLLES.

Ce n'eft pas là la lettre du Duc, Monfieur : c'eft un avertiffement à une honnête & jolie fille de Florence, nommée Diane, de fe défier des féductions d'un certain Comte de Rouffillon, un jeune & frivole étourdi ; mais, avec tout cela, fort lafcif. — Je vous en prie, Monfieur, remettez ce papier dans ma poche.

L'INTERPRETE.

Non : c'eft celui que je lirai le premier, avec votre permiffion.

PAROLLES.

Mes intentions là-dedans, je le protefte, étoient des plus honnêtes en faveur de cette jeune fille ; car je connois le Comte pour un jeune fuborneur très-dangereux : c'eſt un monſtre affamé de Vierges ; il en dévore autant qu'il en trouve.

BERTRAND.

Maudit ſcélérat ! double ſcélérat !

L'INTERPRETE *lit la note.*

Un marché bien fait eſt à demi gagné : ſongez-y , & faites bien le vôtre. Quand il prodigue les ſermens , dites lui de coucher l'or , & prenez-le. Dès qu'il porte en compte , il ne paie jamais le compte. Jamais il ne paie ſes arrière-dettes ; faites-vous payer d'avance, & dites , Diane , qu'un ſoldat vous a donné cet avis. Les hommes ſont pour le mariage , les jeunes gens pour le plaiſir : car , comptez bien , que le Comte eſt étourdi : je le ſai , moi , qu'il paiera bien d'avance , mais non pas après qu'il aura obtenu. Tout à vous , comme il vous le juroit à l'oreille.
Parolles.

BERTRAND.

Je veux qu'il ſoit fuſtigé dans les rangs de l'armée, avec cet écrit ſur le front.

IIme OFFICIER, *avec ironie.*

C'eſt votre ami dévoué , Monſieur , cet Orateur Polyglotte (†), ce tout-puiſſant Guerrier !

BERTRAND.

Je pouvois tout endurer auparavant , hors un chat ; & maintenant il eſt un chat pour moi.

(†) Sachant pluſieurs langues.
L'INTERPRETE,

COMÉDIE. 177

L'INTERPRETE, *à Parolles.*

Je crois lire, Monsieur, dans les yeux de notre Général, que nous aurions envie de vous pendre.

PAROLLES.

La vie, Monsieur, à quelque prix que ce soit; non pas que j'aie peur de mourir, mais uniquement parce que mes offenses contre le Ciel étant en grand nombre, je voudrois m'en repentir le reste de mes jours. Laissez-moi vivre, Monsieur, dans une prison, dans les fers, ou par-tout ailleurs, pourvu seulement que je vive.

L'INTERPRETE.

Nous verrons ce qu'il y aura à faire, si vos aveux sont vrais: ainsi, revenons à ce Capitaine Dumaine: vous avez déja répondu sur l'opinion qu'en avoit le Duc, sur sa valeur aussi: & sa probité, qu'en dites-vous?

PAROLLES.

Il voleroit jusqu'à un œuf, dans le sanctuaire (†): pour les rapts & les enlèvemens, il égale Nessus (¶). Il fait profession de manquer à ses sermens; & pour les rompre, il est plus fort qu'Hercule. Il vous men-

_____

(†) C'est-à-dire, la plus vile bagatelle dans le lieu le plus sacré.

(¶) On sait que Nessus tenta d'enlever à Hercule sa Déjanire.

Tome XVII. Seconde Part.   Z

tira, Monsieur, avec une si prodigieuse volubilité, qu'il vous feroit prendre la Vérité pour une folle. L'ivrognerie est sa plus grande vertu; car il boira jusqu'à s'enivrer comme un porc; & dans son sommeil il ne fait guères de mal aux vêtemens & linges qui l'environnent : car on connoît l'homme, & on le couche sur la paille. Il me reste bien peu de chose à ajouter, Monsieur, sur son honnêteté, si ce n'est, qu'il a tout ce qu'un honnête homme ne doit pas avoir, & rien de ce que doit avoir un honnête homme.

Ier OFFICIER.

Je commence à l'aimer pour ce qu'il dit de moi, & pour la singularité de son impudence.

BERTRAND.

Pour cette description qu'il fait de votre honnêteté? Que la peste le saisisse pour ce qui me concerne, moi ! Il me devient de plus en plus insupportable.

L'INTERPRETE, *à Parolles.*

Que dites-vous de son expérience dans la guerre?

PAROLLES.

En conscience, Monsieur, il a battu le tambour devant les Acteurs tragiques Anglois. Le calomnier, je ne le veux pas. Et je n'en sai pas davantage sur sa science militaire, excepté, que dans ce pays-là, il a eu l'honneur d'être Officier à une Manufacture, qu'on appelle *Mile-end* (†), avec l'emploi d'apprendre à doubler les fils de la toile (¶). Je voudrois lui faire tout l'honneur qu'il m'eſt poſſible de lui faire; mais je ne ſuis pas certain de ce fait.

Iᵉʳ OFFICIER.

Il pouſſe l'impudence & la ſcélérateſſe à un tel excès, que ſon caractère ſe rachète par la rareté.

BERTRAND.

Que la peſte l'étrangle! C'eſt un monſtre pour moi.

L'INTERPRETE, à *Parolles*.

Puiſque c'eſt un homme ſi vil, je n'ai pas beſoin de vous demander, ſi l'or pourroit le débaucher.

PAROLLES.

Monſieur, pour un quart d'écu, il vendra ſa part de ſalut & ſon droit d'héritage dans le Ciel : il en dépouillera tous ſes deſcendans, & l'aliénera à perpétuité & ſans retour.

L'INTERPRETE.

Et ſon frère, l'autre Capitaine Dumaine, quel homme eſt-ce?

(†) *Mile-end*, eſt un Hôpital & une Manufacture de Londres.

(¶) Autre ſens fondé ſur l'équivoque de *files*, pour faire des recrues.

IIme OFFICIER.

Pourquoi le questionne-t-il sur mon compte (†)?

L'INTERPRETE.

Répondez : quel est son mérite ?

PAROLLES.

C'est un oiseau de la même couvée. Il n'est pas tout-à-fait aussi grand que l'autre en bonté, mais il l'est bien plus en malice. Il surpasse son frère en lâcheté ; & cependant son frère passe pour un des poltrons les plus parfaits : dans une retraite, il court mieux que le goujat ; & quand il faut charger, il est sujet à la crampe.

L'INTERPRETE.

Si l'on vous fait grace de la vie, entreprendrez-vous de trahir le Duc de Florence ?

PAROLLES.

Oui ; & son Capitaine de Cavalerie aussi, le Comte de Roussillon.

L'INTERPRETE.

Je vais le dire à l'oreille du Général, & savoir ses intentions.

(†) Cela est dans la nature : on aime à entendre médire d'un autre, & pas de soi. *Johnson.*

COMÉDIE.

PAROLLES.

Je ne veux plus entendre de tambours : la malédiction sur tous les tambours! C'étoit uniquement pour paroître rendre un service, & pour en imposer à ce jeune débauché de Comte, que je me suis jetté dans le péril; & cependant, qui auroit jamais soupçonné qu'il y eût une embuscade au lieu où j'ai été pris?

L'INTERPRETE *revenant à lui, comme avec la réponse du Général.*

Il n'y a point de remède, Monsieur : il vous faut mourir. Le Général dit, que, vous, qui avez par une si indigne perfidie dévoilé les secrets de votre armée, & fait des portraits si noirs d'Officiers, qui jouissent de la plus haute estime, vous n'êtes bon à rien d'honnête dans ce monde : ainsi il faut vous préparer à mourir. Allons, bourreau, fais sauter sa tête.

PAROLLES.

O mon Dieu, Monsieur! laissez-moi la vie, ou laissez-moi du moins voir ma mort.

L'INTERPRETE.

Vous allez la voir ; & faites vos adieux à tous vos amis. (*Il lui ôte son bandeau*). Tenez, regardez autour de vous : connoissez-vous quelqu'un de ces Guerriers?

BERTRAND.

Bonjour, brave Capitaine.

IIme OFFICIER.

Dieu vous béniſſe, Capitaine Parolles.

Ier OFFICIER.

Dieu ſoit avec vous, noble Capitaine.

IIme OFFICIER.

Capitaine, de quoi me chargez-vous pour le Seigneur Lafeu? Je pars pour France.

Ier OFFICIER.

Digne Capitaine, voulez-vous me donner une copie de ce ſonnet que vous avez adreſſé à Diane en faveur du Comte de Rouſſillon? Si je n'étois pas un vrai poltron, je vous y forcerois : mais adieu, proſpérez.

(Ils ſortent).

SCENE X.

L'INTERPRETE, PAROLLES.

L'INTERPRETE.

Vous êtes un homme perdu & défait, Capitaine : il n'y a plus rien en vous qui tienne encore, que votre écharpe.

PAROLLES.

Qui pourroit ne pas succomber sous un complot ?

L'INTERPRETE.

Si vous pouviez trouver un pays où il n'y eût que des femmes aussi déshonorées que vous, vous pourriez être le père & la souche d'une impudente Nation. Adieu. Je pars pour France aussi : nous y parlerons de vous.

(*Il sort*).

SCENE XI.

PAROLLES, *resté seul*.

Hé bien, je suis encore plein de reconnoissance. Si mon cœur étoit né fier, il se briseroit de chagrin à cette aventure. — Je ne veux plus être Capitaine ; mais je veux manger & boire, & dormir aussi à mon aise qu'un Capitaine. Sans tout cela, ce que je suis encore, me fera vivre. Que celui qui se connoît pour un fanfaron, tremble à ce dénouement! Car il arrivera toujours, que tout menteur fanfaron sera convaincu à la fin d'être un sot. Va te rouiller, mon épée. Rafraîchissez-vous, mes joues, que la rougeur a enflammées! Et vis, mon cher Parolles, en sûreté dans ta honte. Puisque tu es baffoué & dupé, prospère par la fraude & la tromperie : il y a toujours dans le monde une place pour un homme, & des ressources pour le faire vivre : je vais les chercher.

(*Il sort*).

SCENE XII.

La Scène est à Florence, dans la maison de la Veuve.

HÉLENE, LA VEUVE, DIANE.

HÉLENE.

Afin de vous convaincre, Madame, que je ne vous ai pas fait d'injure, un des plus grands Princes du monde chrétien sera ma caution : il faut nécessairement, qu'avant d'accomplir mes desseins, je me prosterne devant son trône. Il fut un tems, où je lui rendis

rendis un service important, presque aussi cher que sa vie; un service dont la reconnoissance pénétreroit le dur & insensible sein de l'enfer même, & en feroit sortir un cri d'action de graces. Je suis bien informée, que Sa Majesté est à Marseille, & nous avons un cortége convenable pour nous conduire à cette ville. Il faut que vous sachiez que l'on me croit morte. L'armée étant licentiée, mon mari part pour ses terres; &, avec le secours du Ciel, & l'agrément du Roi mon bon maître, nous y serons rendues avant notre hôte.

LA VEUVE.

Aimable Dame, jamais vous n'avez eu de serviteur fidèle, qui se soit chargé avec plus de zèle & de plaisir de vos intérêts.

HÉLENE.

Ni vous, Madame, n'avez jamais eu d'ami, dont les pensées travaillent avec plus d'ardeur à vous procurer la récompense de votre affection : ne doutez pas que le Ciel ne m'ait conduite chez vous pour assurer la dot de votre fille, comme il l'a destinée à être mon appui & mon moyen pour gagner l'amour de mon époux. Mais que les hommes sont des êtres étranges, de pouvoir goûter de si douces jouissances dans la possession de l'objet qu'ils haïssent, lorsque leur lascive passion, sur la foi d'une fausse idée qui les trompe, redouble l'horreur de la nuit par celle de leur crime ! Ainsi la luxure se repaît avec transport de l'objet de ses dégoûts, dans l'idée qu'elle jouit d'un objet désiré, qui pourtant est absent : mais nous reviendrons dans la suite à ces réflexions. — Vous, Diane, il vous faudra souffrir encore pour moi quelques épreuves, sous la direction de mes petites instructions.

DIANE.

Que l'honneur & la mort s'accordent ensemble dans les sacrifices que vous m'imposerez ; &, toute entière à vos volontés, je suis prête à souffrir la mort.

HÉLENE.

Cependant, je vous prie.... Mais bientôt le tems amènera la saison de l'été, où les églantiers auront des roses aussi bien que des épines, & où la joie dédommagera des peines. Il faut que nous partions : notre voiture est prête, & le tems nous invite & nous presse. *Tout est bon, quand la fin est bonne.* La fin est la couronne des entreprises : quel que soit le cours de ce qui précède, c'est la fin qui en décide la gloire & le mérite.

(Elles sortent).

COMÉDIE. 187.

SCENE XIII.
La Scène est dans le Roussillon.
LA COMTESSE, LAFEU, LE BOUFFON.
LAFEU.

Non, non : votre fils a été égaré par un impertinent faquin en leste taffetas, dont l'infâme empois (†) vous teindroit de sa couleur toute la molle & flexible jeunesse d'une Nation. Sans ceci, votre belle-fille vivroit encore, & votre fils, qui est ici en France,

---

(†) Parolles est représenté comme un homme qui suit avec affectation la mode, & qui entretient son Maître dans toutes ses folles bizarreries. C'en fut une de teindre les rubans & les écharpes en jaune safran. Elle fut inventée par une nommée *Turner*, coëffeuse, & pourvoyeuse de la Cour : elle étoit si infâme à tous égards, que sa mode en mérita l'épithète de (*villainous*). Cette femme fut dans la suite au nombre des complices du meurtre de Sir Thomas Overbury, & pendue à Tyburn ; & elle voulut mourir avec une fraise jaune de sa propre invention ; ce qui rendit l'empois jaune si odieux, que la mode en passa tout de suite. — On avoit coutume aussi, dans ce tems-là, de colorer les pâtés avec le safran ; d'où l'expression '*unbaked youth*. Et dans l'année 1446, on tint un Parlement à Trim, en Irlande, où l'on défendit aux habitans de porter des chemises empesées de safran.' *Warburton & Steevens.*

A a ij

seroit bien plus avancé par le Roi, sans ce vil insecte bariolé dont je parle.

LA COMTESSE.

Je voudrois bien ne l'avoir jamais connu (†). Il a été la mort de la plus vertueuse femme, dont la création ait fait honneur à la nature. Quand elle auroit été formée de mon sang, & qu'elle m'eût coûté les tendres douleurs d'une mère, jamais ma tendresse pour elle n'eût pu prendre dans mon cœur de plus profondes racines.

LAFEU.

C'étoit une bonne Dame, une digne femme : nous pouvons bien cueillir mille salades, avant d'y retrouver une herbe pareille.

LE BOUFFON.

Oh oui, Monsieur : elle étoit ce qu'est la douce marjolaine dans une salade, ou plutôt, l'*herbe de grace* (¶).

LAFEU.

Ce ne sont pas là des herbes à salade, faquin ; ce sont des aromates pour le nez.

(†) Ce dialogue sert à lier les incidens épisodiques de Parolles, avec le plan principal de la pièce. *Johnson.*

(¶) On a dit ailleurs ce qu'étoit cette *herbe de grace*

LE BOUFFON.

Je ne fuis pas un grand Nabuchodonofor, Monfieur; je ne me connois pas beaucoup en herbes.

LAFEU.

Qui fais-tu profeffion d'être; coquin, ou fou?

LE BOUFFON.

Fou, Monfieur, au fervice d'une femme, & coquin au fervice d'un homme.

LAFEU.

Que fignifie cette diftinction?

LE BOUFFON.

Je voudrois efcamoter à un homme fa femme, & faire fon fervice.

LAFEU.

Comme cela, vraiment, tu ferois un coquin à fon fervice.

LE BOUFFON.

Et je donnerois à fa femme ma marotte (†), pour faire fon fervice.

(†) *A Bauble*; c'étoit une forte de court bâton, fur lequel étoit taillée une tête, & que les fols portoient à la main. On en voit un dans un portrait de Vateau, qui a été gravé par Baron, & appellé, *les Comédiens Italiens.*

LAFEU.

Allons, je fouscris à ta thèse, que tu es à la fois un coquin & un fou.

LE BOUFFON.

A votre service.

LAFEU.

Non, non, non.

LE BOUFFON.

Hé bien, Monsieur, si je ne vous sers pas, je peux servir un aussi grand Prince que vous pouvez l'être.

LAFEU.

Quel est-il ? Est-ce un François ?

LE BOUFFON.

Monsieur, il a un nom Anglois; mais sa physionomie est plus chaude (†) en France, qu'en Angleterre.

LAFEU.

Quel est ce Prince ?

LE BOUFFON.

Le Prince noir, Monsieur : autrement, le Prince des ténèbres; autrement, le Diable.

(†) Allusion à la maladie vénérienne : *Morbus Gallicus.*

LAFEU.

Arrête-là, voilà ma bourse. Je ne te la donne pas, pour te débaucher du service du maître dont tu parles: va, continue de le servir.

LE BOUFFON.

Je suis un habitant des bois, Monsieur, qui ai toujours aimé un grand feu, & le maître dont je parle, entretient toujours bon feu. Mais puisqu'il est le Prince du monde, que sa Noblesse se tienne à sa Cour. J'aime, moi, la maison à porte étroite, que je crois trop petite, pour que la pompe des Courtisans puisse y passer : quelques personnes qui se baissent & s'humilient, le pourront ; mais le grand nombre sera trop frilleux & trop délicat, & ils préféreront le chemin fleuri qui conduit à la large porte & au grand brasier.

LAFEU.

Va ton chemin : je commence à me lasser de toi, & je t'en préviens d'avance, parce que je ne voudrois pas me brouiller avec toi. Va-t'en : veille à ce qu'on ait bien soin de mes chevaux, sans tour ni fraude.

LE BOUFFON.

Si je leur joue quelques tours, ce ne seront jamais que des tours joués à des rosses ; ce qui est leur droit par la loi de la Nature. (*Il sort*).

SCENE XIV.
LAFEU, LA COMTESSE.
LAFEU.

Un rusé coquin, un méchant drôle !
LA COMTESSE.

Ainsi est-il. Feu mon mari s'en divertissoit beaucoup. C'est par sa volonté qu'il reste à la maison, & il s'en autorise pour se permettre ses impertinences. Et en effet, il n'a aucune marche réglée ; il court où il veut.
LAFEU.

Il me plaît beaucoup ; ses bouffonneries ne sont pas hors de saison. — J'en étois à vous dire, que depuis que j'ai appris la mort de cette digne Dame, & que votre fils, Madame, étoit sur le point de revenir dans sa patrie, j'ai engagé le Roi, mon Maître, à parler en faveur de ma fille : c'est Sa Majesté, qui de sa grace, m'en fit la première proposition, lorsque tous les deux étoient encore mineurs. Le Roi m'a promis de l'effectuer : & pour éteindre le ressentiment qu'il a conçu contre votre fils, il n'y a pas de meilleur moyen. Comment goûtez-vous, Madame, cette proposition ?

LA COMTESSE.

LA COMTESSE.

Elle me fait le plus grand plaisir, Monsieur, & je désire qu'elle s'accomplisse heureusement.

LAFEU.

Sa Majesté revient en poste de Marseille, avec un corps aussi vigoureux, que lorsqu'elle ne comptoit que ses trente ans : le Roi sera ici demain, où je suis trompé par un homme qui m'a rarement induit en erreur dans ces sortes d'avis.

LA COMTESSE.

J'ai bien de la joie d'espérer le revoir encore avant de mourir. J'ai des lettres qui m'annoncent que mon fils sera ici ce soir. Je vous prierai de rester avec moi, jusqu'à ce qu'ils se soient rencontrés tous deux.

LAFEU.

Madame, j'étois occupé à songer de quelle manière je pourrois être admis en sa présence.

LA COMTESSE.

Vous n'avez besoin, Monsieur, que de faire valoir vos droits honorables.

LAFEU.

Madame, j'en ai fait un usage bien étendu ; mais, je rends graces au Ciel, de ce qu'ils durent encore.

SCENE XV.

Les mêmes. LE BOUFFON *revient.*

LE BOUFFON.

O Madame, là-bas est Monseigneur votre fils, avec un morceau de velours sur sa face : s'il y a ou non une cicatrice dessous, le velours le sait ; mais c'est un fort beau morceau de velours : sa joue gauche est une joue qui a deux poils & demi ; mais sa joue droite est chauve & toute nue.

LA COMTESSE.

Une noble blessure, une blessure noblement gagnée, est une belle livrée d'honneur : il y a apparence que c'en est une pareille.

LE BOUFFON.

Mais c'est une figure qui a l'air d'être grillée (†).

LAFEU.

Allons au-devant de votre fils, je vous prie. Je

(†) Warburton lit, carbinado'd, *carabinée*, & fait consister le jeu de mots dans l'allusion à une blessure faite avec une carabine ; espèce d'arme, qu'Henri IV avoit rendu fameuse, en la faisant prendre à ses Cavaliers.

COMÉDIE.

languis du défir de m'entretenir avec ce noble & jeune Guerrier.

LE BOUFFON.

Ma foi, ils font une douzaine, en élégans & fins chapeaux, avec de galantes plumes : ils s'inclinent, & font la révérence à tout le monde.

(Tous fortent).

ACTE V.

SCENE PREMIERE.

La Scène se passe à la Cour de France, à Marseille.

HÉLENE, LA VEUVE, DIANE, & deux Domestiques.

HÉLENE.

Certainement vous devez être excédée de courir ainsi la poste jour & nuit : nous ne pouvons faire autrement ; mais puisque vous avez déja sacrifié tant de jours & de nuits, & exposé vos membres délicats à tant de fatigues, pour me rendre service, armez-vous de courage. Vos bontés sont si fortement gravées dans mon cœur reconnoissant, que rien ne pourra jamais les en effacer. Dans des tems plus heureux...

SCENE II.

Les précédens. Un OFFICIER *de la Fauconnerie* (†).

HÉLENE.

CE Gentilhomme pourroit peut-être m'obtenir une audience du Roi, s'il vouloit employer son crédit. — Dieu vous garde, Monsieur !

LE GENTILHOMME.

Et vous aussi, Madame.

HÉLENE.

Monsieur, je vous ai vu à la Cour de France.

LE GENTILHOMME.

J'y ai passé quelque tems.

HÉLENE.

J'espère, Monsieur, que vous n'êtes pas déchu de la réputation que vous aviez d'être bon & obligeant ; & comme j'ai un trop pressant besoin de vos secours, pour m'arrêter aux complimens de la politesse, je

---

(†) Le mot est *astringer* ou *ostringer* ; *d'ossercus* ou *austercus*, un *autour*.

vous offre tout de suite une occasion d'exercer les vertus de votre ame, & j'en ferai à jamais reconnoissante.

LE GENTILHOMME.

Que désirez-vous ?

HÉLENE.

Que vous ayez la bonté de donner ce petit mémoire au Roi, & de vouloir bien m'aider de tout votre crédit, pour obtenir la faveur de lui être présentée.

LE GENTILHOMME.

Le Roi n'est point ici.

HÉLENE.

Il n'est point ici, Monsieur?

LE GENTILHOMME.

Non, en vérité. Il est parti d'ici la nuit dernière, & son départ a été plus précipité que de coutume.

LA VEUVE.

Grand Dieu! toutes nos peines sont perdues.

HÉLENE.

Tout est bien, qui finit bien. Quoique le sort nous paroisse si contraire, & les moyens si défavorables (*au Gentilhomme*), de grace, enseignez-moi où il est allé.

LE GENTILHOMME.

Vraiment, suivant ce que j'ai entendu, il est parti pour le Roussillon, où je vais aussi.

HÉLENE.

Je vous conjure, Monsieur, comme probablement vous verrez le Roi avant moi, de recommander ce petit mémoire à Sa Majesté; j'espère que vous n'en recevrez aucun blâme, & qu'il vous en fera au contraire des remercîmens. J'arriverai après vous avec toute la diligence qu'il nous sera possible de faire.

LE GENTILHOMME.

Donnez ; je le remettrai au Roi pour vous obliger.

HÉLENE.

Et vous verrez qu'on vous en remerciera, sans ce qui pourra en arriver de plus. — Il nous faut remonter à cheval. (*A ses suivans*). Allez, allez, faites tout préparer.

(*Elles sortent*).

SCENE III.

La Scène se passe dans le Roussillon.

LE BOUFFON, PAROLLES.

PAROLLES.

Mon cher Monsieur Lavatch, donnez cette lettre à Monseigneur Lafeu. J'ai autrefois, Monsieur, été bien mieux connu de vous, quand j'étois revêtu d'habits plus frais & plus beaux; mais aujourd'hui je suis tombé dans le fossé de la fortune, & tout fangeux j'exhale une forte odeur de sa disgrace.

LE BOUFFON.

Ma foi, les disgraces de la fortune doivent être bien sales, si tu sens une odeur aussi forte que tu le dis. Je ne veux plus désormais manger aucun poisson frit au beurre de la fortune. Je te prie, mets-toi au-dessous du vent.

PAROLLES.

Oh! vous n'avez pas besoin, Monsieur, de vous boucher le nez; je ne parle ici que par métaphore.

LE BOUFFON.

En vérité, Monsieur, si vos métaphores sont dégoûtantes,

COMÉDIE.

dégoûtantes (†), je boucherai mon nez, & je le ferois devant les métaphores de qui que ce soit. — Allons, je t'en prie, éloigne-toi.

PAROLLES.

Monsieur, je vous en conjure, prenez-moi ce papier, pour le remettre.

LE BOUFFON.

Pouas. — Éloigne-toi, je te prie ; un papier de la chaise-percée de la fortune, pour donner à un Gentilhomme ! Tiens, vois, le voici lui-même.

SCENE IV.

Les mêmes. **LAFEU.**

LE BOUFFON, *à Lafeu.*

Voici un mignon de la fortune, Monsieur, ou du petit chat de la fortune (mais un petit chat qui ne sent pas le musc), qui est tombé dans le sale réservoir

---

(†) *Quoniam hæc*, dit Cicéron, *vel summa laus est in verbis transferendis ut sensum feriat id, quod translatum sit, fugienda est omnis turpitudo earum rerum, ad quæ eorum animos qui audiunt trahet similitudo. Nolo morte dici Africani* castratam *esse Rempublicam. Nolo* stercus curiâ *dici Glauciam. De Orat.*

Shakespear est rarement tombé dans ce défaut. *Warburton.*

de ses disgraces; d'où, comme il le dit lui-même, il est sorti tout fangeux. Je vous prie, Monsieur, de traiter la carpe du mieux que vous pourrez; car il a l'air d'un pauvre misérable bien déchu, d'un drôle ingénieux, & d'un faquin délabré. Je compâtis à son malheur avec le sourire de consolation, & je l'abandonne à votre Grandeur.

PAROLLES.

Monseigneur, je suis un homme que la fortune a cruellement égratigné.

LAFEU.

Et que voulez-vous que j'y fasse; il est trop tard aujourd'hui de lui rogner les ongles. Quel est donc le tour de filou que vous avez joué à la fortune, pour qu'elle vous ait si fort égratigné; car c'est par elle-même une fort bonne Dame, qui ne souffre pas que les coquins prospèrent long-tems à son service ? Tenez, voilà un *quart d'écu* pour vous : que les Juges de paix vous réconcilient tous deux, vous & la fortune ; j'ai d'autres affaires.

PAROLLES.

Je supplie votre Grandeur de vouloir bien entendre un seul mot.

LAFEU.

Tu veux encore quelques sous de plus ; les voilà, pourvu que tu te taises.

COMÉDIE.

PAROLLES.

Mon nom, mon bon Seigneur, eſt *Parolles*.

LAFEU.

Vous demandez donc à dire plus d'un mot (†). — Maudit ſoit mon emportement, donnez-moi la main. Comment va votre tambour ?

PAROLLES.

O mon cher Seigneur, vous êtes celui qui m'avez trouvé le premier.

LAFEU.

Comment, c'eſt moi, vraiment? Et je ſuis le premier qui t'ai *perdu*.

PAROLLES.

Il ne tient qu'à vous, Seigneur, de me faire rentrer un peu en grace ; car ç'eſt vous qui m'en avez chaſſé.

LAFEU.

Fi ! tu devrois être honteux, coquin : veux-tu que je ſois à la fois Dieu & Diable ; que l'un te faſſe obtenir des graces, & que l'autre te les arrache ? Voici le Roi qui vient ; je le reconnois au bruit de ſes trompettes. Faquin, informez-vous de moi : j'ai

---

(†) Alluſion au mot *paroles*.

encore hier au soir parlé de vous. Quoique vous soyez un fol & un vaurien, vous aurez de quoi manger (†). Venez, suivez-moi.

PAROLLES.

Je bénis Dieu pour vos bontés.

(*Il sort*).

SCENE V.

Fanfares. LE ROI, LA COMTESSE, LAFEU, *les deux* SEIGNEURS *François. Suite.*

LE ROI.

Nous avons perdu en elle un bijou précieux, & cette perte nous a rendus plus pauvres que nous ne l'étions ; mais votre fils égaré par sa propre folie, n'a pas eu assez de raison & de bon-sens, pour sentir toute l'étendue de son mérite.

LA COMTESSE.

C'est une chose faite, mon Roi ; & je conjure Votre Majesté de regarder cette révolte comme un

---

(†) Parolles a plusieurs traits de Falstaff. C'est un caractère qui a plus d'esprit que de vertu ; mais à qui ses vices siéent si bien, qu'il ne mérite pas de mourir de faim. *Johnson.*

écart naturel dans la première ardeur de la jeunesse, lorsque le feu de l'âge, trop impétueux pour la force de la raison, embrase tout, & maîtrise l'homme.

LE ROI.

Respectable Comtesse, j'ai tout pardonné & tout oublié, quoique ma vengeance fût armée contre lui, & n'attendît que le moment de frapper.

LAFEU.

Je dois le dire, si Votre Majesté veut bien me le permettre. Le jeune Comte a cruellement offensé son Roi, sa mère, & sa femme; mais c'est à lui-même qu'il a fait le plus grand tort; il a perdu une épouse dont la beauté étonnoit les yeux les plus familiarisés avec la beauté; dont la douce voix captivoit l'oreille de tous ceux qui l'écoutoient, & qui possédoit tant de belles vertus, que les cœurs les plus fiers & les plus ennemis de l'esclavage s'enorgueillissoient de la nommer leur Maîtresse.

LE ROI.

L'éloge de l'objet qu'on a perdu, en rend le souvenir plus cher encore. Eh bien, faites-le revenir; nous sommes réconciliés, & la première entrevue effacera tout le passé. Qu'il ne vienne point me demander grace; le sujet de sa grande offense n'existe plus, & nous enfevelissons les restes de nos ressentimens dans un abîme plus profond que l'oubli (†) : qu'il vienne comme un étranger, & non comme un criminel ; & dites-lui sur-tout que c'est là notre volonté.

UN SEIGNEUR FRANÇOIS.

Je le lui dirai, mon Souverain.

LE ROI, à *Lafeu*.

Que dit-il à la proposition de le marier à votre fille ? Lui avez-vous parlé ?

LAFEU.

Il dit qu'il est en tout dévoué aux ordres de Votre Majesté.

LE ROI.

Nous aurons donc une nôce. J'ai reçu des lettres qui le couvrent de gloire.

(†) La justice poétique demandoit que le double crime de Bertrand, sa cruauté & sa désobéissance, jointes encore à une teinte d'hypocrisie, fussent un peu punies : la mère pouvoit pardonner à son fils ; mais le Roi devoit venger davantage son autorité méprisée, & le malheur d'Hélène. Mais Shakespear ayant assez de matière pour son cinquième Acte, abrége le dialogue, & se hâte vers la fin, *Johnson*.

SCENE VI.

Les précédens. BERTRAND.

LAFEU.

IL paroît satisfait.

LE ROI.

Je ne suis point un jour de saison invariable ; car tu peux voir au même instant sur mon front les feux d'un clair sourire rayonner au travers de nuages orageux. Mais à présent ces nuages menaçans se dissipent, & font place aux plus brillans rayons : ainsi, approche, le Ciel a repris sa sérénité.

BERTRAND.

O mon cher Souverain, pardonnez-moi des fautes expiées par un profond repentir.

LE ROI.

Tout est oublié. Ne parlons plus du passé. Saisissons par les cheveux le présent qui fuit ; car nous sommes vieux, & sur nos projets les plus prompts, le tems glisse sans bruit & d'un pas insensible, & les efface avant qu'ils soient effectués. Vous rappellez-vous les traits de la fille de ce Seigneur ?

BERTRAND.

Avec admiration, mon Prince. J'avois d'abord jetté mon choix sur elle, avant que mon cœur osât le révéler par ma bouche: d'après la vive impression qu'elle avoit faite sur mes yeux & sur mon cœur, je ne vis plus les autres femmes qu'avec le télescope dédaigneux du mépris, qui défigura tous les traits des autres beautés, ternit leurs plus belles couleurs, ou me les représenta comme un fard emprunté; il dérangeoit les proportions de leur visage, en les allongeant ou les raccourcissant, de manière que l'objet me paroissoit hideux : de-là vint que celle dont tous les hommes chantoient les louanges, & que moi-même j'ai commencé à aimer, depuis que je l'ai perdue, choquoit mes regards, & sembloit dans mon œil une tache, une paille importune, qui le blessoit.

LE ROI.

C'est très-bien s'excuser. L'amour dont tu as brûlé pour elle, efface une grande partie de tes torts; mais l'amour qui vient trop tard (semblable au pardon de la clémence, apporté trop tard au malheureux condamné) devient un reproche amer contre celui qui l'envoie, & lui crie sans cesse : « C'est ce qui est bon, qui est perdu ». Dans nos injustes & téméraires préventions, nous ne faisons aucun cas des objets précieux que nous possédons : nous n'apprenons à en
sentir

sentir le prix, qu'au bord de leur tombeau. Souvent nos ressentimens, cruels à nous-mêmes, détruisent nos amis, & nous allons ensuite verser des pleurs sur leurs cendres. Et tandis que l'odieuse haine s'assoupit & s'endort, l'amitié se réveille & pleure, en voyant le malheur qui est arrivé. Que ces réflexions servent d'éloge funèbre à l'infortunée Hélène; & maintenant oublions-la. Porte les gages de ton amour à la belle Madeleine. Les consentemens les plus importans sont obtenus, & je resterai ici pour voir une seconde nôce terminer ton veuvage.

LA COMTESSE.

Que cette seconde union soit plus heureuse que la première! — Ciel, daigne la bénir, ou fais-moi mourir, avant qu'ils s'unissent!

LAFEU.

Viens, mon fils, toi, en qui doit se confondre le nom de ma famille. Donne-moi quelque gage de tendresse, qui brille aux yeux de ma fille, & qui l'engage à se rendre ici promptement. (*Bertrand lui donne un anneau*). Par ma barbe vieillie, & par le reste de mes cheveux blancs & clair semés sur mon front, Hélène, qui est morte, étoit une charmante créature! — Quoi! c'est un anneau semblable à celui-ci, que j'ai vu à son doigt la dernière fois qu'elle a pris congé de la Cour.

BERTRAND.

Il n'a jamais été à elle.

LE ROI.

Donnez, je vous prie, que je le voie; car mon œil, quand je lui parlois, étoit souvent attaché sur cet anneau : il étoit à moi jadis ; & lorfque je le donnai à Hélène, je lui commandai que, fi jamais elle fe trouvoit dans des circonftances où elle eût befoin de mes fecours, elle fe fît reconnoître par cet anneau, & que je l'aiderois fur l'heure. Auriez-vous eu la perfidie de la dépouiller d'un gage de ma reconnoiffance, & dont la poffeffion étoit pour elle de la plus grande importance?

BERTRAND.

Mon augufte Souverain, quoiqu'il vous plaife de le croire, cet anneau n'a jamais été le fien.

LA COMTESSE.

Mon fils, fur ma vie, je le lui ai vu porter, & elle y attachoit autant de prix qu'à fa vie.

LAFEU.

Je fuis certain de le lui avoir vu porter.

BERTRAND.

Vous vous trompez, Seigneur ; elle ne l'a jamais

vu. C'est à Florence qu'il me fut jetté d'une fenêtre, enveloppé dans un papier, où étoit le nom de celle qui l'avoit jetté (†) : c'étoit une fille de naissance, & elle me crut dès-lors engagé avec elle. Mais quand j'eus consulté mon honneur, & qu'elle fut pleinement informée, que je ne pouvois répondre aux vues honorables dont elle m'avoit fait l'ouverture, elle cessa ses poursuites, & se rendit avec chagrin à cette nécessité; mais elle ne voulut jamais reprendre l'anneau.

LE ROI.

Plutus même, qui connoît la chymie & l'art de multiplier le grand œuvre (¶), n'a pas des secrets de la Nature une connoissance plus parfaite, que je n'en ai, moi, de cet anneau. C'étoit le mien, c'étoit celui d'Hélène, qui que ce soit qui vous l'ait donné : ainsi, si vous vous connoissez bien vous-même, avouez que c'étoit le sien, & dites par quelle violence vous l'avez extorqué de ses mains. Elle avoit pris tous les Saints à témoin, qu'elle ne l'ôteroit jamais de son doigt, que pour vous le donner à vous-même dans le

---

(†) Bertrand ment ici à sa conscience : il savoit bien qu'on ne lui avoit pas jetté cet anneau d'une fenêtre. *Johnson.*

(¶) Sous le règne de Henri IV, on porta une loi qui défendoit à toute personne de multiplier l'or. M. Boyle, qui étoit alors dans l'espérance de trouver la transmutation, la fit révoquer. *Johnson.*

lit nuptial (où vous n'êtes jamais entré), ou qu'elle
nous l'enverroit dans ses plus grands revers.

BERTRAND.

Elle ne l'a jamais vu.

LE ROI.

Comme il est vrai que j'aime l'honneur, tu ne dis pas la vérité, & tu fais naître en moi des alarmes, des soupçons, que je voudrois étouffer.... S'il étoit vrai que tu fusses assez barbare. —Cela ne peut pas être; — & je — cependant je ne sais —. Tu la haïssois mortellement, & elle est morte! & rien, à moins que d'avoir moi-même fermé ses yeux, ne peut m'en convaincre plus, que la vue de cet anneau. — Gardes, qu'on le saisisse. (*Les gardes s'emparent de Bertrand*). Quel que soit l'événement, l'expérience que j'ai du passé, justifie assez mes alarmes du reproche de trop de crédulité; &, si je suis coupable de quelque foiblesse, c'est de n'avoir pas assez craint son caractère. Qu'on l'emmène : nous voulons approfondir ce mystère.

BERTRAND.

Si vous prouvez, que cet anneau étoit celui d'Hélène, vous prouverez aussi aisément, que je suis entré dans son lit à Florence, où jamais elle n'a mis le pied.

(*Les gardes emmènent Bertrand*).

COMÉDIE.

SCENE VII.

Les précédens. Un GENTILHOMME *entre.*

LE ROI.

JE suis rempli de soupçons affreux.

LE GENTILHOMME.

Roi généreux, j'ignore si j'ai bien ou mal fait : voici le placet d'une Florentine, qui n'est peut-être qu'à cinq ou six milles d'ici, & qui venoit vous le remettre elle-même. Je m'en suis chargé, attendri par les charmes & les graces touchantes de cette infortunée suppliante, que je sais maintenant être déja arrivée en ces lieux. On lit dans ses regards inquiets l'importance de sa requête ; & d'une voix touchante, elle m'a dit en peu de mots, que Votre Majesté y étoit elle-même intéressée.

LE ROI *prend & lit la lettre.*

« Après mille protestations de m'épouser, quand
» sa femme seroit morte, je rougis de le dire, il m'a
» séduite. Aujourd'hui le Comte de *Roussillon* est
» veuf, sa foi m'est engagée, & c'est à lui que mon
» honneur a été sacrifié. Il est parti furtivement de
» *Florence*, sans prendre congé de personne, & je le

» suis dans sa patrie pour y demander justice. Rendez-
» la moi, Sire, vous le pouvez; autrement un sé-
» ducteur triomphera, & une pauvre fille sera pour
» jamais malheureuse ».

DIANE CAPULET.

LAFEU.

Je m'acheterai un gendre à la foire, & je paierai les droits (†) : je ne veux point de celui-ci.

LE ROI.

Il faut que les Cieux te protègent, Lafeu, pour avoir mis au jour cette découverte. Qu'on cherche cette infortunée : partez sur l'heure, & qu'on ramène ici le Comte.

SCENE VIII.

Les mêmes. BERTRAND *entre.*

LE ROI, *à la Comtesse.*

JE tremble, Madame, qu'on n'ait cruellement arraché la vie à Hélène.

LA COMTESSE.

Eh bien, justice sur les assassins!

___

(†) Allusion aux droits de péage qu'on paie à la foire, pour les chevaux. *Eschenburg.*

COMÉDIE. 215

LE ROI, à *Bertrand*.

Je m'étonne, Monsieur, que les femmes soient pour vous des objets si affreux, que vous vous hâtiez de les fuir aussi-tôt que vous leur avez juré les promesses les plus sacrées, & que cependant vous désiriez encore de vous marier. — Quelle est cette femme-là ?

SCENE IX.
Les précédens. LA VEUVE, DIANE.

DIANE.

JE suis, Seigneur, une malheureuse Florentine, sortie des anciens Capulets. Ma prière, à ce que j'entends, vous est déja connue. Vous savez donc aussi combien je suis digne de pitié.

LA VEUVE.

Et moi, Sire, je suis sa mère, dont l'âge & l'honneur ont tous deux beaucoup souffert des affronts dont nous nous plaignons ici devant vous; & je n'ai plus qu'à mourir déshonorée, si vous ne venez à notre secours.

LE ROI.

Approchez, Comte. Connoissez-vous ces femmes ?

BERTRAND.

Mon Prince, je ne puis, ni ne veux nier que je les connoiſſe. Me chargent-elles de quelque reproche?

DIANE.

Pourquoi affectez-vous de ne pas reconnoître votre épouſe?

BERTRAND.

Elle ne m'eſt rien, mon Prince.

DIANE.

Si vous vous mariez, vous aliénerez cette main; & cette main eſt à moi ; vous donnerez les promeſſes les plus ſacrées, jurées devant le Ciel, & elles ſont à moi ; en vous donnant à une autre, vous m'aliénerez moi-même (& cependant je ſuis à moi); car je ſuis tellement liée, incorporée avec vous par le nœud de vos ſermens, qu'on ne ſauroit vous épouſer ſans m'épouſer auſſi ; ou tous les deux, ou pas un.

LAFEU, *à Bertrand.*

Votre réputation baiſſe trop, pour prétendre à ma fille : vous n'êtes pas un mari fait pour elle.

BERTRAND.

C'eſt, mon Prince, une créature folle & effrontée, avec laquelle j'ai badiné quelquefois. Que Votre
Majeſté

COMÉDIE.

Majesté prenne une plus noble idée de mon honneur, & ne pense jamais que je voulusse m'abaisser si bas.

LE ROI.

Monsieur, vous n'aurez point mon opinion en votre faveur, jusqu'à ce que vos actions l'aient méritée. Prouvez-moi que votre honneur est au-dessus de l'opinion que j'en ai.

DIANE.

Bon Roi, demandez lui d'attester avec serment qu'il ne croit pas avoir eu ma virginité.

LE ROI.

Que lui réponds-tu?

BERTRAND.

Qu'elle est une impudente, mon Prince; que c'est une misérable, prostituée à tout le camp.

DIANE.

Il m'outrage, Seigneur. S'il en étoit ainsi, il m'auroit achetée à vil prix. Ne le croyez pas. Oh! jettez les yeux sur cet anneau, dont l'éclat & la richesse n'ont rien de comparable: hé bien, il l'a cependant donné à la prostituée de tout le camp, si j'en suis une.

LA COMTESSE.

Il rougit, & c'est le sien. Ce diamant, depuis six

générations, a été légué & porté de père en fils. Il le nie en vain ; c'est sa femme ; cet anneau vaut mille preuves.

LE ROI.

Vous avez dit, ce me semble, que vous aviez vu ici quelqu'un à la Cour, qui pourroit en rendre témoignage.

DIANE.

Cela est vrai, mon Prince ; mais il me répugne de produire un témoin aussi vil : son nom est *Parolles*.

LAFEU.

J'ai vu l'homme aujourd'hui, si on peut lui donner le titre d'homme.

LE ROI.

Qu'on le cherche, & qu'on l'amène ici.

BERTRAND.

Que voulez-vous de lui ? Il est déja noté pour le plus perfide scélérat, par toutes les actions les plus basses, les plus odieuses, & la vérité répugne à sa Nature même, qui souffre en la disant. Me jugerez-vous sur le témoignage d'un misérable, qui dira tout ce qu'on voudra ?

LE ROI.

Mais elle a cet anneau, qui est le vôtre.

BERTRAND.

Je crois qu'elle l'a : il est certain que j'ai eu du goût pour elle, & que je l'ai recherchée en jeune homme folâtre. Elle connoissoit la distance qu'il y avoit entre elle & moi. Mais pour m'attirer plus sûrement dans ses filets, elle piqua mes désirs par ses refus, comme il arrive que tous les obstacles qu'on oppose aux caprices de la passion, ne font qu'en accroître l'ardeur (†). Enfin, ses agaceries secondant ses attraits assez faits pour plaire, elle m'amena au prix qu'elle avoit mis à ses faveurs : elle obtint l'anneau; & moi, j'eus ce que tout subalterne auroit pu acheter au prix bannal.

DIANE.

Il faut que j'aie de la patience ! Vous qui avez déja chassé loin de vous une si respectable épouse, vous pouvez bien me priver aussi de mes droits sur vous. Je vous prie cependant (car, puisque vous êtes sans vertu, je veux vous renoncer pour mon époux) envoyez chercher votre anneau : je vous le rendrai, si vous me rendez le mien.

(†) On connoît ces deux vers de Malherbe :

A des cœurs bien touchés tarder la jouissance,
C'est infailliblement leur croître le désir.

BERTRAND.
Je ne l'ai pas.
LE ROI.
Comment est votre anneau, je vous prie ?
DIANE.
Il ressemble beaucoup à celui que vous portez au doigt.
LE ROI.
Connoissez-vous cet anneau ? Cet anneau étoit autrefois au Comte.
DIANE.
Et c'est celui que je lui avois donné, quand il est entré dans mon lit.
LE ROI.
C'est donc une fable, que ce qu'il nous a conté, que vous le lui aviez jetté d'une fenêtre.
DIANE.
J'ai dit la vérité.

COMÉDIE.

SCENE X.

Les précédens. **PAROLLES** *entre.*

BERTRAND.

J'avoue, mon Prince, que cet anneau étoit à elle.

LE ROI.

Tu es étrangement ému ; une ombre te fait trembler. Est-ce-là cet homme dont vous me parliez ?

DIANE.

C'est lui, mon Prince.

LE ROI, *à Parolles.*

Dites-moi, vous, mais dites-moi la vérité : je vous l'ordonne, & n'ayez aucune crainte des disgraces de votre Maître, dont je saurai bien vous défendre, si vous êtes sincère & vrai. Que savez-vous de ce qui s'est passé entre lui & cette femme ?

PAROLLES.

Sous le bon plaisir de Votre Majesté, mon Maître a toujours été un très-honorable Chevalier. Il a joué quelquefois, il est vrai, de ces tours que font tous les jeunes Seigneurs.

LE ROI.

Allons, allons, au fait. A-t-il aimé cette femme?

PAROLLES.

Oui, mon Prince, il l'a aimée : mais comment l'a-t-il aimée !

LE ROI.

Comment, je vous prie ?

PAROLLES.

Il l'a aimée, mon Prince, comme un Gentilhomme aime une femme.

LE ROI.

Que voulez-vous dire ?

PAROLLES.

Qu'il l'aimoit, mon Prince, & qu'il ne l'aimoit pas.

LE ROI.

Comme tu es un coquin & n'es pas un coquin ; n'est-ce pas ? Quel drôle amphibologique est cet homme-ci avec ses équivoques ?

PAROLLES.

Je suis un pauvre homme, & aux ordres de Votre Majesté.

COMÉDIE.

LAFEU.

C'est un fort bon tambour, mon Prince ; mais un méchant Orateur.

DIANE.

Savez-vous qu'il m'a promis le mariage ?

PAROLLES.

Vraiment, j'en sais plus que je n'en veux dire.

LE ROI.

Tu ne veux donc pas dire tout ce que tu sais ?

PAROLLES.

Je le dirai, si tel est le plaisir de Votre Majesté. J'étois leur confident à tous deux, comme je vous l'ai dit : mais plus que cela, il l'aimoit beaucoup plus qu'un Chevalier n'aime ; car, en vérité, il en étoit fou, & il parloit de Satan, des limbes, des feux du Purgatoire, des Furies, & de je ne sais combien de choses ; & j'étois si fort en crédit, que je savois quand ils se donnoient des rendez-vous la nuit, & mille autres circonstances, comme, par exemple, des promesses de l'épouser, & des choses qui m'attireroient sa malveillance, si je les révélois : c'est pourquoi je ne dirai pas ce que je sais.

LE ROI.

Tu as déja tout dit, à moins que tu ne puisses

ajouter qu'ils sont mariés ; mais tu es trop artificieux dans tes dépositions : ainsi, retire-toi. (*A Diane*). Cet anneau, dites-vous, étoit le vôtre ?

DIANE.

Oui, mon Prince.

LE ROI.

Où l'avez-vous acheté ? Ou bien, qui vous l'a donné ?

DIANE.

Il ne m'a point été donné, & je ne l'ai point acheté non plus.

LE ROI.

Qui vous l'a prêté ?

DIANE.

Il ne m'a point non plus été prêté.

LE ROI.

Où donc l'avez-vous trouvé ?

DIANE.

Je ne l'ai pas trouvé.

LE ROI.

Si vous ne l'avez obtenu par aucun de ces moyens, comment avez-vous pu le donner à Bertrand ?

DIANE,

COMÉDIE.

DIANE.

Je ne lui ai jamais donné.

LAFEU.

Cette femme, mon Prince, a la souplesse d'un gant : elle se tourne & se retourne comme on veut.

LE ROI.

L'anneau étoit à moi ; je l'ai donné à sa première femme.

DIANE.

Il a pu être à vous ou à elle, autant que j'en puis savoir.

LE ROI.

Qu'on la fasse sortir de ma présence. Cette femme commence à me déplaire. Qu'on la mène aussi en prison avec lui. Si tu ne me dis point d'où tu as cet anneau, tu vas mourir dans une heure.

DIANE.

Je ne vous le dirai jamais.

LE ROI.

Gardes ; qu'on l'emmène.

DIANE.

Je vous donnerai une caution, mon Prince.

LE ROI.

Je te crois maintenant une proſtituée.

DIANE.

Grand Jupiter, ſi jamais j'ai connu un homme, c'eſt vous.

LE ROI.

Pourquoi donc accuſes-tu Bertrand depuis tout ce tems ?

DIANE.

Parce qu'il eſt coupable, & qu'il n'eſt pas coupable. Il ſait que je ne ſuis plus Vierge, & il en feroit ſerment. Moi, je ferai ſerment que je ſuis Vierge, & il ne le ſait pas. Grand Roi, je ne ſuis point une proſtituée, ſur ma vie : je ſuis Vierge, ou ce vieillard eſt une femme. (*Montrant Lafeu*).

LE ROI.

Elle abuſe de notre patience. En priſon tous les deux.

DIANE.

O ma mère ! allez chercher ma caution. Attendez un moment, illuſtre Souverain (*la veuve ſort*) : on eſt allé chercher le Jouaillier à qui appartient l'anneau, & il ſera ma caution; mais pour ce jeune Chevalier (*à Bertrand*), qui m'a abuſée, comme il

COMÉDIE. 227

le fait lui-même, quoique cependant il ne m'ait jamais fait aucun tort, je le renonce ici. Il fait lui-même qu'il a souillé ma couche, & qu'alors même il a fait un enfant à son épouse. Quoiqu'elle soit morte, elle sent remuer son enfant. En deux mots, voilà mon énigme : Une femme morte sent remuer son enfant ; & voilà le mot de l'énigme qui arrive.

SCENE XI.
Les précédens. HÉLENE *& la* VEUVE *entrent.*

LE ROI.

N'Y A-T-IL point quelque enchanteur qui me fascine la vue (†) ? Est-ce un objet réel que je vois ?

HÉLENE.

Non, mon cher Souverain, ce n'est que l'ombre d'une femme que vous voyez, le nom, & non pas la personne.

BERTRAND.

Tous les deux, tous les deux : ah ! pardon !

HÉLENE.

Oh ! mon cher époux, lorsque j'étois comme cette

(†) On lit dans le texte, *devant mes yeux* ?

F f ij

jeune fille, vous paroissiez un prodige à mes yeux. Voilà votre anneau, & reconnoissez ici votre lettre. Il y est écrit : *Lorsque vous pourrez avoir un jour cet anneau que je porte à mon doigt, & que vous serez enceinte de mes œuvres*, &c. Tout cela est arrivé. Voulez-vous être à moi, maintenant que vous m'appartenez par une double conquête ?

BERTRAND.

Si elle peut me prouver cela clairement, je veux, mon Prince, l'aimer tendrement, à jamais, à jamais.

HÉLENE.

Si je ne vous le démontre pas jusqu'à l'évidence, ou si vous parvenez à me convaincre de fausseté, que le cruel divorce nous sépare à jamais ! (*A la Comtesse*). O ma mère, je vous revois encore !

LAFEU.

Mes yeux me cuisent ; je suis prêt à pleurer. Allons, bon, tambour, prête-moi un mouchoir. (*A Parolles*). Bien, je te remercie : va m'attendre à la maison ; je veux que tu serves à mon amusement. Laisse-là ces politesses, elles me déplaisent.

LE ROI.

Que de point en point on nous raconte cette histoire, afin que la certitude de sa vérité nous comble

COMÉDIE.

de joie. (*A Diane*). Et vous, si vous êtes une fleur encore fraîche & vierge, vous pouvez vous choisir un époux : je me charge de votre dot ; car j'entrevois déja, que par vos secours honnêtes, vous avez fait qu'une femme est devenue femme, en vous conservant toujours Vierge. Nous voulons être instruits plus à loisir de cet événement, & de toutes ses circonstances, dans le détail. Déja tout s'annonce bien ; & si la fin est aussi heureuse, l'amertume du passé doit la rendre encore plus douce.

ÉPILOGUE
PRONONCÉ PAR LE ROI.

Le Roi n'est plus qu'un suppliant, à présent que la Pièce est jouée. Tout est bien fini, si nous avons mérité que vous nous exprimiez votre satisfaction. Nous reconnoîtrons vos applaudissemens, en faisant chaque jour de nouveaux efforts pour vous plaire. Accordez-nous votre indulgente attention, & protégez-nous : que vos mains favorables applaudissent à nos efforts, & recevez le tribut de nos cœurs reconnoissans.

Fin du cinquième & dernier Acte.

TOUT EST BIEN, &c.

RETRANCHEMENS.

ACTE PREMIER.

Scène III, page 18.

Parolles. LA virginité une fois renversée à terre, c'est le moyen le plus prompt de faire sauter l'homme en l'air. En renversant de nouveau l'homme à terre, vous perdez votre cité, par la brèche que vous avez ouverte vous-même.

Ibid. **, page 20.

Parolles. Votre date (†) est mieux dans votre pâté & votre porreau, que sur vos joues. — Et votre virginité, votre virginité surannée, ressemble à nos poires Françoises, sèches & ridées. Elle a mauvaise mine; elle n'a plus aucune saveur: c'est une poire flêtrie: elle étoit bonne autrefois; mais aujourd'hui, c'est une poire flêtrie: qu'en voulez-vous faire?

Ibid. * * *.

Hélène. Un phénix, un Général, & un ennemi; un guide, une Déesse, & une Souveraine; son humble ambition, sa fière humilité, son harmonie discordante; sa discorde gracieuse, sa

---

(†) Mauvaise pointe sur le mot *date*, qui signifie, âge; & datte, espèce de fruit, fort en vogue du tems de Shakespear.

COMÉDIE.

confiance & sa foi, la douce cause de ses malheurs, au milieu d'une société nombreuse de jolis, d'aimables Chrétiens adoptifs, qui jouent de la prunelle avec les commères de Cupidon (†).

(†) Ce *nonsense* est le bel ouvrage de quelque sot Acteur, qui a allongé de ce puérile catalogue, les objets d'amour qu'avoit indiqués Hélène, & qui se bornent à l'amour d'une mère, d'une maîtresse & d'un ami. *Warburton.*

Fin des Retranchemens.

De l'Imprimerie de VALADE, rue des Noyers.

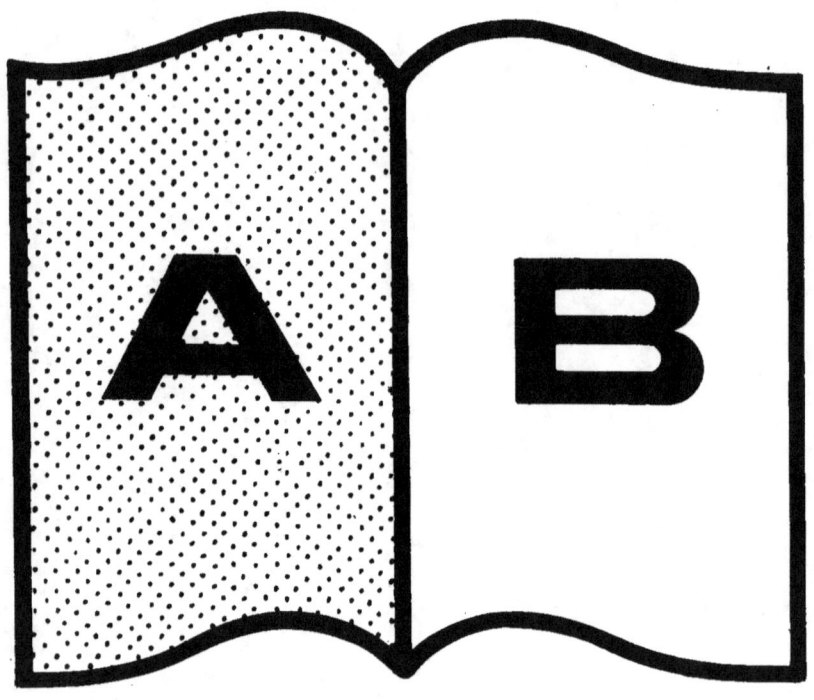

Contraste insuffisant
NF Z 43-120-14

www.ingramcontent.com/pod-product-compliance
Lightning Source LLC
Chambersburg PA
CBHW071201240426
43669CB00038B/1549